Grahmann/Gutwetter

Konflikte im Krankenhaus

Bücher aus verwandten Sachgebieten

Scobel
Supervision im Krankenhaus
2002. ISBN 3-456-83689-9

Breakwell
Aggression bewältigen – Umgang mit Gewalttätigkeit in Klinik, Schule und Sozialarbeit
1998. ISBN 3-456-83001-7

Leuzinger/Luterbacher
Mitarbeiterführung im Krankenhaus
3. Auflage 2000. ISBN 3-456-83434-9

Myerscough/Ford
Kommunikation mit Patienten. Die Chancen des ärztlichen Gesprächs nutzen
2001. ISBN 3-456-83210-9

Weinhold
Kommunikation zwischen Patienten und Pflegepersonal
1997. ISBN 3-456-82842-X

Bauer
Die Privatsphäre der Patienten
1996. ISBN 3-456-82686-9

Zimmermann
Kulturelle Missverständnisse in der Medizin
2000. ISBN 3-456-83378-4

Reinhard Grahmann / Alfred Gutwetter

Konflikte im Krankenhaus

Ihre Ursachen und ihre Bewältigung im pflegerischen und ärztlichen Bereich

2., überarbeitete Auflage

Verlag Hans Huber
Bern · Göttingen · Toronto · Seattle

Die Deutsche Bibliothek – CIP-Einheitsaufnahme

Grahmann, Reinhard:
Konflikte im Krankenhaus : ihre Ursachen und ihre Bewältigung im pflegerischen und ärztlichen Bereich / Reinhard Grahmann ; Alfred Gutwetter. – 2., überarb. Aufl. – Bern ; Göttingen ; Toronto ; Seattle : Huber, 2002
ISBN 3-456-83687-2

2. Auflage 2002

Anregungen und Zuschriften an:
Verlag Hans Huber
Lektorat Medizin
Länggass-Strasse 76
CH-3000 Bern 9
Tel: 0041 (0)31 300 4500
Fax: 0041 (0)31 300 4593
E-Mail: verlag@hanshuber.com

Lektorat: Klaus Reinhardt
Bearbeitung: Christina Weiblen
Umschlagfoto: Irmgard Long
Herstellung: Daniel Berger
Druck und buchbinderische Verarbeitung: Kösel Buch GmbH, Kempten
Printed in Germany

Inhalt

Konfliktkonstellationen im Krankenhaus

Warum dieses Thema?

Viele KollegInnen sind mit den Arbeitsverhältnissen im Krankenhaus unzufrieden und leiden an ihrer Arbeit. Irgendwie funktioniert der Krankenhausbetrieb aber, ohne sich wesentlich zu verändern. Es muss also bei den Beteiligten, wenn sie in diese Strukturen geraten, ein psychischer Verarbeitungsprozess stattfinden, der ihre Arbeitsumstände für sie selbst einigermaßen bewältigbar macht und gleichzeitig die Bedingungen kaum antastet. Dazu schreiben Ostner/Beck-Gernsheim:

> «Weil aber der Alltag im Krankenhaus noch vonstatten geht, trotz Rationalisierung und Abstraktheit beruflicher und naturwissenschaftlicher Versorgung immer noch nicht zusammengebrochen ist, können wir folgern, dass die Männer und Frauen gelernt haben, mit solch widersprüchlichen beruflichen Strukturen umzugehen und zwar lange bevor sie überhaupt das Krankenhaus als Krankenschwester oder -pfleger betreten haben. Wir vermuten, dass sie Strategien besitzen und immer wieder neu entwickeln für den Umgang mit beruflichen Strukturen. Individuelle Strategien – wie mache ich Krankenpflege? – und objektive Strukturvorgaben an die Arbeitenden – wie hat Krankenpflege zu laufen, dass sowohl der Patient versorgt, die Zeit- und Kostenökonomie berücksichtigt und der naturwissenschaftlichen Medizin ihr Erfolg belassen wird usw.? – scheinen geräuschlos, ohne größere Reibung zusammenzugehen. Und dieses heimliche Ineinandergreifen von Strategien der Arbeitenden in ihrer Gesamtheit und beruflichen Verhaltenszumutungen ist immer noch elastisch genug, um alltägliches individuelles Versagen, Scheitern an den widersprüchlichen Strukturen aufzufangen.»[1]

Zuvor stellen die Autorinnen fest, dass sie mit ihrer Forschungsarbeit im Pflegebereich den

> «Zusammenhang von objektiver Struktur der Arbeit, Tätigkeitensanforderungen und arbeitendem, je besonderen Menschen, seinem 'Berufsstil' oder besser: seiner Praxis – wie er

[1] Ostner, I, Beck-Gernsheim, E.: Mitmenschlichkeit als Beruf. Eine Analyse des Alltags in der Krankenpflege. Frankfurt/New York 1979, S. 144.

arbeitet- erst ansatzweise geklärt haben. Wir sind hier an eine Grenze nicht nur unserer eigenen Untersuchung gestoßen, sondern auch an eine Grenze bisheriger vergleichbarer Forschung.»[2]

An diesem Punkt wollen wir ansetzen und die psychischen Verarbeitungsmechanismen weiter aufklären, die es erlauben, dass trotz der institutionellen Widrigkeiten die pflegerische und medizinische Versorgung 'funktioniert'. Wir gehen von der Annahme aus, dass Menschen, die in helfenden Berufen im Krankenhaus arbeiten, in der Regel in einem Konflikt stehen: In einem Konflikt zwischen Arbeitsbedingungen und tradierten Denk- und Verhaltensformen einerseits und ihren persönlichen Lebensbedürfnissen andererseits. Diese Differenzen und die jeweiligen Bewältigungsweisen möchten wir herausheben. Daran anknüpfend skizzieren wir alternative Möglichkeiten, Widersprüche und Konflikte handzuhaben. Wir beziehen uns dabei hauptsächlich auf den psychologischen Aspekt individueller Reflexion und Veränderung von Denkformen, emotionalen Reaktionen und kommunikativen bzw. kooperativen Verhaltensweisen. Wir gehen jedoch auch auf das Potenzial ein, das im Wandel institutioneller Strukturen im Krankenhaus liegt.

Die Materialien für diese Arbeit stammen zum einen aus unserer mehrjährigen Arbeit in Krankenhäusern als Krankenpflegehelfer und Stationsarzt. Und für ungefähr ein halbes Jahr schrieben wir – in Vorbereitung dieser Arbeit – jeweils ein «Krankenhaustagebuch», in dem wir unsere intensiven Beobachtungen und Reflexionen dokumentierten. Zum anderen führten wir insgesamt sechs Interviews. Bei den InterviewpartnerInnen handelte es sich um einen Arzt auf einer chirurgischen Station (Interview I), eine Stationsärztin in der Geriatrie, zur Zeit des Interviews im Erziehungsurlaub (Interview II), eine Stationsschwester einer akutgeriatrischen inneren Station (Interview III), zwei Krankenschwestern dieser Station (Interviews IV und V) und einen Krankenpflegehelfer auf einer urologischen Station (Interview VI). Zudem haben wir dokumentierte Aussagen aus verschiedenen empirischen Arbeiten über die Krankenhauswelt herangezogen und ausgewertet. In der zweiten Auflage wurden die Aussagen von zwei Fachärzten wiedergegeben und analysiert, einer niedergelassen, der andere Oberarzt.

Die psychologischen Interpretationen unserer Arbeit besitzen hypothetischen Charakter. Psychologische Analysen sind immer Deutungen mit Hilfe psychologischer Begrifflichkeiten. Ob sie für den jeweiligen Fall tatsächlich zutreffend sind, lässt sich letztendlich nur durch gezielte Veränderungsprozesse feststellen, die auf der Basis der psychologischen Analyse initiiert werden.

[2]Ebenda, S. 131.

Psychologische Deutungen sind jedoch auf jeden Fall nützlich, da sie Erscheinungen menschlicher Verhaltensweisen in ihren möglichen tieferen Zusammenhängen darstellen und so das psychologische Verständnis und die praktischen Handlungsmöglichkeiten in den individuellen Lebensumständen erweitern. Jedoch kann eine Erscheinungsweise mehrere bzw. verschiedene Ursachen haben, verschiedene Ursachen können mit der gleichen Erscheinungsweise einhergehen. Wenn beispielsweise jemand Arbeitsschutzmaßnahmen am Arbeitsplatz vernachlässigt, könnte es sich um Anpassung an Erwartungen von Vorgesetzten, um Widerstand gegen die Fremdbestimmtheit der Arbeit oder um Konkurrenz um Anerkennung für schnelles, riskantes Arbeiten handeln. Deshalb erheben wir in Bezug auf unsere psychologischen Interpretationen keinen generellen Wahrheitsanspruch. Der Sinn der Arbeit besteht vielmehr darin, dem Leser Begriffe zur Verfügung zu stellen, mit denen er seine eigene Lebens- und Berufswirklichkeit möglicherweise besser verstehen kann und die eventuell neue Handlungsperspektiven bieten.

Psychologische Grundauffassung

Dieser Beschreibung und Analyse von Verhaltensweisen im Krankenhaus liegt die Grundauffassung der Humanistischen und Kritischen Psychologie zu Grunde, dass der Mensch ein angeborenes Bedürfnis nach Wachstum und Selbstentfaltung besitzt, das in eine bereits genetisch verankerte soziale Natur integriert ist, da der Mensch nur in gemeinschaftlichen Strukturen überlebensfähig ist. In unseren Körperempfindungen und unseren Gefühlen besitzen wir hervorragende Informations- und Orientierungssysteme, die uns vermitteln, was wir benötigen und was uns gut tut bzw. schadet. Über das natürliche Lern- und Erkundungsbedürfnis verschaffen wir uns die mentalen Informationen, die wir benötigen, um unsere Handlungsfähigkeit in unserer Lebensumwelt zu entwickeln. Das ist insofern subjektiv unabdingbar notwendig, weil jede Beschränkung von Handlungsfähigkeit ein erhöhtes Angstpotenzial mit sich bringt, da sie ein erhöhtes Maß an Abhängigkeit und Ausgeliefertsein bedeutet. Der Mensch besitzt demnach ein natürliches Bedürfnis nach Selbstbestimmung über seine Lebensangelegenheiten.

Wir werden nun allerdings in eine Welt hineingeboren, in der bestimmte Machtstrukturen und tradierte Herrschaftsformen (z. B. Familie) und relativ feste Vorstellungen und Ideologien darüber herrschen, wie genau der Mensch zu sein und was er zu tun und zu lassen hat. Unser fundamentales Bedürfnis, in und gegenüber unseren Lebensumständen handlungsfähig zu werden und zu sein, ist unter solchen Umständen nur eingeschränkt und konflikthaft zu verwirklichen.

In solchen Konflikten, in denen ein Widerspruch zwischen den Bedürfnissen/Handlungsimpulsen des Menschen und einschränkenden Vorstellungen/Machtstrukturen besteht, existieren für das Individuum grundsätzlich zwei Möglichkeiten: entweder sich den einschränkenden Bedingungen anzupassen und damit den Konflikt mit Autoritäten vordergründig aus der Welt zu schaffen, oder auf die Selbstverwirklichung zu bestehen, unter der Gefahr, den erreichten Stand an Handlungsfähigkeit durch Repressionen (Strafen, Ausschluss etc.) aus der Umwelt einzubüßen. Mit der ersten Form der Konfliktlösungsrichtung verstößt der Mensch gegen sein Bedürfnis nach Selbstentfaltung und Selbstbestimmung. Sie ist nur möglich, indem der Mensch seine eigenen Anschauungen, Bedürfnisse und Gefühle – auch die Wut gegen die Einschränkung – verdrängt und und die Vorstellungen derer übernimmt, die ihm gegenüber am 'längeren Hebel' sitzen. Das hat längerfristig ungünstige Konsequenzen. Durch die Anpassung und die Übernahme fremder Denkformen kommt es zum Verlust der Orientierung an den eigenen authentischen Emotionen und Empfindungen, das heißt zur Selbst-Entfremdung. Die Selbstaufgabe in diesen Konflikten führt zur Empfindung von Wertlosigkeit (da die eigenen Bedürfnisse nicht geachtet werden) und zu Scham wegen des Selbst-Verrats[3] an sich. Die Identifizierung mit Vorwürfen/Kritik/Beschimpfungen und Verinnerlichung eines reduzierten Selbstbildes führt zu Minderwertigkeitsgefühlen und zu entsprechendem nichtintegrem Verhalten (Lüge, Betrug, Intrige, Nichtachtung der Integrität/Lebensbereiche anderer).

Das natürliche Lern- und Explorationsbedürfnis zeigt sich in andauernden Erkundungsaktivitäten, wenn die anderen Bedürfnisse (Schlaf, Körperkontakt etc.) befriedigt sind. Diese Aktivitäten geraten u. a. mit den Vorstellungen der Erziehungspersonen über die Werte materieller Gegenstände, ihrem Ruhebedürfnis oder ihren Vorstellungen, was das Kind zu tun und zu lassen hat, in Widerspruch. In der Regel wird der natürliche Betätigungsdrang, über den das Kind die Umweltgegebenheiten kennen lernt, eingeschränkt. Faktisch wird das selbstbestimmte Lernen des Kindes behindert, was häufig dazu führt, dass das Kind seine Aktivitätsimpulse aus Furcht vor Restriktionen selbst zurücknimmt und die Entwicklung der Fähigkeiten gemessen am Potenzial zurückbleibt. Andererseits haben die Erziehungspersonen wiederum häufig ganz konkrete Vorstellungen darüber, womit sich ein Kind zu einem gegebenen Moment beschäftigen bzw. was es 'lernen' sollte. Auch die Schule beruht auf diesem Prinzip. Da der damit einhergehende Zwang gegen die Bedürfnis-Natur (Selbstbestimmung) geht, entwickeln sich, parallel zur Unterwerfung unter die Machtausübenden, Aggressionen gegen die Unterdrücker, die wiederum abgewehrt und so einem unbewussten seelischen Reservoir von rebellischer Energie (transaktionsanalytisch «rebellisches Kindheits-Ich») zugeführt werden. Eine Äußerungsform dieser angestauten Energie ist die Faulheit (als unbewusste Verweigerung). In der Regel wird auf Grund dieser frühen Erfahrungen das Lernen mit Mühsal, Anstrengung und unangenehmen emotionalen Zuständen verknüpft, was häufig Vermeidungsverhalten zur Folge hat.

Die Anpassung an die Erwartungen/Vorstellungen der Erziehungspersonen geht einher mit der Abgabe der eigenen Verantwortung für sich und sein Verhalten (wenn ich tue, was der andere will, ist der für die Konsequenzen verantwortlich). Der so 'entmündigte' Mensch setzt die Verantwortungsübergabe auch im Erwachsenenalter fort.[4] Die Verantwortung für die Umstände

---

[3]Gruen, Arno: Der Verrat des Selbst. Die Angst vor Autonomie bei Mann und Fraund München, dtv, 1986.

[4]Siehe auch Kapitel «Verschiebung».

wird der Regierung, dem Staat, den gesellschaftlichen Verhältnissen, den Vorgesetzten etc. gegeben. Immer sind andere 'schuld'. Je weniger Verantwortung ein Mensch für sich und seine Lebensumstände übernimmt, desto größer ist die Schuldzuweisung an andere. Und je mehr die anderen Schuld sind, desto weniger kann der Mensch subjektiv auf seine Lebensverhältnisse Einfluss nehmen, desto mehr ist er 'Opfer'. Diese subjektiv erlebte Macht- und Hilflosigkeit reduziert das Selbstwertgefühl wiederum erheblich und hat häufig destruktive Tendenzen gegen sich und andere zur Folge.

Da jede Unterdrückung/Einschränkung gegen unser Grundbedürfnis nach Selbstverfügung verstößt, entwickelt sich – parallel zur Anpassung – eine psychische Gegenreaktion, die man als Rebellion bezeichnen kann (in der Transaktionsanalyse wird der entsprechende Persönlichkeitsanteil als «rebellisches Kindheits-Ich» bezeichnet. Das angestaute Widerstandspotenzial (Wut-, Aggressionsgefühle) aus kindlichen Unterdrückungsverhältnissen kann zu Selbsthass, Depression und autoaggressiven Handlungen führen oder sich, wenn es nach außen verschoben wird, in Boykott- und Sabotagehandlungen, in Hinterhältigkeit und Destruktivität äußern.

Der Mensch bewegt sich während seines ganzen Lebens unvermeidbar in gesellschaftlichen Strukturen, in denen Macht- und somit Abhängigkeitsverhältnisse bestehen. In Familie, Kindergarten, Schule, Ausbildungseinrichtungen, am Arbeitsplatz, in Vermietungsverhältnissen, in Institutionen wie Krankenhaus, Altenheim etc. bestehen hierarchische Beziehungen

An all diesen Orten wird ganz erheblich von Autoritäten auf Grund ihrer Position in gesellschaftlichen Rollenstrukturen (Amtsautoritäten) über relevante Aspekte des Lebens anderer verfügt und die Bedürfnisse, Wünsche und Sichtweisen der in der sozialen Rollenverteilung Untergeordneten ganz oder teilweise negiert. Zuerst und ganz besonders betrifft dies die Kinder in der Familie. Versuche, dieser Fremdbestimmung zu widerstehen oder sie zu überwinden, haben dort eklatant nachteilige Folgen (Strafen, Vorwürfe, Ausgrenzungen, Drohungen etc.) Da das Kind von der materiellen Versorgung und emotionalen Zuwendung der Elternpersonen existenziell abhängig ist, bleibt ihm mehr oder weniger nichts anderes übrig, als sich deren Erwartungen, Maßregelungen und sonstigen Machtäußerungen zu unterwerfen, mit den oben beschriebenen Konsequenzen. Diese 'Lösung' gelingt nur dadurch, dass die Wirklichkeitsaspekte, die den Konflikt begründen, aus dem Bewusstsein verdrängt werden (die eigenen Bedürfnisse bzw. das Faktum der Fremdbestimmtheit). Aus diesen abgewehrten Bewusstseinsinhalte, Emotionen, Bedürfnisregungen resultiert die von Freud entdeckte Psychodynamik unbewusster seelischer Spannungen, die sich in neurotischen bzw. psychosomatischen Symptomen äußert.[5]

Die Erfahrungen in unserer Kindheit und die seelischen Bewältigungsmechanismen, die wir entwickelt haben, bestimmen unser Selbst- und Weltbild. Als Erwachsene neigen wir dazu, diese in der Regel nicht bewussten Konzepte auf die partnerschaftlichen, beruflichen und sonstigen Beziehungen zu übertragen und die in unserer Kindheit angeeigneten Verhaltensweisen, die uns in unserer damaligen Abhängigkeit das Überleben sicherten, fortzusetzen, obwohl sie, da wir von bestimmten anderen Menschen nicht mehr existenziell abhängig sind, in Wirklichkeit nicht mehr notwendig sind.[6]

Ein wesentlicher Aspekt für unser Vorhaben der Alltagsanalyse im Krankenhaus ist, jeweils zu fragen, welche mentalen und emotionalen Bewertungen in einer bestimmten Situation jemand zu bestimmten Handlungen tendieren lassen, und inwieweit es sich mutmaßlich um in der Kindheit gelernte und automatisierte Reaktionsmuster für konflikthafte Konstellationen handelt, die in aller Regel unpassend und langfristig konflikterhaltend oder -verschärfend sind. Wendet man diese Fragestellung auf sich an, kann es gelingen sich bewusst zu werden, inwiefern man zur Bewältigung seiner kindlichen Lebenssituationen gewisse Abwehr-, Anpassungs-, Konkurrenz- und Rebellionsmechanismen entwickelt hat und sie auch heute als Erwachsener praktiziert. Nur wenn uns solche Denk- und Handlungsmuster bewusst werden, können wir sie verändern. Das ist der Zweck der nachfolgenden Analyse.

Die dafür verwandten psychologischen Begriffe stammen im Wesentlichen aus der Tiefenpsychologie und der Transaktionsanalyse. Mit deren psychologischen Konzeptionen können am ehesten hinter- und tiefgründigere psychische Bewegungsweisen verstanden und dargestellt werden.

---

[5] Näher ausgeführt in Kapitel «Gesamtgesellschaftliche Aspekte».

[6] Bly, Robert: Die kindliche Gesellschaft – Über die Weigerung, erwachsen zu werden. Kindler-Verlag.

Erster Teil: Bereich Pflege

Die Hierarchie im Krankenhaus

> «Und da kommt der Schwarm. Mit wehendem, offenem Kittel, großen Schritten, allen voraus der Professor... Ihm folgt, ganz wie es die hierarchische Ordnung hier gebietet, an zweiter Stelle der Oberarzt. Nicht so braun im Gesicht, das Haar noch nicht so meliert und ansonsten nicht nur räumlich hinter dem Chef... Nach dem Oberarzt kommen die Assistenten, zuletzt die Medizinalassistenten, dann noch die Schwestern mit dem Verbandswagen. Letztere haben schon wieder viel Ähnlichkeit mit den Patienten. Sie sind blass und nervös. Anspannung spiegelt sich auf ihren Gesichtern. Denn gleich müssen sie sich bewähren. Müssen alte Verbände entfernen und neue anlegen, unter den Augen des Chefs und des Oberarztes. Nur nichts verkehrt machen: Dass nur kein Instrument auf die Erde fällt und bloß keine Salbe fehlt, die der Chefarzt verordnet. So verbreitet der Professor bei allen ganz bestimmte Gefühle, wenn er zur Visite kommt.»[7]

Ein solch extremer Ausdruck von Machtverhältnissen im Krankenhaus ist heute nicht mehr die Regel. Aber immer noch bestimmen hierarchische Strukturen den Krankenhausalltag wesentlich mit.[8] Zwar unterscheidet sich das Krankenhaus darin nicht grundsätzlich von anderen gesellschaftlichen Organisationen. Die Hierarchie scheint jedoch stark ausgeprägt und zählebig stärker von Traditionen bestimmt zu sein als in der so genannten Privatwirtschaft wie z. B. der Industrie. EinflussMöglicherweise unterstützen die Veränderungen des Krankenhausbetriebs in eine ökonomisch arbeitende, kundenorientierte Dienstleistungsorganisation auch den Wandel auf dieser Ebene. Denn je hierarchischer die Strukturen sind, desto größer ist die Konkurrenz in und zwischen Berufsgruppen, desto reduzierter Selbstverantwortung, Kreativität, Kooperation und Effizienz. Woher kommt die Lang- und Zählebigkeit hierarchischer Strukturen trotz ihrer offensichtlichen

---

[7]Noetzel, M.: Gesundbeten und Krankpflegen. Ein Krankenhaustagebuch. Berlin/Bonn 1988, S. 50.

[8]Vgl. Höflich, J. R.: Kommunikation im Krankenhaus. Aspekte zwischenmenschlicher Beziehungen im pflegerischen Bereich. Augsburg 1984, S. 77 ff.

Kontraproduktivität hinsichtlich von Arbeitszufriedenheit und längerfristiger Produktivität?[9]

Die ursprünglich kooperativen menschlichen Formen der Lebensgewinnung (Produktion und Verteilung der Mittel zum Leben) wurden durch den Privatbesitz an Produktionsmitteln und Produkten abgelöst. Das führte zu Herrschaftsbeziehungen zwischen Menschen als Eigentümer und Nicht-Eigentümer, zu materiellen Privilegien und ökonomischen und gesellschaftlichen Macht- und Einflusspositionen. Diese werden wiederum zur Sicherung der eigenen Stellung und der Hierarchieebene, der man angehört, genutzt. Auch für die spätkapitalistische Produktionsweise sind diese Strukturen immer noch bestimmend. Sie verhindern, dass die Menschen ihre Verkehrs- und Arbeitsformen nach ihren Bedürfnissen regeln, denn sie machen Verhältnisse und Beziehungen schwer durchschau- und veränderbar. Durch ihre lange Entstehungsgeschichte in der ökonomischen und sozialen Menschheitsentwicklung erscheinen sie vielen als gewissermaßen natürlich.

Auf die hierarchischen Verhältnisse werden wir bereits in unserer frühkindlichen Entwicklung vorbereitet. Der familiäre Erziehungsprozess besteht im Kern darin, den Kindern die Wahrnehmung, Äußerung und Durchsetzung ihrer Bedürfnisse 'abzuerziehen', soweit sie den Auffassungen der Erwachsenen widersprechen, und deren Anpassungsverhalten weiterzugeben.[10] Die natürlichen Lebensäußerungen des Kindes werden durch die Erziehungspersonen negativ bewertet, eingeschränkt, bestraft. Z. B. wird das Bedürfnis nach Selbstbestimmung beständig sanktioniert, weil die Aktivitäten des Kindes den Vorstellungen der Erwachsenen über 'richtiges' Verhalten widersprechen. Das Neugier- und Erkundungsverhalten wird massiv eingeschränkt, z. B. durch die Orientierung der Erwachsenen an materiellen Werten und den möglichen negativen Bewertungen der Umwelt (z. B. Verhinderungen von Aktivitäten des Kindes in der Öffentlichkeit, weil sie für andere Menschen anstößig sein könnten). Für emotionale Äußerungen werden Kinder oft angegriffen und/oder bestraft, z. B. der Ausdruck von Wut (insbesondere bei Mädchen) oder Angst (insbesondere bei Jungen). Die natürliche Orientierungsfähigkeit wird in dem Maße reduziert, wie die Erziehungspersonen über Qualität und Quantität der Befriedigung körperlicher Bedürfnisse bestimmen (Essen, Trinken, Ruhe- und Schlafzeiten) und Empfindungs- und Bedürfnisäußerungen des Kindes abgewiesen oder ignoriert werden. Da das Kind von der Versorgung und emotionalen Zuwendung seiner Bezugspersonen abhängig ist, lernt es, sich deren Anforderungen und

[9]Rosenstil L. v., Molt W., Rüttinger B. autoren autoren: Organisationspsychologie. Stuttgart, Kohlhammer, 1995.

[10]Vgl. Dreier, O.: Familiäres Sein und familiäres Bewußtsein. Frankfurt/M. 1980, S. 58-72.

Erwartungen anzupassen. Der Druck/Zwang der Eltern und der Umwelt führt zur Verdrängung der eigenen Bedürfnisse/Handlungsimpulse und darüber zur Anpassung. Es entwickelt sich als Folge restriktiver Erziehungsmethoden ein seelischer Anteil, der in der Transaktionsanalyse als «angepasstes Kindheits-Ich» bezeichnet wird. Dieser Anteil ist brav, unterwürfig (es soll auch nie wieder vorkommen...), gehorsam (ja, mache ich...), unehrlich/lügenhaft (um Nachteile/Strafen zu vermeiden), vorsichtig/ängstlich (aus Erwartung von möglichen Strafen bei «Fehlverhalten», unselbstständig, an Autoritäten orientiert, denunziatorisch (um das eigene Bravsein zu demonstrieren und Vorteile zu erhaschen), unsicher (weil es sich an Richtig-/Falsch-Vorstellungen orientiert, aber oft nicht weiß, was jetzt 'richtig' ist), hat beständig Angst vor negativer Beurteilung von wichtigen Bezugspersonen, neigt zu unechter Freundlichkeit und leidet an Gefühlen von Unzulänglichkeit und Schuld. Wir haben es deshalb nicht mehr 'so schwer', uns anzupassen, weil wir durch den kindlichen Erziehungsprozess auf unsere Erwachsenenexistenz in fremdbestimmten und lebensenergieraubenden Arbeitsbedingungen vorbereitet werden. Einengende Verhältnisse werden häufig gar nicht mehr als solche empfunden, weil sich über die psychischen Strukturen bereits vorgängig eine Anpassung vollzogen hat. Der Mensch kommt dadurch mit seinen Grenzen nicht mehr in Berührung und kann sich also frei fühlen. Er benimmt sich wie ein Fisch, der sich in der Unendlichkeit des Ozeans wähnt, indem er sich von den Wänden des Aquariums fern hält. Diese Fähigkeit zur Abwehr der eigenen Bedürfnisse und der Anpassung an einschränkende Bedingungen ist der Grund, weshalb sich sogar unter den wesentlich restriktiveren Verhältnissen der früheren stalinistischen Systeme Menschen als frei empfanden. Wenn man nur das will, was die Machthabenden wollen, entsteht der Eindruck, frei zu sein.

Die tiefgängigen seelischen Unsicherheits- und Ohnmachtsgefühle, die aus einem solchen Entwicklungsprozess rühren, stützen hierarchische Strukturen nicht nur durch Anpassungs- und Unterwerfungstendenzen, sondern auch durch den Versuch, Sicherheit dadurch zu erlangen, dass gesellschaftliche Machtpositionen eingenommen werden. Selbstunsichere Menschen tendieren dazu in Funktionen, die mit Macht verknüpft sind, ihrerseits zu Despoten zu werden.

Anpassung über Verdrängung der eigenen seelischen Impulse, Emotionen und Bedürfnisse wird stabilisiert durch den Abwehrmechanismus der «Identifikation». Das bedeutet, dass man sich nicht nur Anforderungen/Restriktionen von Autoritätspersonen gegen die eigene Bedürfnislage unterwirft, sondern sich auch noch die Sichtweise/Bewertungen/Urteile dieser Autoritäten zu Eigen macht. Darüber bildet sich eine seelische Instanz, die in der Transaktionsanalyse «strenges Eltern-Ich», in der Tiefenpsychologie «Über-Ich» genannt wird. Da diese

Prozesse durch Bewusstseins-Abwehr gekennzeichnet und somit unbewusst sind, befindet sich der Träger dieses «Eltern-Ichs» in der Illusion, die fremdbestimmten Denkformen seien seine eigenen. Die Folge ist, dass restriktive Strukturen sowohl nach außen (einerseits als Anpassung an Vertreter von Machtpositionen, andererseits als Versuche der Beherrschung und Maßregelung anderer, insbesondere Abhängiger) als auch gegenüber eigenen Bedürfnissen, Wünschen, Empfindungen vertreten werden:

> «Nicht nur äußere Verhaltenskontrolle... engt individuelle Freiheit ein, es ist vielmehr auch im organisatorischen Bereich der zivilisationstypische Prozess zu beobachten, Fremdherrschaft durch Selbst-Beherrschung zu ersetzen oder zu ergänzen.»[11]

In der Konsequenz werden über diese Prozesse sowohl zwischenmenschliche als auch innerpsychische Konflikte produziert.

Die hierarchischen Formen in Krankenhaus stehen so in Beziehung zu gesellschaftlichen Machtverhältnisse, sind jedoch in ihrer konkreten Ausprägung noch von besonderen medizingeschichtlichen Traditionen bestimmt. Die rigiden Abstufungen der Entscheidungsbefugnisse im Krankenhaus haben z. B. eine starke Affinität zur Struktur der Befehlsgewalt bei militärischen Organisationen. Das ist nicht zufällig, sondern liegt an der geschichtlichen Verbindung von Krankenhauswesen und Militärpolitik.[12] Eine weitere Traditionslinie besteht darin, dass in der historischen Entwicklung des Gesundheitswesens der Ärzteberuf eine Domäne der Männer wurde, andererseits die Krankenpflege aus der christlichen Diakoniebewegung hervorging und sich ideologisch und personal aus der Schicht bürgerlicher Frauen mit ihren Idealen der Unterordnung unter die Dominanz der Männer, der Selbstlosigkeit und Hingabe speiste. Deshalb setzten sich im Krankenhauswesen in besonderem Maße patriarchalische Strukturen durch, die bis heute nachwirken. Zur Illustration ein Zitat aus dem Brief einer jungen Diakonissin im Berliner Charité an ihr Mutterhaus Ende des 19. Jahrhunderts:

> «Anfangs wurde es uns allen schwer. Wenn mehrere Ärzte und der Herr Geheimrat kamen, so tat man fast zittern. Wir befürchteten immer, wir möchten etwas versehen oder nicht recht gemacht haben

[11] Neuberger: Arbeit. Stuttgart 1985, S. 86.

[12] Vgl. Höflich, J. R.: Kommunikation..., a.a.O., S. 79 f.

oder sie möchten sonst etwas finden, und doch muss man immer freundlich und froh erscheinen...»[13]

[13]Zit. nach Bausinger-Arkomanis, S.: Das Berufbild der Krankenpflegerin – ein Teil Geschichte der weiblichen Arbeit, in: Das öffentliche Gesundheitswesen, Jg. 50, 1988, Sonderheft 1, S. 26.

Folgen der Hierarchie

Konkurrenz

Der Mensch ist durch seine soziale Natur gekennzeichnet; er ist existenziell von sozialen Beziehungen und Zuwendungen abhängig, und sein Sozialbedürfnis ist genetisch fixiert. Das zeigen deutlich die sozialen Deprivationserscheinungen (Hospitalismus) bei Säuglingen, die von ihren Müttern getrennt werden. Die Experimente von Harlow und Harlow mit Rhesusaffen beweisen, dass dieses evolutionäre Niveau bereits bei höheren Affenpopulationen besteht.[14]

Dieser sozialen Natur entgegen laufen Konkurrenzmechanismen, die aus gesellschaftlichen Machtstrukturen und ihren Einschränkungen rühren. Wenn die gesellschaftlichen Positionen und die damit zusammenhängenden existenziellen Sicherungs- und Befriedigungsmöglichkeiten von 'oben' vergeben werden und diese Vergabe von Unterordnung, Wohlverhalten und Leistungen entsprechend der Erwartungen abhängig sind, gibt es eine Konkurrenz, die von einem ebenfalls im menschlichen Wesen liegenden Wettbewerb verschieden ist. Im Unterschied zu dem natürlichen Entfaltungsbedürfnis, das auf die besondere Entwicklung der eigenen Fähigkeiten im Vergleich mit anderen zielt, äußert sich Konkurrenzdenken in Behinderungen, Feindseligkeiten und Destruktivität gegenüber den Mitmenschen. In ausgeprägter Form zeigt es sich beispielsweise als Mobbing.

Über den genossenen Erziehungsprozess haben wir das Konkurrenzverhältnis verinnerlicht. Schon im Säuglingsalter werden Kinder beobachtet und mit anderen Kindern verglichen und vor allem bewertet, wann sie sitzen, stehen, laufen können, wann sie trocken sind etc. Abwertungen der Eltern oder anderer Erziehungspersonen erfolgen häufig mit Hinweis auf andere, die 'bräver', klüger, freundlicher etc. sind. In unserer individuellen Entwicklungsgeschichte lernen wir, dass nicht nur das, was wir vollbringen, sondern besonders, in welcher Zeit es vollbracht wurde, gewertet wird und uns Anerkennung oder Missachtung einbringt. In der Schule wird der konkurrenzfördernde Bewertungsmaßstab offensichtlich. Funktion der Schulbildung ist nicht etwa die proklamierte Absicht, alle so zu fördern, dass wir den für uns möglichen maximalen Wissensstand erreichen. In der Schule sind wir mit der Realität der

14 Renfordt, H.: Behinderung der psychischen Entwicklung in frühester Kindheit als Folge mangelnder Befriedigung der produktiven Bedürfnisse. Berlin 1985, S. 51 f.

Differenzierung und der Auslese konfrontiert. Es geht nicht darum, viel zu lernen und in Kooperation mit anderen uns die bestmöglichsten Kenntnisse zu erarbeiten. Durch die Eltern und das gesellschaftliche Umfeld vermittelt, steht der Schüler schon unter dem Druck, für die langfristige existenzielle Sicherung vorzusorgen, indem er durch die Erfüllung der von außen gesetzten Leistungsanforderung Hürden für weiterführende Bildungswege und Ausbildungsplätze überwindet, und das in einem direkten Konkurrenzverhältnis zu seinen Mitschülern. Forciert werden Strebertendenzen als Vorläufer des Karrieremusters dadurch, dass Anerkennung (als eine Form von Liebe) durch die Autoritätspersonen in unserer Kultur in der Regel für die besonders gute Bewältigung von Leistungsanforderungen erfolgt. Die natürliche Solidarität des sozialen Wesens «Mensch» wird frühzeitig untergraben, da wir, um uns angesichts der beschränkten Möglichkeiten Vorteile zu verschaffen, Mitkonkurrenten tendenziell in ihrer Entwicklung behindern, ihnen Informationen vorenthalten, Unterstützung und Solidarität verweigern. So verinnerlichen wir Konkurrenzdenken von klein auf.

Ein alternatives Verhaltensmuster in der Konkurrenz innerhalb restriktiver Bedingungen von Druck, Zwängen und Einschränkungen ist die Verweigerung. Die Restriktionen, die einerseits zu den angepassten Verhaltensweisen führen, erzeugen beim Kind Wut, da die seinen natürlichen Bedürfnissen zuwiderlaufen (z. B. dem Bedürfnis nach Selbstbestimmung und -verfügung). Da es aber existenziell von den die Zwänge und Einschränkungen ausübenden Menschen abhängig ist (materielle Versorgung und emotionale Zuwendung) und es mit diesen Personen nicht im Dauerkonflikt leben kann, werden diese Gefühle gegenüber den Erziehungspersonen abgewehrt. Die Anpassung an Autoritätspersonen bedeutet Selbstverrat, der Aggressionen gegen sich erzeugt, die ebenfalls abgewehrt werden. Dieses angestaute Aggressionspotenzial bildet die Grundlage für einen Persönlichkeitsanteil, der sich parallel zu dem «angepassten Kindheits-Ich» entwickelt und in der Transaktionsanalyse als «rebellisches Kindheits-Ich», bezeichnet wird. Dieser seelische Anteil äußerst sich beispielsweise in Versagenstendenzen, Trotzverhalten, Hinterhältigkeit, Sabotage, Aggressionsverschiebung auf Schwächere und Abhängige, Rachsucht, Ironie, Zynismen, selbstzerstörerischen Verhaltensweisen und Leistungsverweigerung. Wenn die Anpassung subjektiv nicht erfolgreich ist, wenn z. B. die Leistungsanforderungen trotz Anstrengung nicht zur Zufriedenheit der erzieherischen Bezugspersonen erfüllt wurden und diese die Anerkennung versagen bzw. die Person abwerten, kann der Betreffende unbewusst wählen, in den rebellischen Anteil seiner Persönlichkeit zu gehen und darüber Aufmerksamkeit oder Zuwendung zu erfahren. Da konkurrenzielle Beziehungen auch schon oft innerhalb von Familien bestehen, kann, wenn die Rolle des Erfolgreichen von einem Kind schon besetzt ist, ein anderes die Rolle des Rebells einnehmen, um sich so wenigstens auf negative Weise die

Zuwendung der Eltern zu sichern. Die Regression auf rebellische Verhaltensweisen aktiviert bei den Mitmenschen obligatorisch deren «strenges Eltern-Ich», so dass auf diese Weise der Dauer-Konflikt gesichert ist. Oft setzen Menschen, die sich in ihrer familiären Umgebung die Aufmerksamkeit der Erziehungspersonen mittels Trotz, Aufsässigkeit, Konventionsverletzung etc. erworben haben, in ihren beruflichen und privaten Beziehungen dieses Konzept unbewusst fort. Ein psychologischer Terminus für diesen Verhaltenstyp lautet «opposite responder».

Im Folgenden beschreibe ich einige Formen von Konkurrenz im Krankenhaus anhand der Interviews, der Krankenhaustagebücher, von dokumentierten Aussagen in der Literatur und der Erfahrungen aus unserer Berufstätigkeit im Krankenhausbetrieb. Die Interpretationen sind, wie eingangs beschrieben, nicht objektiv.

Eine Krankenschwester äußerte sich abfällig über ihre KollegInnen in der Geriatrie:

> «Das Personal ist doch, ich will mal nicht so größenwahnsinnig wirken, aber etwas reduzierter.»[15]

Die gesellschaftliche Hierarchisierung wird hier innerpsychisch fortgesetzt, indem im Verhältnis zu den Kollegen ein ideelles Wertesystem errichtet wird und man sich 'weiter oben' einordnet. Eine psychische Folge der Anpassung ist ein vermindertes Selbstwertgefühls ob des Selbstverrats und der Unterwerfung, mit der man bezeugt, dass der andere überlegen und man selbst unterlegen ist. Der Persönlichkeitsanteil des «angepassten Kindheits-Ichs» versucht jetzt, das angegriffene Selbstwertgefühl zu 'verbessern', indem es sich vor dem Hintergrund hierarchischer Strukturen gegenüber anderen Personen oder Personengruppen erhöht und diese abwertet. Bei Kindern innerhalb von Familien ist dieses Verhalten bereits beobachtbar, wenn sie ihre Geschwister anschwärzen und sich als die Braveren, Folgsameren, Besseren etc. definieren. Wir hörten schon häufig Klagen von vollqualifizierten Altenpflegern/Altenpflegerinnen, sie würden von vollqualifiziertem Krankenpflegepersonal als Pflegekräfte zweiter Klasse angesehen.

Der Versuch, durch eine ideelle Hierarchiebildung den eigenen Selbstwert zu heben, wird durch konkurrenzielles Verhalten auf relativ unwichtigen Feldern gestützt. So konkurrierte nach meiner Wahrnehmung das Stationspersonal untereinander um das Prädikat, besonders schnell zu sein. Ein Zitat aus meinem Krankenhaustagebuch:

---

[15] Interview IV.

> «Manchmal hatte ich bei den Durchgängen auf der Station den Eindruck, dass es sich auch um einen Schnelligkeitswettbewerb zwischen dem Pflegepersonal handelte. Mir schien, als würde die Anerkennung als 'gute' Pflegekraft in erster Linie von der Geschwindigkeit des Arbeitens abhängen. Und hier hatte ich mit meinen zwei linken Händen schlechte Karten. Es dauerte bei mir immer etwas länger; ich versorgte relativ weniger Patientinnen als meine KollegInnen. Gleichzeitig konkurrierte ich mit ihnen, wollte die Anerkennung als gleichwertiger Pfleger.»

Bei dieser Form der Konkurrenz kann es auch darum gehen, wer die schwierigsten Arbeitsbedingungen hat, am meisten belastet ist, die haarsträubendsten Erfahrungen gemacht hat etc. Ich habe in meiner Berufskarriere häufig KollegInnen erlebt, die 'aus einer Mücke einen Elefanten' machten und bei jeder neuerlichen Wiedergabe des Geschehens die Dramatik noch um eine Nuance steigerten. Noetzel bestätigt diese Erfahrung durch einen Bericht über die Art der Unterhaltung von Pflegern über ihre Arbeit:

> «Der eine hat Ärgeres erlebt am Morgen als der andere. Nicht genug, dass einem der Dreck, den man morgens weggeräumt hat, an sich schon reicht. Es wird noch mehr daraus gemacht.»[16]

Auf der Geriatriestation, auf der ich zuletzt arbeitete, wurde gelegentlich die Anzahl eingekoteter Patienten verglichen, die man versorgt hatte. Die Psychoanalyse kennzeichnet diese Form des Negativ-Wettbewerbs als Konkurrenz um die Babyrolle, das Mitgefühl und die Zuneigung durch die Mitwelt:

> «Sie (die Helfer) sind selten in dem klaren Konkurrenzverhältnis... Sie erwarten voneinander mehr Zuwendung, Nähe und Wärme.... in Helfer-Teams (besteht) häufige, unbewusste Konkurrenz um die Baby-Rolle.»[17]

Letztlich geht es in der Konkurrenz um Liebe und Anerkennung, und die Ursachen sind bereits in Mangelerlebnissen in der kindlichen Entwicklungsgeschichte zu suchen. Der Soziologe und Psychologe J. Klucny drückte das prägnant so aus:

> «Wenn zwei sich streiten, geht es um meist um Muttermilch»

---

[16]Noetzel: Gesundbeten, a.a.O. S. 29 f.

[17]Schmidbauer, Wolfgang: Helfen als Beruf.-Reinbek 1983, S. 80 f.

Zu einer weiteren individuellen Form der Konkurrenz gehört, sich von der eigenen funktionalen Gruppe zu distanzieren und sich nach einer anderen, z. B. der Ärzteschaft, zu orientieren. In diese Kategorie würde ich eine Interviewaussage einer Krankenschwester einordnen:

> «Also ich komm', so bild' ich mir ein, es kann ja ein Irrtum sein, aber doch mit Ärzten besser zurecht als mit Schwestern. Ich mag ja die Rasse Krankenschwester nicht. Also, es war auch während meiner Ausbildung. Ich habe mich immer so fern von diesen Leuten gehalten, dass die mich auch während der Ausbildung nie richtig einschätzen konnten... Also ich grenz' mich halt doch eher von den Krankenschwestern ab.»[18].

Psychologisch gesehen handelt es sich mutmaßlich um die Wiederholung von Identifikationsverhalten. Konflikte mit Autoritätspersonen kann man abwehren, indem man sich mit ihnen identifiziert. Das geht einher mit der Ent-Identifikation mit sich und seinesgleichen. Wenn Eltern z. B. Kindsein abschätzig bewerten (Sichtweisen wie Kinder sind dumm, frech etc.), kann ein Kind die seelische Verletzung und die Wut gegen die Eltern verdrängen und diese Abwehr über die Identifikation mit der Denkweise der Eltern über Kinder sichern, sich von den Geschwistern distanzieren und bestrebt sein, möglichst erwachsenengemäßes Verhalten an den Tag zu legen. Die Krankenschwester, von der die Äußerung stammt, äußerte auch den Wunsch, Medizin zu studieren.

Eine andere Verarbeitungsweise einer ähnlichen Erfahrung wäre die Rebellion gegen die Herabsetzung durch Autoritäten. Die Identifikation mit den Schwachen, Hilflosen, Ausgegrenzten, Unterpriviligierten und der Kampf für solche Personengruppen könnte einer solchen unbewussten rebellischen Haltung entspringen. Man begibt sich damit vermeintlich aus der Konkurrenz, entgeht Versagensängsten, indem man die gesellschaftlichen Leistungsansprüche ignoriert, und gewinnt gleichzeitig einen potenziellen Bündnispartner und Anrechte auf dessen Anerkennung für das soziale Engagement. Den Kampf von größeren Teilen der Intellektuellen für die Arbeiterklasse rund um die 1968er-Bewegung könnte man diesem psychologischen Sachverhalt zuordnen.

Ich habe während meiner Berufstätigkeit als Krankenpflegehelfer als relative Ausnahme freiwillig auch immer Arbeiten von Küchenhilfen mitgemacht, stimuliert durch ein Solidaritätsgefühl. Im Gegenzug fand ich bei dieser funktionalen Gruppe Anerkennung und Unterstützung. Ich vermute, dass ich mir mit diesem 'Bündnis' in der Konkurrenz den Rücken stärkte, weil ich von

[18] Interview IV.

meiner eigenen pflegerischen Fachkompetenz nicht allzu viel hielt. In dieser Weise ließe sich auch das Mitgefühl des interviewten Krankenpflegehelfers mit dem Reinigungspersonal interpretieren:

> «Der Druck wird prinzipiell von oben nach unten weitergegeben. Bis zur Putzfrau. Die Putzfrau ist letztendlich das letzte Glied in der gesamten Kette; die kriegt im Prinzip die Fußtritte ab.»19

Möglicherweise hängt die individuelle Zuordnung mit der subjektiv wahrgenommenen Position zusammen, die man innerhalb der Krankenpflegegruppe einnimmt, die ja auch wieder hierarchisiert ist. Die einjährig Ausgebildeten befinden sich neben den Ungelernten am unteren Ende der Rangskala. Der oben angeführte Pfleger vermutet, dass er, obwohl er die gleiche Arbeit verrichtet wie die KollegInnen und häufig sogar die Schicht führt, von ihnen ideell abgewertet wird:

> «Aber ich glaube manchmal zu merken, vielleicht bild' ich mir's auch nur ein, dass eben die besagten Personen halt demonstrieren möchten, ha, ich hab' halt du hast halt nur die einjährige Ausbildung. Direkt sagen tut's mir keiner, aber ich hab' halt so's Gefühl, manchmal.»

Es ist offen, ob der Kollege hier seine Minderwertigkeitsgefühle projiziert, oder ob er tatsächlich nicht für 'voll'-qualifiziert genommen wird. Diese Vermutung ist nicht abwegig. Noetzel beschreibt, wie die Reproduktion der Hierarchie in der Krankenpflege bereits in der Pflegeschule beginnt:

> «Die Schülerinnen des Oberkurses stehen schon vor der Tür und warten darauf, dass wir den Raum verlassen. 'Puh, haben die Kleinen einen Mief hinterlassen', höre ich im Hinausgehen. Ja, wir, der Mittelkurs, sind die Kleinen, werden oft vom Oberkurs belächelt und abwertend behandelt. Denn der Oberkurs ist ja auch ganz was anderes... Ob wir auch so werden? Wenn ich ehrlich bin, ist unser Verhalten dem Unterkurs gegenüber schon genauso.»[20]

Wie obiges Zitat zeigt, bildet sich neben individueller auch Gruppen-Konkurrenz. Die Beschäftigten ordnen sich einer Gruppe mit einem Identifikationsmerkmal (Qualifikationsstufe, Pflegeauffassung, Sympathie, Gewerkschaftmitgliedschaft, o. Ä.) zu, die im Widerstreit zu einer anderen Gruppe steht. In einem Fall aus unseren Interviews ging es um eine latente Auseinandersetzung um die Pflegekonzeption, wobei die Interviewpartnerin

---

[19]Interview VI.

[20]Noetzel, Gesundbeten..., a.a.O., S. 72 f.

sich einer fortschrittlichen Auffassung zugehörig fühlte und die andere Gruppe als konservativ bezeichnete:

> «Man hat 'ne bestimmte Vorstellung von der Arbeit. Diese Vorstellung ist natürlich subjektiv und entspricht nicht genau der Vorstellung, die z. B. andere Kollegen haben, und deswegen läuft manchmal was in der Pflege so ziemlich gegeneinander. Sei es bei Prophylaxen oder bei selbst ärztlichen Anordnungen oder so, und denn wird es nicht so einheitlich gemacht.»[21]

Auf meiner vorigen Station fand eine Einteilung nach Schnellen und Langsamen statt. In Lieblinge der Stationsschwester und FavoritInnen der Stellvertretung gruppierten sich dagegen auf einer früheren Arbeitsstelle die Pflegekräfte.

Die Funktion dieser Verhaltensweisen in der Konkurrenz ist, unangenehme Gefühle (wie Angst, Minderwertigkeit etc.) aus der relativ einflusslosen Position bzw. aus der wirklichen oder vermeintlichen Ablehnung abzuwehren, sich subjektiv durch das Gefühl der Zugehörigkeit oder Nähe zu einer Gruppe Unterstützung zu organisieren und so die eigene psychische Lage zu stabilisieren. Aber gerade auf diese Weise werden die Strukturen gebildet und gefestigt, die Anfechtungen des eigenen Wertigkeitsgefühls und Angst erzeugen. Abwertungen von anderen, auch über negative Merkmalszuweisungen an Gruppen (Gruppenstereotypien), schlagen immer auf den Abwerter selbst zurück. Es gibt ein psychologisches Gesetz, das heißt: Wie nach außen, so nach innen und umgekehrt. Die volksmundliche Formulierung lautet: Was ich denk' und was ich tu', das trau' ich auch den anderen zu, oder in der Bibelversion: Du siehst den Splitter im Auge deines Bruders, den Balken im eigenen Auge siehst du nicht. Die eigene, andere abwertende Haltung wird projiziert mit der Folge, dass die Mitmenschen als kritisch und abwertend erlebt werden und kontinuierlich Angst besteht, bei ihnen in der Bewertung 'durchzufallen', Fehler zu machen, nicht gut genug zu sein etc. Und man selbst unterwirft sich unbewusst ebenso den eigenen strengen Bewertungsmaßstäben und erzeugt auf diese Weise wieder Mindertwertigkeitsgefühle.

Rivalität zwischen Medizin und Pflege

Die funktionalen Gruppen der Medizin und der Pflege sind hierarchisch voneinander getrennt. In Prestige, Einfluss, Entscheidungskompetenz und

[21] Interview IV.

Einkommen dominiert die Ärzteschaft. Die Pflege wird als untergeordneter, zuarbeitender Bereich begriffen. Die besondere Kompetenz der Pflegekräfte, resultierend aus ihrem spezifischen Zugang zu den Patienten, wird in der Regel in der medizinischen Diagnostik und Therapie nicht genutzt. Die stiefmütterliche Behandlung der Pflege durch die Medizin führt dazu, dass Selbstwertgefühl der Pflegekräfte und Selbstverständnis negativ berührt sind und sie zur Selbstbehauptung einen ständigen mehr oder weniger verdeckten (Konkurrenz-)Kampf gegen den Medizinbereich führen. Die Ärzte besitzen ein Machtmonopol, sind weisungsbefugt, können ihre Vorstellungen ohne Disput durchsetzen, unabhängig davon, ob diese für die Patienten gut sind oder nicht.22 Das Pflegepersonal hat gegen Machtansprüche und -verhalten der Medizin im Wesentlichen nur subtile Widerstandsmöglichkeiten, da die formale Kompetenz fast immer auf der anderen Seite liegt:

> «Und gerade dadurch, dass der Arzt die Tätigkeiten anderer bestimmen und beurteilen kann, ohne reziprok der Beurteilung anderer unterworfen zu sein, prägt die Profession der Ärzte als dominant und generiert damit eine 'Hierarchie institutionalisierten Expertentums' (…), der andere Berufsgruppen und insbesondere die Patienten unterworfen sind.»[23]

Ein Aspekt dieser Konkurrenz ist die Abgrenzung von der Ärzteschaft. Ein Beispiel: Auf der Station, auf der ich gearbeitet habe, war es selbstverständlich, Reinigungskräfte oder Stationshilfen zum Frühstücktisch einzuladen, wenn sie gerade in der Gegend waren, aber Ärzte nie. Das führte mehrmals zu nach meinem Empfinden peinlichen Situationen, wenn es quasi durch die Gegebenheiten auf der Hand lag, jemand aus dem Medizinerbereich zum Kaffee einzuladen und es nicht geschah. Von KollegInnen wurde die ganze Ärztekaste als 'faul' bezeichnet und nur wenige Ausnahmen zugestanden. Benötigten Ärzte die Assistenz von Pflegekräften bei Arbeiten am Patienten, gewährte man sie eher widerwillig. Eine ähnliche Distanz zur personalen Vertreter der Medizin wurde auch bei unseren Interviews deutlich:

> «Ärzte sind für mich halt Ärzte. Das ist irgendwie, das sind teilweise unheimlich getrennte Sachen.»[24]

---

[22]Vgl. Müller/Behrens: Krankenhausarbeit als Gegenstand von Medinzinsoziologie und Arbeitswissenschaft. In: Deppe, Hans-Ulrich et al.(Hrsg.): Das Krankenhaus: Kosten, Technik oder humane Versorgung. Frankfurt/Main 1989, S. 89.

[23]Höflich, Kommunikation…, a.a.O., S. 74.

[24]Interview V.

Allerdings gibt es in der Art der Konkurrenz und der sozialen Umgangsweise der Pflegekräften mit der Ärzteschaft je nach Krankenhaus und Stationen erhebliche Unterschiede. Die Palette von Beziehungsformen reicht von devoter Akzeptanz ärztlicher Privilegien über eine Art trotziger Haltung (mit mehr oder weniger versteckten Widerstandshandlungen) hin zu bewusster Selbstbehauptung, und es gibt auch kooperative Beziehungsstrukturen mit gegenseitiger Wertschätzung.

Ein Faktor für die Größe der sozialen Distanz scheint mir das jeweilige Qualifikationsgefälle innerhalb der Pflege und damit der qualitative Abstand zur Medizin zu sein. In einem hochtechnisierten, modernen Allgemeinkrankenhaus sind die Qualifikationsanforderungen an die Pflege tendenziell wesentlich höher als in der Geriatrie, aus der oben angeführte Beispiele stammen. Psychologisch erklären ließe sich das so, dass je niedriger die relative Position, desto geringer das Selbstwertgefühl und desto größer das Abwehrverhalten, zu dem auch die Anpassung gehört. Die daraus resultierende erhöhte Angstbereitschaft in Bezug auf 'Mächtige' wird durch den größeren Abstand reduziert. Ein linearer Zusammenhang zwischen sozialer Distanz und kommunikativen Kontakten auf Krankenhausstationen wird auch in der einschlägigen Literatur konstatiert.[25]

Dann besteht von Fall zu Fall noch ein Unterschied, ob man es mit einer Gruppe von Ärzten oder nur mit einem Einzelwesen zu tun hat:

> «Die Ärzteschaft ist ein komisches Völkchen. Einzeln kann man mit denen auskommen, aber auf dem Haufen ist es unerträglich.»[26]

Das mag u. a. daran liegen, das sich durch die Konkurrenz der Ärzte untereinander in der Gruppe deren häufig latent vorhandenes arrogantes Verhalten verstärkt und so die Distanz zur Pflege vergrößert wird. Ein forcierendes Moment könnte in einer gruppendynamischen Verstärkung des Wir-Gefühls der Ärztegruppe mit den Attributen von Kompentenz und Dynamik und einem subjektiven Überlegenheitsgefühls der Ärzte und dessen Manifestation gegenüber den Pflegekräften liegen.[27] Aus der Sicht des Pflegers oder der Schwester tritt die ärztliche Macht geballt und deshalb umso bedrohlicher auf. Während meiner Berufstätigkeit als Pfleger erlebte ich die 'strengere' Atmosphäre bei Chef- und Oberarztvisiten, an denen immer mehrere Ärzte teilnehmen.

[25]Vgl. Höflich, J.R. : Kommunikation..., a.a.O., S. 178 ff.

[26]Interview VI.

[27]Vgl. zur Ursache der ärztlichen Borniertheit Schmidbauer, W. : Helfen..., a.a.O.

Ein weiterer Ausdruck der Konkurrenz zwischen Medizin und Pflege ist der, dass sich Pflegekräfte in der Zuwendung durch Patienten und Anerkennung ihrer Arbeit häufig zu kurz gekommen fühlen:

> «Was ich schlecht finde, wenn die Leute in's Krankenhaus kommen, dann ist halt immer die Rede von dem Herrn Soundso, sprich von dem Chefarzt, ja, aber relativ selten oder so gut wie überhaupt nie die Rede vom Pflegepersonal. Obwohl ja die Leute, wenn man's jetzt mal rein von der Zeit her betrachtet, die kommen, haben ihr Leiden, werden von diesem Leiden befreit, gut, dafür ist der Chef zuständig oder der Oberarzt, der sie von ihrem Leiden befreit, aber dann, wenn man das jetzt mal rein auf Zeit umrechnet, dann ist das ein Bruchteil von dem Aufenthalt, wo sie im Krankenhaus liegen. Aber die Anerkennung letztendlich, ja, kriegt dann der Chef, und das Pflegepersonal wird halt, wenn überhaupt, nur am Rande erwähnt.»[28]

Dem Pflegepersonal geht es mit der öffentlichen Anerkennung ihrer Leistung wie den Arbeitern in Brechts Fragen eines lesenden Arbeiters: «Wer baute das siebentorige Theben?/In den Büchern stehen die Namen von Königen./Haben die Könige die Felsbrocken herbeigeschleppt?»

> «Für Dr. K. sind die Schwestern und Pfleger nur Fußvolk und Fußabtreter. Er sieht in uns lediglich ein notwendiges Übel. Wenn wieder eine seiner spektakulären Operationen stattgefunden hat, wird sein Name genannt. Dass die Schwestern und wir Pfleger auch mitgeschwitzt, mitgeschuftet, und, auf unserer Ebene, in unserem Bereich, ob auf der Station oder im Operationssaal, unser Bestes getan haben, fällt unter den Tisch.»[29]

Das Leiden an der Nichtanerkennung der eigenen Arbeit kann verdrängt und auf andere projiziert werden. So würde ich die Aussage eines Interviewpartners interpretieren, der sich darüber beschwerte, dass die Arbeit der Reinigungskräfte nicht beachtet und als ebenso wichtig wie andere Krankenhaustätigkeiten anerkannt würde:

> «Und da mach' mir halt doch etwas öfters mal Gedanken drüber. Und hab' auch schon öfters das angesprochen und hab' gesagt, man müsste eigentlich... so 'ner Frau zu sagen, hör mal zu, deine Arbeit ist wahnsinnig wichtig, was die Hygiene anbelangt. Wenn man das den Leuten einbläuen würde, bzw. denen das sagen würde, dass sie genau

[28] Interview VI.

[29] Noetzel, Gesundbeten..., a.a.O., S. 118 f.

> so wichtig sind, gerade die Hygiene im Krankenhaus, ich glaube, dann hätten die z. B. auch 'ne ganz andere Einstellung zu ihrer Arbeit. Aber so wird sie halt gemacht, weil sie letztendlich gemacht werden muss.»[30]

Das Pflegepersonal ist allerdings gegenüber der Ärzteschaft nicht gerade wehrlos. Es kann Unterstützung und Informationen verweigern oder zu noch rigideren Mitteln greifen.

> «Wie viele Dinge muss ich tun, weil der Sowieso das sagt, oder weil dann die Schwestern durchdrehen, wenn man's anders macht.... Da mach' ich dann manchmal Sachen, bloß dass irgendjemand den Mund hält. Also z. B. 'ne Schwester, die wollen es lieber so haben: 'Machen wir schon immer so'... Die Schwestern haben ja unendlich viele Möglichkeiten, einen nicht so geschickten Anfänger über die nächste Klippe springen zu lassen.»,

klagte eine interviewte Ärztin.[31]

Durch den nahezu absoluten Kompetenzanspruch der Medizin verschafft diese sich ihre eigenen Kontrolleure. Nach meiner Erfahrung wacht das Pflegepersonal mit Argusaugen über die Aktivitäten der Mediziner und registriert selbstgefällig jeden Fehler, weil es am Lack der ärztlichen Autorität kratzt, das subjektiv Kompetenzgefälle vermindert und das eigene Selbstwertgefühl anhebt. Das stärkt in der ideellen Konkurrenz den Rücken und hilft, eigene Schwächen zu relativieren. Die Aussage eines Arztes über den Druck von unten, dem er sich ausgesetzt fühlt:

> «Noch schwieriger wird die Situation, wenn die Schwestern merken, dass man nicht alle Probleme aus eigener Kraft lösen kann. Dann verliert man meist sehr schnell an Autorität...».[32]

[30]Interview VI.

[31]Interview II.

[32]Zit. nach Fischer H. J. : Absentismus beim Personal eines Krankenhauses. Frankfurt am Main 1987, S. 206.

Die herrschsüchtige Krankenschwester

In einem Interview und im «Krankenhaustagebuch» von Noetzel begegnete mir wieder das Problem der 'herrschsüchtigen' Krankenschwester, mit dem ich in meiner früheren Berufstätigkeit schon öfter konfrontiert war. Es gibt sie hauptsächlich in leitenden Positionen in der Pflege. Sie stellt einen Extremfall konkurrierenden Verhaltens dar. Sie erwartet, dass sich das Personal ihren Vorstellungen absolut unterordnet. Diesen Anspruch versucht sie durch dominante physische und/oder psychische Präsenz durchzusetzen. Dazu untergräbt sie das Selbstwert- und Selbstsicherheitsgefühl der MitarbeiterInnen durch ausgiebige destruktive Kritik und erhöht so deren Anpassungsbereitschaft. Sie ist bestrebt, ihre Position absolut zu festigen. Was häufig auch annähernd gelingt:

> «Grad' jetzt z. B gegen unsere Stationsschwester, gegen die mal anzugehen, kneift letztendlich jeder den Schwanz ein, weil er sagt: Ha, nachher fällt wieder alles auf mich. Ich bin kürzlich mal zu unserem Pflegedienstleiter marschiert und habe zu ihm gesagt, es kommt noch der Moment, hab' ich gesagt, wo ich nur noch mit Ohropax arbeite, damit ich die Stimme von dieser Frau nicht mehr hören muss.»33

Sie verkörpert die hierarchische Funktion in Reinform, wie das militärische Organisationsprinzip das von allem sozialen und kooperativen Beiwerk gereinigte Substrat gesellschaftlicher Hierarchie darstellt. Auffällig ist, dass dieser Typus, der sich Untergeordneten gegenüber despotisch verhält, häufig in eine devote Haltung verfällt, begegnet er einer in der Hierarchie über ihm stehenden Autorität. Noetzel in seinem «Krankenhaustagebuch» über eine tyrannische Stationsschwester:

> «Oh Wunder! Gerlinda spricht leise, es ist fast ein drängendes Flüstern. Was die Nähe des Professors nicht alles ausmacht!»34

Tiefenpsychologisch betrachtet handelt es sich bei dieser seelischen Äußerungsform um «Identifikation» (unbewusste Übernahme von Bewertungen, Denk- und Sichtweisen von Autoritätspersonen, mit denen man sich in Konflikt befindet, zwecks Abwehr der eigenen Bedürfnisse und Handlungsimpulse) unter extrem hierarchischen Entwicklungsbedingungen

---

33Interview VI.

34Noetzel, Gesundbeten..., a.a.O., S. 49 f.

(autoritäre Erziehungspersonen, Heimerziehung etc.). Diese Menschen haben mutmaßlich Beziehungen nicht als auch kooperative, sondern (fast) nur als Macht- und Ohnmachtsverhältnisse kennen gelernt. Ihren frühen Erfahrungen haben sie unbewusst verallgemeinert und das Weltbild entwickelt, dass es immer ein Oben und Unten gibt, und Untensein gleichbedeutend mit absoluter Ohnmacht ist. In diesem Falle bedeutet jede Gefährdung der Herrschaftsposition, jeder Versuch anderer, das Machtverhältnis zu reduzieren, auf eine gleiche Ebene zu gelangen, subjektiv eine existenzielle Gefährdung. Aufheben ließe sich eine solche Bewegungsweise m. E. nur dadurch, dass durch den Widerstand der von solchen Verhaltensweisen Betroffenen möglicherweise ein Selbsterkenntnisprozess erzwungen und begriffen würde, dass eine solche Weise der Lebensbewältigung vielleicht früher mal in bestimmten familiären Strukturen funktional war, aber heute zur Selbst- und Fremdbehinderung und zu einer unmenschlichen Beziehungsstruktur führt.

Anpassung als Aspekt konkurrenzieller Verhältnisse

Die menschliche Seinsweise beinhaltet die Notwendigkeit, in jeder Lebenssituation die Existenz erhalten und entwickeln zu müssen und dafür die langfristig abgesicherten Möglichkeiten zu besitzen. Das setzt voraus, dass der Mensch irgendwie an der kooperativen Schaffung der gesellschaftlichen Lebensmittel und -bedingungen beteiligt ist und mit den anderen gesellschaftlichen Mitgliedern auch darüber verfügt. Neben der materiellen Grundlage für die Erhaltung der Existenz, wie Essen,Trinken, Wärme etc., benötigt ein Mensch für sein Wohlbefinden die Sicherheit, dass die Befriedigung seiner Bedürfnisse in der Zukunft nicht gefährdet ist. Hat man diese Sicherheit nicht oder ist sie bedroht, ist unvermeidlich Angst die Folge.

In jeder Konfliktsituation geht es im Grunde darum, die eigenen Bedürfnisse zu äußern und/oder zu verwirklichen und darin durch divergierende Interessen anderer eingeschränkt zu sein. Die Interessenkollision kann Ausdruck gesellschaftlicher Machtinteressen sein. Befinde ich mich zu diesen anderen in einer materiellen oder sozialen Abhängigkeit, entsteht daraus ein Widerstreit zwischen meiner unmittelbaren Handlungstendenz und dem Interesse, es mir nicht mit den für meine existenzielle Sicherheit wichtigen Menschen zu verderben.

In unserer kindlichen Entwicklung hatten wir in diesen Situationen keine große Wahl; auf Grund des Machtgefälles und der unmittelbaren existenziellen Abhängigkeit lag es nahe, sich an die Wünsche und Anordnungen der Erziehungspersonen anzupassen. Das ging aber nur dadurch, dass wir unsere

Bedürfnisse und die Gefühle der Angst, Ohnmacht, Wut gegen die uns einschränkenden Menschen unterdrückten und verdrängten und uns so in die Lage versetzen, uns 'freiwillig' so zu verhalten, wie wir sollten. Dieser Prozess hat in unserer Entwicklungsgeschichte unzählige Male stattgefunden, und deshalb haben wir auch eine 'passende' psychische Struktur, uns an vorgegebene Lebens- und Arbeitsbedingungen zu adaptieren.

Zum anderen bestehen auch in der Lebenswelt des Erwachsenen Machtstrukturen, befindet er sich in Abhängigkeiten, wenn auch nicht in so gravierender Form wie als Kind in der Familie. Verhielte sich jemand aber immer und überall entsprechend aeiner wahrgenommenen Lebensbedürfnisse, gefährdete er wahrscheinlich sowohl seinen materiellen Status (z. B. Arbeitslosigkeit durch Entlassung) als auch den sozialen (Ausgrenzung, Isolation).

Der Erziehungsprozess als Zurichtung auf fremdbestimmte Lebensbedingungen ist eine Ursache dafür, dass man sich entgegen für sich als richtig erkannten Handlungsweisen verhalten kann, wenn es opportun erscheint, oder zur Angst- und Konfliktvermeidung, was auf dasselbe hinausläuft, beiträgt. Dazu ein Beispiel aus meinem Krankenhaustagebuch:

> «Hin- und hergerissen war ich zwischen den vermeintlichen oder wirklichen Anforderungen meiner KollegInnen ans schnelle Fertigwerden mit der Arbeit und eine bestimmte Arbeitsqualitität und den Bedürfnissen der Pat., wie ich sie wahrnahm. Am deutlichsten wurde mir das beim Füttern der Pat. Sie hatten nach meinem Empfinden entweder das Bedürfnis, gar nichts oder wenig zu essen, auf jeden Fall aber langsam, und ich die Tendenz, sie schnell abzufüttern und möglichst alles in sie hineinzustopfen, um bei den KollegInnen, der Oberschwester und der Stat.Ärztin nicht unangenehm aufzufallen und kritisiert zu werden. Ich war stark geneigt, den Bedürfnissen der Patienten Vorrang zu geben, stand aber immer irgendwie unter Druck. Dazu kam, dass die Stationsärztin, die augenscheinlich den allergrößten Wert aufs Essen und dann aufs Abführen legte, gerade zu den Essenszeiten häufig durch die Zimmer schlich. Ich habe mich flexibel verhalten und versucht, es allen etwas recht zu machen. Ich habe etwas verbalen Druck ausgeübt, dass die Patienten überhaupt etwas aßen, häufig gegen meine Überzeugung. Ich drängelte sie, dass sie nicht gar zu langsam aßen, indem ich ihnen z.B den nächsten gefüllten Löffel vor den Mund hielt und um das Problem des Langsamessens zu umgehen, habe ich gelegentlich zwei Patientinnen mittels Hin- und Herwandern auf einmal gefüttert.»

Durch meine Lebensgeschichte bin ich gewissermaßen konditioniert, mich an Anforderungen/Erwartungen anzupassen, weil ich unzählige Male die Erfahrung machte, dass ich andernfalls in erhebliche Schwierigkeiten gerate. Jedoch handelt es sich bei dieser normalerweise unbewussten Fortsetzung kindlicher Bewältigungsweisen in der Erwachsenen-Existenz so gut wie immer um Fehlinterpretationen der Situation, die zwangsläufig situationsunangemessene Verhaltensweisen zur Folge haben. Bei dem obigen Zitat werden dem Personal z. B. bestimmte Erwartungen an mein 'richtiges' Verhalten unterstellt. Tatsächlich übertrage ich frühere Erfahrungen mit Bezugspersonen auf eine aktuelle Situation. Diese Übertragung beinhaltet auch, den anderen ebensolche Restriktionsmöglichkeiten für die Nicht-Erfüllung von Anforderungen zuzuschreiben, wie sie früher die Eltern hatten. Als Kind war man von der materiellen Versorgung der Eltern und ihrer emotionalen Zuwendung existenziell abhängig. Konflikte wurden deshalb als existenziell bedrohlich erlebt. Das Unbewusste tut so, als befände man sich noch immer in der kleinkindlichen existenziellen Abhängigkeit von den Bezugspersonen, die Autoritäten darstellen. Nur so sind die starken emotionalen Reaktionen von Angst, Versagensgefühle, Depressivität, Wut etc. bei konflikthafen Interaktionen zwischen Erwachsenen, z. B. in Anforderungs-, Prüfungs-, Trennungssituationen etc. zu erklären.

Ganz problematisch wird es bei einer opportunistischen psychischen Struktur, wenn einander sich widersprechende Anforderungen/Erwartungen bestehen. Dass es sich nicht nur mein persönliches Problem handelte, kann man bei Noetzel nachlesen. Er kritisiert sich, dass er die Patienten schon ebenso entpersönlichend anredet wie die KollegInnen und schreibt dann:

> «Beim Füttern ist es auch schon so. Es gibt unter den Patienten, die gefüttert werden müssen, schnelle und langsame Esser. Die schnellen sind mir lieber als die langsamen. Letztere mache ich schnell. Wenn die minutenlang an einem Stück Brot mümmeln, reicht meine Geduld oft nicht aus. Ich stopfe ihnen den Mund voll Brot, gieße einen Schluck aus der Schnabeltasse hinterher – dann müssen sie ja runterschlucken! Es sieht so aus, als ob die Oberschwester abfärbt. Mit Zeitdruck kann ich mein Verhalten nur in den seltensten Fällen noch rechtfertigen.»[35]

Eine interviewte Krankenschwester sprach sich vehement gegen das Windeln in der Geriatrie aus, weil es pflegerisch Unsinn sei:

[35]Noetzel: Gesundbeten…, a.a.O., S. 27.

> «Bei mir ist es jetzt so, ich mach' es für mich. Ich bitte die Leute denn darum, passt auf, ich mach' das, ich versuch' auch drauf zu achten, dass ich die Leute regelmäßig trockenlege und so, bei mir braucht ihr keine Windeln machen. Aber ich selber, wenn ich weiß, bestimmte Leute haben Dienst, fang' ich schon selber an, Windeln drunter zu legen, weil sonst gibt's nicht böses Blut, aber na ja. 'Heißt, meckere nicht immer, meckerst zu viel.»[36]

Hintergrund für diese Anpassung wider besseres Wissen ist der Versuch, Ängste zu reduzieren, indem Konflikte gemieden werden. Ob auf Dauer dieses Wissen stabil bleiben kann, ist wegen der mit solchem Verhalten gepaarten Emotionen von Angst, Wut und Scham fraglich. Dieser Verrat an sich führt häufig dazu, die Verantwortung zu verschieben und die Kollegen, Vorgesetzten oder sonstige Bedingungen für schuldig zu erklären. Die eigene Handlungsunfähigkeit aus selbst definierter Nicht-Verantwortlichkeit zum Zwecke der Angstvermeidung wird oft mit Zynismus und Angriffen auf die vermeintlich Schuldigen kompensiert.

Hierarchische Strukturen begleiten uns von Beginn unseres Lebens und erscheinen so selbstverständlich. Ein weiterer Aspekt, der Über- und Unterordnungsverhältnisse festigt und perpetuiert, ist der Abwehrmechanismus der «Identifikation». Eine Form der Anpassung in unserer kindlichen Lebensgeschichte besteht darin, im Konflikt z. B. mit den Eltern die eigenen Ansichten und Gefühle zu verdrängen und die Verdrängung zu festigen, indem die Sicht- und Denkweisen der Eltern übernommen werden. Damit ist der Konflikt aus der Welt, weil man dadurch genaus so denkt wie die Eltern. Über Verdrängung und Identifikation mit dem Konfliktgegner bildet sich eine psychische Instanz, die in der Psychoanalyse «Über-Ich», in der Transaktionsanalyse «Eltern-Ich» genannt wird. Wir holen uns über den Vorgang der Identifikation Denkformen unserer Eltern und gesellschaftliche Ideologien in den eigenen Kopf. Aus Fremdkontrolle und -unterdrückung wird dadurch Selbstkontrolle und -unterdrückung und Kontrolle und Restriktion von Abhängigen/Untergeordneten. Das Verhängnis bei der Identifkation besteht darin, fremde Denkweisen als die eigenen zu sehen und daran mit aller Macht festzuhalten, weil die eigenen Bedürfnisse und Sichtweisen verdrängt wurden. Durch den Vorgang der Identifikation geht man gewissermaßen geistig an fremden Krücken, statt auf den eigenen Beinen. Ein Indiz für in Wirklichkeit fremdbestimmte Denkformen ist die vehemente Verteidigung, wenn diese in Frage gestellt werden. Die Übernahme gesellschaftlicher Denkweisen mittels

[36] Interview IV.

der Identifikation lässt die Unterwerfung unter die Hierarchie geradezu lebensnotwendig erscheinen:

> «Man muss den Arzt akzeptieren, man muss den Anordnungen eines Arztes Folge leisten und nicht seine eigene Meinung drüber geben, auch wenn man ne eigene Meinung hat, aber man muss die eigene Meinung der des Arztes unterordnen....Diese Ordnungen müssen Gott sei Dank sein und es ist auch nicht anders zu machen...»,

äußerte ein 41 Jahre alter Krankenpfleger in einem soziologischen Interview.[37]

In den nationalsozialistischen Konzentrationslagern gab es die so genannten «Kapos»; Gefangene, denen Verwaltungsfunktionen übertragen wurden. Diese Kapos verhielten sich gegenüber den Mitgefangenen häufig grausamer als die KZ-Bewacher selbst. Das lässt sich ebenfalls über den Identifikationsprozess erklären. Wenn jemand in einem Unterdrückungs- und Abhängigkeitsverhältnis lebt, hat er Angst. Diese Angst lässt sich dadurch reduzieren oder beseitigen, dass man sich auf die Seite des Unterdrückers stellt, sich mit ihm identifiziert. Damit vermindert man den Druck auf sich selbst, sucht sich das Wohlverhalten des Repressionsorgans zu verdienen und hat an der Macht des Unterdrückers Anteil. Solche Bewältigungsvorgänge scheint es auch in der Krankenhaushierarchie zu geben.

> «Diejenigen, die da sind, haben sich total angepasst, sind Schwester Gerlinda ähnlich geworden. Denen fällt nicht mehr auf, dass hier etwas nicht richtig läuft.... Uneingeschränkte Herrschaft der Schwester Gerlinda, umgeben von treuen, emotionslosen, blinden Vasallen, ist das Ergebnis.»[38],

Über den Zusammenhang zwischen individueller Entwicklungsgeschichte und Anpassungstendenzen von Erwachsenen ein Zitat aus dem Tagebuch meiner Krankenhaustätigkeit, in dem ich meine Erfahrung gleich zu analysieren versucht habe:

> «Mein Hierarchieproblem: Wenn ich mit der Oberschwester auf einer Gruppe bin, gerate ich sehr stark unter Druck. Ich bin versucht, alles besonders gut zu machen, wobei ich aber nicht weiß, wie, was genau jetzt richtig wäre, was erwartet wird. Ich komme in eine ambivalente Haltung; bestimmten Handlungsimpulsen stehen andere gegenüber. Ich bin verunsichert. In der Folge werde ich besonders hektisch und ungeschickt. Auf der einen Seite übertrage ich mein Verhältnis zu

---

[37]Zit. nach Ostner, Ilona, Beck-Gernsheim, Elisabeth: Mitmenschlichkeit..., a.a.O., S. 150.

[38]Noetzel, Gesundbeten... a.a.O., S. 26 f.

> meinem Vater auf die Situation. Der erwartete tatsächlich, dass seine Arbeitsauffassung und seine Anordnung sofort und fehlerlos umgesetzt wurde; wenn es nicht so ging, wie er sich das vorstellte, gab´s ein wüstes Gebrülle und Geschimpfe bis hin zu körperlichen Sanktionen. Obwohl ich von dieser Übertragung weiß, komme ich in eine ähnliche emotionale Verfassung, wenn ich in Gegenwart der Oberschwester arbeite. Und ich kann mich nicht herausarbeiten, obwohl die Situation im Vergleich zu meiner kindlichen doch eine andere ist. Ich bin von der Oberschwester nicht existentiell abhängig, ich bin auch nicht auf ihre emotionale Zuwendung angewiesen, wie das bei den Eltern der Fall war, und ich arbeite nur befristet, bin also nicht in einem andauernden Zwangsverhältnis wie zu meinen Eltern. Ich versuche in der Situation so durchzukommen, dass ich mich möglichst windschlüpfrig verhalte. Also sich möglichst keinen Widerstand und keine Auffälligkeiten erlauben und am besten in ein anderes Zimmer außerhalb der unmittelbaren Kontrolle. Diese Strategie habe ich auch schon bei meinem Vater angewandt.»

Meine 'spontanen' Handlungstendenzen im Zusammenhang mit Autoritäten setzten sich gewissermaßen selbsttätig durch, obgleich ich die Situation relativ klar durchdenken konnte. Das lag daran, dass ich zwar ein Wissen um die psychologischen Zusammenhänge hatte, aber in Bezug auf diesen Konflikt noch in der alten kindlichen Gefühlswelt festsaß, 'es' mit mir geschah. In der Psychologie werden solche von Verdrängungsleistungen herrührenden psychischen Selbstläufer als «Vorgänge dritter Person» bezeichnet. Alle neurotischen Handlungen fallen unter diese Kategorie.

Geschichte der Anpassung

Die Anpassung besitzt in der Krankenpflege eine besondere ideologiegeschichtliche Komponente, die eng mit der Entwicklung der Medizin verbunden ist. Bis zum Mittelalter waren Medizin und Pflege faktisch noch nicht getrennt.[39] Es gab differenzierte Heilberufe, die auf Erfahrungswissen beruhten und vielfach von Frauen ausgeübt wurden. Das änderte sich, als im Gefolge der Pestepidemien so etwas wie ein öffentliches Gesundheitssystem

[39]Vgl. Seidler, E. : Zur historischen Entwicklung der modernen Krankenpflege. In: Pinding, M. (Hrsg.): Krankenpflege in unserer Gesellschaft. Stuttgart 1972, S. 9.

installiert wurde. Frauen wurden vom Medizinstudium ausgeschlossen, die Heilberufe der Kontrolle der Ärzte, die meist aus der Oberschicht stammten, unterstellt. Deren Hegemonie wurde endgültig durchgesetzt, als das medizinische Volkswissen mittels der Hexenverfolgungen weitgehend isoliert bzw. vernichtet wurde.[40]

Ein zweiter Einschnitt in der Medizin stellte die bürgerliche Revolution dar. Im Ergebnis orientierte sich die Medizin an den Methoden der naturwissenschaftlichen Disziplinen wie Physik und Chemie. Sie reduzierte ihr Erkenntnisinteresse im Wesentlichen auf die einzelnen Organe und ihre Erkrankungen und verlor den Menschen als komplexe Einheit, in dem jede Störung mit dem gesamten Organismus, der seelisch-geistigen Verfassung und der sozialen Umwelt in einem ursächlichen Zusammenhang steht, aus dem Blickfeld.

Die napoleonische Expansion führte über das Lazarettwesen zur Entwicklung von Krankenhäusern, die die Hospitäler als bloße Aufbewahrungsanstalten für Kranke ablösten. Da diese Hospitäler in pflegerischer Hinsicht annähernd Selbstversorger waren, fehlte es besonders an ausgebildetem Pflegepersonal. Mitte des 19. Jahrhunderts gründete der evangelische Pfarrer Fliedner das erste Diakonissenkrankenhaus. In Abgrenzung zu den unqualifizierten und verrufenen KrankenwärterInnen des Hospitalwesens sprach Fliedner die Schicht bürgerlicher Frauen an, die durch Ärzte eine vergleichsweise fundierte medizinische und pflegerische Ausbildung erhielten.

Mit dieser Entwicklung wurde die herrschende bürgerliche Ideologie in die Krankenpflege transformiert. Das Diakonissenhaus schloss quasi als Familienersatz die Verträge mit den Krankenhäusern ab und nahm auch den Lohn in Empfang. Dafür wurde die Diakonissin materiell versorgt:

> «Das ließ ihre Arbeit auch außerhalb des Mutterhauses als 'ausgelagerte' familiäre Bestätigung erscheinen, wie die Hausarbeit wurde sie nicht direkt entlohnt – und kannte tendenziell keine zeitliche Einschränkung außer der physischen Erschöpfung.»[41]

Die traditionellen Werte der bürgerlichen Frau: Sittlichkeit, Demut, Gehorsam, Hingabe, Selbstlosigkeit, Sanftmut etc., die ihr häufig als Persönlichkeitseigenschaften zugeschrieben wurden, setzten sich in der

[40]Vgl. Hege, M. : Sie steinerne Fee. Weinheim, Basel 1985.

[41]Zit. nach Bausinger-Arkomanis, S. : Das Berufsbild..., a.a.O., S. 26.

Krankenpflege fest.[42] Die Schwesternschaft bildete so ein ergänzendes Pendant zur patriarchalischen Männerherrschaft im Krankenhaus. Die Entwicklung einer freien Pflege zu Beginn unseres Jahrhunderts hob zwar die nahezu sklavische Bindung der Schwester an das Mutterhaus auf, die ideologische Komponente blieb aber weitgehend erhalten.[43]

Diese historische Konstellation wirkt heute noch in vielfältiger Hinsicht nach, z. B. in der Berufsbezeichnung und Ansprache als Kranken-'Schwester', die schon ein bestimmtes Selbstverständnis und bestimmte Erwartungen der Umwelt widerspiegelt. Traditionell weibliche Funktionen in der Familie wie Sorge um das körperliche und seelische Wohl, Geben von Hilfe, Zuwendung und Unterstützung scheinen auch heute noch für viele Frauen den Reiz auszumachen, in die Krankenpflege zu gehen.44 Sie gilt immer noch als typischer Frauenberuf. Das Prestige von Pflegern dagegen ist offensichtlich nicht sehr hoch:

> «Männer, hab' ich so im Laufe meines Lebens kennen gelernt, die im Pflegeberuf sind im Krankenhaus, das sind irgendwie, sind die immer nicht, was ich unter Mann verstehe.»[45]

> «Früher wurden solche Arbeiten von Strafgefangenen verrichtet. Draußen wird man eher von der Seite angeschaut, wenn man Pfleger ist.»[46]

Wie selbstverständlich werden an die Schwestern von allen Seiten Anforderungen gestellt, denen sie anscheinend häufig nachkommen:

> «Jeder der aus dem Haus ist, kein Dienst mehr hat, 'ne Schwester ist immer da, irgendeine ist immer da, greift sich 'ne Schwester und die muss alle anfallenden Arbeiten machen, die unter ihrer Ausbildung sind... Wenn du Schwester bist, kannste alles. Du kannst in der Küche arbeiten, du kannst Wäsche waschen, du kannst den Fußboden scheuern und Pillen kannst du auch noch.»[47]

---

[42]Vgl. Jürgens-Becker, A. : Die Situation der Krankenschwester. In: Deutsche Krankenpflegezeitschrift 11/1987, Beilage: Pflegeforschung, S. 10.

[43]Vgl. Bausinger Arkomanis, Das Berufsbild, a.a.O., S. 28.

[44]Vgl. Jürgens-Becker, Die Situation..., a.a.O., S. 10.

[45]Interview III.

[46]Interview VI.

[47]Interview III.

Auch in der berufspolitischen Arbeit zeitigt die tradierte Ideologie ihre Wirkung:

> «Es gibt keine Forderung, keine Strategie, die nicht mit einer Verbesserung der Pflege für den Patienten begründet würde. Die Tatsache, dass auch eine Pflegerin 'arbeitet, um zu leben' und deshalb ein legitimes Interesse an Arbeitsbedingungen haben muss, die sie nicht vorzeitig verschleißen, kommt in den Auseinandersetzungen um den Pflegeberuf immer noch zu kurz.»[48]

Eine Stelle, an der überkommene Denkmuster weitergegeben werden, ist die Krankenpflegeausbildung. In einem sehr gängigen Lehrbuch der Krankenpflege setzt sich die Autorin zuerst kritisch mit der herkömmlichen Berufsauffassung auseinander und konstatiert, dass das daraus entspringende überspitzte, überfordernde, wirklichkeitsfremde Berufsbild Unzufriedenheit und Arbeitskonflikte schafft. Dem setzt sie dann ein 'neuzeitliches' Bild der Krankenschwester entgegen:

> «Nimmt man die von der WHO und vom ICN (International Council of Nursing, d. Verf.) (…) formulierte Berufsauffassung, die das Heute und die Zukunft meint, und stellt sie auf den Hintergrund eines ganzheitlichen, personenbezogenen Menschenbildes, dann ist die Krankenschwester jemand, der
>
> - Gesunde und Kranke anleiten, unterstützen und motivieren kann, um Gesundheit zu erhalten und/oder wieder zu erlangen, unbewusst gesunde Kräfte (Ressourcen) zu erspüren und zu heben, und dies nicht nur unterrichtend, sondern auch modellhaft lebend;
>
> - die körperlichen, seelisch-geistigen und sozialen Bedürfnisse, Probleme und Ressourcen des Kranken sowie seinen jeweiligen Abhängigkeits- bzw. Unabhängigkeitsgrad erkennen, d. h. richtig einschätzen kann;
>
> - die individuelle notwendige Pflege planen und gewährleisten kann, indem sie, wenn möglich, mit dem Kranken und der ganzen zuständigen Pflege- und Behandlungsgruppe gemeinsam Ziele formuliert und für die zielorientierte Durchführung der Pflegemaßnahmen besorgt ist;

[48]Bausinger-Arkomanis, Das Berufsbild…, a.a.O., S. 28.

- pflegerische und therapeutische Maßnahmen in Eigenverantwortung (entsprechend ihrer Kompetenz) durchführen kann: unterstützend oder stellvertretend, erhaltend oder wiederherstellend;

- die Lebensfunktionen und Reaktionen des Kranken überwachen und zweckmäßiges Verhalten ableiten kann;

- ein therapeutisches Klima zu schaffen vermag, d. h. helfend und heilend in Beziehung treten, Lebensqualität und Lebenshilfe (Dienst an der Wiederanpassung oder am Sterben) geben kann;

- eine vorübergehende Bindung mit dem Anvertrauten (gesund oder krank) eingehen kann, die tragend, ernsthaft und reif ist;

- rehabilitativ orientiert ist, das Selbsthilfepotenzial im Kranken wecken und Ressourcen der Umgebung mit einbeziehen kann;

- mit dem Arzt und den verschiedenen Diagnostik- und Therapiegruppen wirkungsvoll zusammenzuarbeiten gewillt ist;

- die Wirkung der gegebenen Pflege beurteilen sowie Pflege verändertem Befinden und veränderter Befindlichkeit anpassen kann;

- Schüler und Mitarbeiter zu kompetenter Pflege anleiten, überwachen und fördern sowie

- die Struktur, in der sie ihren Beruf ausübt, überblicken und personelle, materielle und organisatorische Bedingungen objektiv beurteilen kann;

- sich permanent weiterbildet.»[49]

Diese Anforderungen sind gigantisch. Die 'moderne' Krankenschwester müsste, um ihnen zu genügen, eine Superpersönlichkeit sein. Und bereits die erste formulierte Aufgabe enthält wieder die traditionelle Vorstellung von der erziehenden, mütterlich fürsorgenden und vorbildlichen Frau. In der Beziehung Schwester – Patient handelt es sich demnach nicht um zwei erwachsene, selbstverantwortliche Menschen, die sich kooperativ und gemäß ihren jeweiligen Einsichten darüber verständigen, welche Handlungen

[49]Juchli, L. : Krankenpflege. Stuttgart 1983, S. 56 f.

zweckmäßigerweise zu realisieren sind. Die Krankenschwester leitet an, unterstützt und motiviert, sie unterrichtet den Patienten und lebt ihm die richtige Lebensweise auch noch vor. Der Patient ist in diesem Denken in einer quasi kindlichen Position, seiner Selbstverantwortung weitgehend enthoben, faktisch entmündigt. Diese tradierte Denkform wird allerdings gestützt und gefördert durch die reale Situation des Patienten im Krankenhaus, der dem Selbstlauf der Krankenhausorganisation, ihren Riten und Routinen im wirklichen Sinne des Wortes 'unterworfen' ist.[50] Der Patient wird durch die Strukturen und herrschenden Denkformen unterstützt, seine Erwachsenenposition aufzugeben und in kindliche Verhaltensschemata vom Typ «angepasstes Kindheits-Ich» zurückzufallen. Für diesen Vorgang hat sich der Terminus «institutionelle Regression» eingebürgert.

So entspringt die Anpassung im Bereich der Krankenpflege zwar immer realen Machtverhältnissen, sie wird jedoch bereits durch die erzieherische Formierung in der individuellen Lebensgeschichte gefördert und durch berufsspezifische Denkweisen gefestigt.

[50] Vgl. Häfner-Ranabauer, W.: Autorität- ihre Bestimmung und Funktion im Krankenhaus. In: Pinding, Krankenpflege…, a.a.O., S. 52 ff.

Formen der Anpassung

Anpassung funktioniert deshalb nicht ohne weiteres, weil der Mensch damit über seine eigenen Bedürfnisse hinweggeht. Man muss deshalb sowohl die konfliktkonstituierenden Aspekte der Wirklichkeit und seine wahrgenommene Bedürftigkeit als auch den Verdrängungsvorgang mitsamt den beteiligten Gefühlen selbst aus dem Bewusstsein tilgen, damit sie stattfinden kann. Dieser Prozess verläuft über psychische Abwehrmechanismen, mit denen die Verdrängung der äußeren Machtstruktur und der emotionalen Widerstände bewerkstelligt wird und die die Anpassung als 'natürlich' erscheinen lassen. Im Folgenden eine Auflistung solcher psychischer Mechanismen mit Beispielen aus der empirischen Sammlung. Sie können als Differenzierungen und Illustrierungen der psychoanalytischen Abwehrbegriffe aufgefasst werden.

Der Sinn besteht nicht darin, einzelne Menschen in ihren Verhaltensweisen vorzuführen, sondern die Beispiele stehen beispielhaft für mögliche Bewegungsweisen in einschränkenden Strukturen. Diese Verarbeitungsformen beweisen sich als – zur unmittelbaren Bewältigung konflikthafter Situationen – nahe liegend und funktional. Langfristig gesehen bringen sie jedoch individuelle Nachteile und befestigen Strukturen, unter denen gelitten wird. Dies ist Veranlassung genug, den vordergründigen Nutzen dieser Bewältigungsformen zu hinterfragen. Aus tiefenpsychologischer Sicht realisieren wir alle in unterschiedlicher Ausprägungsform diese Abwehrpraktiken.

Die angeführten Beispiele sind häufig 'mehrdimensional', d. h. sie können auf diese Weise oder auch anders gedeutet werden oder auch als Beispiele für andere Zusammenhänge als den dargestellten dienen.

Rationalisierungen

Die psychoanalytischen Kategorie «Rationalisierung» bedeutet, vor sich und anderen nichtzutreffende Gründe für Verhaltensweisen oder Unterlassungen anzugeben, um die eigentlichen, abgewehrten Beweggründe zu verschleiern. Überholte Arbeitsmethoden bzw. unkorrektes Arbeiten auf der Station wird – oft auch gegenüber Pflegeschülern, die sich wundern, dass auf Stationen häufig ganz anders gearbeitet wird, als sie es lernen – damit gerechtfertigt, dass die Theorie zu abhoben sei und es in der Praxis halt einfach anders aussehe. Nachstehend einige Formen von Rationalisierungen in der Pflege:

Aufrechnung

Man kann vermeiden, in einer konfliktträchtigen Angelegenheit Stellung zu beziehen, indem bei Personen negative mit positiven Aspekten aufgerechnet werden und eine etwa ausgeglichene Bilanz erstellt wird. Der Warencharakter der Gesellschaft wird damit auf persönliche Verkehrsformen übertragen. Das Sprichwort, «eine Hand wäscht die andere», gehört in diese Kategorie. Eine Krankenschwester beklagte sich im Interview, dass sie sich unfähig fühlt, ihre Kolleginnen zu kritisieren:

> «Da hab' ich lange überlegt jetzt, warum das so ist. Die haben mich kennen gelernt hier nach dem Examen. Und da wusst' ich nicht, was bin ich nun, bin ich nun Schüler, bin ich Schwester, oder?, unsicher... Irgendwie, die haben mir geholfen, die haben mir alle geholfen. Der eine so, der andere so, ist egal wie, aber die haben mir geholfen. Und das erkenn' ich erst mal an. Und ich kann dann schwer plötzlich sagen, also pass' mal auf, das, was du, das kann ich nicht, ich weiß auch nicht warum, ich kann es nicht... ich kann nicht einfach sagen, ja o. k., also, das passt mir überhaupt nicht, wie du das machst.»[51]

Entwichtigung

Ähnlichkeit mit dieser Methode hat die Verniedlichung, Banalisierung des zu Kritisierenden. Aus dem gleichen Interview zu dem Problem mit dem Windeln:

> «Also das sind so 'ne kleinen Sachen, einfach. Hutzelkram ist das. Weil im groß läuft es ja. Da kannst du hier nichts gegen sagen. Kannste einfach nicht. Weil das läuft gut. Insofern sind das halt nur so kleine Fummelkramsachen. Wo ich denke jetzt, ich verrenn' mich da zu viel in diesen Kleinkram; da kann ich lieber was Größeres machen, oder so.»

Dahinter steckt die Angst, sich mit seiner Kritik lächerlich zu machen, als kleinkariert angesehen zu werden. Es handelt sich dabei um eine quasi 'doppelte' Anpassung: einmal durch die unterlassene Kritik und bereits vorgehend an konventionelle Vorstellungen, was kritisiert werden darf und was nicht. Allerdings ist es auch nicht unüblich, Einwendungen mit solcher Art von 'Argumentation' abzuwehren.

[51] Interview V.

Privatisierung

Ich kann kritikwürdige Zustände und Verhaltensweisen zur Privatangelegenheiten der Betroffenen erklären, z. B. die Umgangsweise von KollegInnen mit Patienten oder von Vorgesetzten mit KollegInnen, obwohl ich menschlich davon betroffen bin.

> «Und Haltungen, die ich doch noch häufig antreffe irgendwie, dass Leute flapsig sind, unfreundlich, patzig zu Patienten, die machen mich am ehesten sauer»,

sagte ein interviewter Mediziner, der nach eigenem Bekunden aber schlecht damit umgehen kann:

> «...denke ich, kann ich da auch im Prinzip wenig ändern, denn das ist deren Haltung und das wollen die so».[52]

Er spricht sich das Recht ab, sich einzumischen, weil es sich um vermeintlich persönliche Angelegenheiten handele. Auf diese Weise gelingt es, die spontanen Solidaritätsgefühle mit dem unkorrekt behandelten Menschen abzuwehren und Konfliktängste zu vermeiden. Aber eigentlich beeinträchtigt jede Gemeinheit, die einem anderen Menschen widerfährt, auch mich. Weil ich ein Mensch bin und potenziell auch so behandelt werden könnte. Gleichzeitig beinhaltet diese Denkweise, Probleme zu privatisieren auch noch eine

Kompetenzabgrenzung

Ich kann mich dafür, was auf einer anderen hierarchischen Ebene oder in einer anderen funktionellen Berufsgruppe passiert, für nicht zuständig erklären. Nahezu das gesamte Pflegepersonal auf der Geriatriestation, auf der ich Tagebuch führte, mokierte sich darüber, dass die Stationsärztin reichlich Tranquilizer verordnete und an einzelnen Patienten die ganze Palette verfügbarer Beruhigungsmittel durchprobierte. Die Stationsschwester äußerte sich sinngemäß so, dass die Frau Doktor ja wissen müsse, was sie macht, sie sei ja schließlich die Ärztin. Sich mit dieser Argumentation zu disengagieren, scheint relativ häufig zu sein. Die Krankenschwester

> «macht sich sehr viel seltener zum Sprachrohr des Patienten, als es objektiv notwendig wäre. Ein Beispiel soll für viele stehen: Eine etwa 65-jährige Patientin auf einer internen Station hatte im Genitalbereich seit Tagen ein Exanthem (auf größere Hautpartien ausgedehnte

[52] Interview I.

> entzündliche oder nervös-vasomotorische Hautveränderungen, d. Verf.). Ein Arzt hatte bereits Kamillensitzbäder angeordnet. Unter dieser Behandlung verschlechterten sich die Hauterscheinungen jedoch. Die Krankenschwester bemerkten dies und wussten auch, dass die sehr zurückhaltende Patientin viel zu gehemmt war, um den Arzt bei der Visite deswegen anzusprechen. Trotzdem dauerte es Tage, in denen sie die angeordneten Kamillensitzbäder fortführten, bis sie endlich den Arzt ansprachen. Sie waren der Meinung, der Arzt 'würde wissen, was er mache' und wagten nicht, die Kamillenbehandlung für unwirksam oder etwa kontraindiziert zu halten»,

schreibt Jürgens-Becker in einer analytisch orientierten Untersuchung der Situation der Krankenschwester.[53]

Im Grunde hätte ich mich überall da einzumischen, wo jemand wissentlich oder unwissentlich 'falsch' behandelt wird, auch wenn ich formal nicht zuständig bin. Weil ich als Mensch davon betroffen bin und es bei mir Angstgefühle auslöst, denn auch ich stelle ein potenzielles Opfer dar. Wo ich es nicht tue, kann ich das nur durch Verdrängung bewerkstelligen mit deren langfristig unangenehmen Folgen. Wenn ich von spontanen Gefühlen der Solidarität mit leidenden und ungerecht traktierten Menschen nicht mehr berührt werde, hat bereits vorgängig ein Anpassungs- und Verdrängungsprozess stattgefunden, der mich in der Wahrnehmung der Wirklichkeit und meiner menschlichen Gefühle einschränkt.

Kompetenzvermischung

Rationalisierungen von Nicht-Stellung-Beziehen können gestützt werden, indem Kompetenzen miteinander in Beziehung gesetzt werden:

> «Und da z. B. macht's mich auch krank, wenn die alle mehr gewerkschaftlich orientiert wären und sich etwas mehr um solche Dinge kümmerten, dann ginge es allen besser. Und da weiß ich auch nicht, was ich machen soll. Ich bin dann hilflos. Da kommt jemand und verteilt die Aufforderung zur Personalratsversammlung, Stationsschwester schmeisst's weg. Wenn ich sage, lassen Sie doch liegen, sollten die lesen, dann: 'Hetzen Sie mir die Schwestern nicht auf, dann dürfen Sie hier nicht mehr sitzen und Kaffee trinken'... Ne, ich kann eben immer nur wieder betonen, dass man auch noch selbst gebundene Hände durch seine einfach noch nicht ausreichende Kompetenz hat... Und das ist ja so, und ich glaub' das ist überall so. Wenn

[53] Jürgens-Becker: Die Situation..., a.a.O., S. 8.

> man bei jemand unbeliebt ist, und bei so was macht man sich möglicherweise beim Chef unbeliebt (Forderung nach Überstundenbezahlung, d. Verf.), dann kriegt man doch häufig für die nächste fachliche Schwäche dann eins reingedrückt... Die können, entweder können sie einem so ein bisschen unterstützen und mal die Augen zudrücken und ein bisschen helfen, oder lassen einen auflaufen... In einem Fall wird dafür gesorgt, dass es nicht so auffällt und im anderen wird's an die große Glocke gehängt.»[54]

Weil sich jemand auf einem Gebiet noch nicht völlig kompetent und dadurch angreifbar sieht, hat er einen subjektiven Grund, in einer anderen Angelegenheit nicht Position zu beziehen. Bzw. Betroffene 'rächen' sich auch für berechtigte Einwendungen, indem sie die Qualifikation des Kritisierenden in einem anderen Bereich als Möglichkeit für eine Retourkutsche verwenden. Es werden unterschiedliche Kompetenzen ziemlich willkürlich miteinander in Beziehung gesetzt, um sich oder andere niederzuhalten. Das ist eine Form, auf die wir in unserer Entwicklungsgeschichte gut vorbereitet wurden. Äußerungen von Kindern werden von Erwachsenen gerne mit Argumenten von der Qualität: «Lerne du erst mal...» oder: «Du willst schon... du kannst ja noch nicht mal...» abgewertet. Auf Grund kollektiver Minderwertigkeitsgefühle ist es verbreitet, Schwächen anderer als Angriffsmittel zu benutzen, um unangenehme Argumente abzuwehren.

Maßstabsverschiebung

Des Weiteren kann bei der Analyse und Wertung eines Konflikts ein 'externes' Maß zu Grunde gelegt werden. Z. B., indem Zustände auf der eigenen Station, die eigentlich zu kritisieren und zu verändern wären, mit noch ungünstigeren auf anderen Stationen vergleiche. Dann lässt es sich sogar noch als Glück auffassen, dass es bei der eigenen 'nur' so ist. Auf einer meiner Pflegestationen wurde das Problem des Personalmangels gelegentlich dadurch relativiert, dass auf die noch schlechtere Lage auf anderen Stationen verwiesen wurde. Diese Methode wird auch von Pflegedienstleitungen gegenüber Stationen verwandt, um berechtigte Forderungen nach Verbesserungen und mehr Personal abzublocken.[55]

---

[54] Interview II.

[55] Diesen Hinweis erhielt ich von einer befreundeten Krankenschwester, der ich das Manuskript einer vorläufigen Fassung dieser Arbeit gab.

> «Das sind aber Sachen, die auf der Station, auf der ich bin, noch relativ linde sind im Gegensatz zu anderen»[56],

schwächte eine Interviewpartnerin ihre Kritik über das Gegeneinanderarbeiten der Kolleginnen ab.

Personalisierung

Darunter wird in der Psychologie verstanden, dass gesellschaftlichen Strukturen geschuldete problematische Verhaltensweisen als persönliche, im Menschen liegende, Mängel gedeutet werden. Den eigenen Ansprüchen nicht genügende Bewältigungsversuche institutionell bedingter Mangel- oder Belastungssituationen werden zu persönlich Defiziten umgedeutet.[57]

Eine soziologische Untersuchung in Krankenhäusern kommt zum Schluss

> «dass vieles von dem, was dem Bewusstsein der Beteiligten als Eigenheit von Personen erscheint, im Kern durch die jeweiligen Autoritätsverhältnisse determiniert ist.»[58]

Einen Widerspruch zwischen den Anforderungen an eine qualitativ gute Pflege und institutionell unzureichenden Bedingungen kann als bloß persönliches Unvermögen definiert und erlebt werden. Die strukturellen Probleme wie z. B. Personalmangel, Verwaltungsvorgaben, unzureichende Arbeitsbedingung etc., die hinter den mangelhaften Lösungsversuchen von Menschen stehen, müssen dazu ausgeblendet werden. Der Vorteil dieser Abwehrform liegt subjektiv darin, sich nicht mit Machtträgern über die Veränderung der Bedingungen auseinandersetzen zu müssen. Dieser Vorteil wird erkauft durch Unzulänglichkeits- und Schuldgefühle ob der unbefriedigenden Arbeitsresultate; die Abwehr der persönlichen Einflussmöglichkeiten auf institutionelle Verhältnisse zeitigt Gefühle von Hilflosigkeit und Ohnmacht. Je nach Persönlichkeitsstruktur (individueller entwicklungsgeschichtlicher Disposition) wird der von einem äußeren (Anforderungen und Bedingungen) zu einem innerseelischen Widerspruch (Anforderungen und individuelle Ressourcen) mutierte Konflikt unterschiedlich 'bewältigt'. Möglicherweise werden die persönlichen Ideale aufgeben und eine emotionale Abwehr gegenüber den belastenden Faktoren aufgebaut, die sich beispielsweise in Zynismus oder in einer aggressiven Haltung gegenüber Kollegen und Patienten

---

56 Interview IV.

57 Vgl. Holzkamp, GdP, a.a.O., S. 390 f.

58 Rohde, J.J.: Soziologie des Krankenhauses. Stuttgart 1974, S. 375.

als Projektion der eigenen abgewehrten Enttäuschung und Unzufriedenheit äußern kann. Ein anderer Lösungsversuch besteht darin, den Widerspruch durch vermehrtes Engagement doch noch zu bewältigen, was früher oder später zu einem Überforderungssyndrom (Burn-out) führt. Helfersyndrom-Persönlichkeiten, die den helfenden Beruf unbewusst gewählt haben, ihren eigenen erlebten Mangel an Zuwendung und Unterstützung auf die Patienten zu projizieren und dort zu kompensieren, werden am ehesten die zweite Form wählen, zwischen den 'Mühlsteinen' zurechtzukommen.[59]

> «Erhöhte Selbstbelastung erscheint offensichtlich vielen Schwestern als die einzige Möglichkeit, allen Anforderungen zur eigenen Zufriedenheit gerecht zu werden. Hier wirkt sicherlich die historisch geprägte Vorstellung der sich aufopfernden Schwester noch bis heute als Selbstbild nach. Nur so können wir uns ein überraschendes Ergebnis unserer Untersuchung erklären: Die Frauen mit den höchsten 'Zufriedenheits`-Werten weisen auch die höchsten 'Belastungs'-Werte auf, und dies bei der seelischen Belastung in noch höherem Maß als bei der körperlichen»,

lautet das Resümee einer empirischen Untersuchen über Belastungen in der Krankenpflege.[60]

Eine Art von Personalisierung stellt die Denkform von der «Totalität der Kritik» dar. Geübte Kritik wird häufig so ausgedrückt, dass mit dem kritisierten sachlichen Problem die ganze Person kritisiert bzw. abgelehnt wird. Sachlich kritisierbare Aspekte menschlichen Verhaltens werden personifiziert. In der Regel haben wir in unserer kindlichen Entwicklungsgeschichte erfahren, dass unsere Erziehungspersonen das Geben oder den Entzug von Zuneigung als Druckmittel einsetzten, ihnen genehme Verhaltensweisen hervorzurufen. Von ihrem Standpunkt aus 'unbeliebte' Äußerungsformen wurden mit einem mehr generellen Liebesentzug, subjektiv als Ablehnung erlebt, bestraft. Diese Erfahrung übertragen wir auf unsere Erwachsenenexistenz. Eine kritikbedürftige Verhaltensweise wird fälschlicherweise auf die ganze Person verallgemeinert. Oder umgekehrt kann der Kritisierte die Kritik mittels Verallgemeinerung kindlicher Lebenserfahrung so wahrnehmen, obwohl sie nicht so gemeint und geäußert wurde. Bei einer solchen Auffassung bzw. einem solchen Erleben von Kritik ist jede kritische Äußerung gefährlich, weil sie die

[59]Vgl.: Schmidbauer, Wolfgang: Nachgedanken zu Helfersyndrom. In: Kleiber, D; Keupp; Scholten: Im Schatten der Wende. München 1985, S. 15.

[60]Bausinger-Arkomanis, Susanne, Danzer, Bettina: Belastungen und Beanspruchungen in der Krankenpflege, in Das öffentliche Gesundheitswesen, Sonderheft 1, 1988, S. 34.

zwischenmenschliche Verständigunsbasis zerstören und zum Beziehungsabbruch führen kann.

Vermeiden

Situationen/Herausforderungen, die die Möglichkeit von Angst- und Unlustgefühlen oder Frustrationen beinhalten oder verdrängte Erfahrungen berühren könnten mit der Gefahr, Schmerz zu erleben, wird ausgewichen.

> «Das ist meistens so, dass die (KollegInnen, d.Verf.) mehr darauf bezogen sind, Infusionen fertig zu machen z. B. Oder Spritzen zu machen. Davon habe ich halt nie so toll viel gehalten. Halt' ich auch immer noch nicht. Mach' ich auch einfach nicht, viele Sachen. Hat man allerdings Schwierigkeiten mit. Weil ich denke, ich bin halt Krankenschwester. Ich bin ja nicht hier für Spritzen zuständig, oder so was, sondern ich bin Krankenschwester, dacht' ich mir so. Damit, mit solchen Leuten hab' ich einfach Schwierigkeiten, weil man kann viel mehr am Patient machen, wenn man das weglässt. Ich muss nicht stundenlang 'ne Apotheke auspacken; das kann ich auch schnell machen...und denn aber an den Patienten versuchen, ran zu gehen…»[61]

> «Man sieht immer zu, dass man selbst nicht in die Zimmer kommt, in denen die Schwerkranken liegen.»[62]

Unangenehmen, subjektiv konfliktträchtigen Situationen in der Pflege lässt sich dadurch aus dem Wege gehen, dass man sich der Arbeit mit bestimmten KollegInnen, PatientInnen, Vorgesetzen möglichst entzieht. Meinem oben beschriebenen Problem mit der Oberschwester begegnete ich u. a. dadurch, dass ich mich bemühte, möglichst nicht mit ihr zusammen in eine Pflegegruppe eingeteilt zu sein. Dieses Verhalten erspart die Anstrengung, Konflikte zu lösen oder sich eigene Schwächen/Fehler einzugestehen.

Unter diese Abwehrform fällt auch die unter dem Kapitel «Kommunikation» beschriebene Ausblendung von Themen bei den alltäglichen Gesprächen.

Aktivismus

Unangehme Gefühle, Angst, Wut, Trauer, Mitleid, eigene Unsicherheit etc. können durch ablenkende Aktivitäten abgewehrt werden:

---

[61]Interview V.

[62]Noetzel, M: Gesundbeten…, a.a.O., S. 24.

> «In letzter Zeit war ich sehr genervt. Also ganz schlimm genervt, ganz total unzufrieden. Und da hab ich gedacht, na ja, ich hab die halbe Station umgeräumt. Das ist natürlich überhaupt nicht das, was ich eigentlich will; das weiß ich selber, aber ich konnte einfach nicht, das war mir einfach zu viel.»[63]

Ein interviewter Kollege vermutet, dass er sich dadurch den Arbeitsstress z. T. selber macht:

> «Aber wenn ich halt sehe, dass etwas auf mich zukommt, dann versuch' ich das so schnell wie möglich zu bewältigen. Und da geh' ich halt teilweise ziemlich hektisch an die Sache ran. Weil ich sag', das ist jetzt ein Berg vor mir, denn muss ich auf die Seite räumen. Ich red' mir zwar denn zwischendurch mal wieder ein, Mensch, komm' bleib' ruhig, das ist nicht notwendig, mach's langsam, brauchst halt ein bisschen länger, aber ich möcht's halt weghaben.»[64]

Projektion

Der Begriff «Projektion» stammt aus der Psychoanalyse. Er besagt, dass verdrängte Bedürfnisse, Konflikterfahrungen, Gefühle auf andere gespiegelt und dort entdeckt und 'bearbeitet' werden. Projektionen dienen dazu, das Verdrängte gegen die Anfechtungen durch die Wahrnehmung, das Denken und die Gefühle, die die Verdrängungen immer wieder in Frage stellen, zu verteidigen. Das geschieht, indem man eigene unbewusste und ungeliebte seelische Anteile in die Außenwelt verlegt und dort handhabt. Dieses 'Engagement' lenkt von der eigenen Problematik ab. So ist z. B. das Helfer-Syndrom-Verhalten Ausdruck eigener unbewusster Geborgenheits- und Unterstützungswünsche aus verdrängten frühkindlichen Mangelerfahrungen, die auf Mitmenschen projiziert werden.

> «Das 'Helfersyndrom' sieht so aus, dass ein Kind Gefühle des Abgelehntseins, der narzisstischen Kränkung, der Wut über Eltern, die nur Leistung fordern und wenig Austausch von Gefühlen ermöglichen, durch die Identifizierung mit dem Idealbild des allmächtigen Helfers abwehrt, der anderen gibt, was selbst vermisst wurde.»[65]

---

[63] Interview V.

[64] Interview VI.

[65] Schmidbauer: Der Psychoanalytiker und das Irrationale. In: Duerr, H. P.(Hrsg.): Der Wissenschaftler und das Irrationale.- Bd. 2, Frankfurt 1981.

Die ausgeprägte Anteilnahme der Helfersyndrom-Persönlichkeit an der oft nur vermeintlichen Hilfsbedürftigkeit von Mitmenschen dient einerseits dazu, eigene unbewusste Wünsche nach Fürsorge und Geborgenheit abzuwehren und andererseits durch die Hilfe für andere doch noch emotionale Zuwendung zu erlangen.

> «Sie (die Helferrolle, d. Verf.) ermöglicht es scheinbar, materiellen Erfolg und eine soziale Karriere einzuheimsen, gleichzeitig aber auch einen sicheren Zugang zu Wärme und Nähe zu gewinnen.»[66]

Die Krankenschwester oder der Pfleger sind möglicherweise auch in einer bedürftigen Verfassung, können aber nicht jammmern oder werden darin nicht ernst genommen; der Patient darf sein Leiden zeigen. Und die einen müssen sich um die anderen kümmern und es wird ihnen noch ein besonderes Maß an Verständnis und Hilfsbereitschaft abverlangt. Auch eigene, abgewehrte Ohnmachtsgefühle und Regressionsbedürfnisse können projiziert werden:

> «Manchmal kann einem das Hilflossein der Patienten ganz schön auf den Geist gehen… Was mich manchmal stört, ist, dass sie halt immer sagen, obwohl sie damit wahrscheinlich Recht haben, aber wenn sie immer sagen, irgendwie, ah ja, sie sind ja noch so jung, warten Sie erst mal ab, wenn Sie so alt werden, was Ihnen dann alles wehtut. Irgendwie, mich fragt keiner, was mir alles wehtut.»[67]

Das Wissen über diese alltägliche Abwehrform kann nützlich sein, bislang unbekannte seelische Anteile bei sich zu 'entdecken', wenn man bereit ist, die Verantwortung für die eigenen emotionalen Befindlichkeiten und Handlungsweisen zu übernehmen, statt anderen Menschen oder äußeren Faktoren die Schuld zuzuweisen. Eine hilfreiche Frage für die Selbsterkenntnis ist: Wie genau mache ich es, so zu fühlen/zu handeln. Was genau denke ich dabei?

> «Es gibt drei Patientinnen, die bei mir aggressive, sadistische Gefühle auslösen. Die drei scheinen sich sehr ähnlich zu sein. Sie strahlen eine abwartend-duldende, lethargische Haltung aus. Sie gucken nur und sagen nichts, reagieren eigentlich gar nicht darauf, was mit ihnen geschieht. Sie verhalten sich fast völlig passiv»,

schrieb ich in meinem Krankenhaustagebuch. Ich beschäftigte mich auf oben beschriebene Weise damit und kam zu folgender Interpretation: Ich habe eine

---

[66] Schmidbauer, Wolfgang: Helfen als Beruf. Reinbek 1983, S. 45.

[67] Interview V.

ähnliche Art, mich durch konflikthafte Situationen hindurch zu lavieren: Abwarten, Stillhalten, Aussitzen. Die Patientinnen lösten bei mir eine dunkle Erinnerung an meine eigene, ungeliebte Schwäche aus. Durch die Projektion dieser abgelehnten Verhaltenstendenz konnte ich meinen eigenen 'Fehler' bei ihnen 'bekämpfen'. Diese Verschleierung der negativen Selbst-Bewertung seelischer Anteile mittels Spiegelung auf andere scheint so allgemein menschlich zu sein, dass sie bereits in der Bibel attackiert wird:

> «Was siehst du den Splitter im Auge deines Bruders, und den Balken in deinem Auge beachtest du nicht? Oder wie kannst du deinem Bruder sagen: Las mich den Splitter aus deinem Auge ziehen, und siehe, in deinem Auge ist der Balken? Du Heuchler! Zieh erst den Balken aus deinem Auge, und dann sieh zu, wie du den Splitter aus deines Bruders Auge ziehst!»[68]

Es muss nicht mal der Bruder (oder die Schwester) sein, den es trifft. Die abgewehrte Eigenverantwortlichkeit kann auch auf 'tote' Gegenstände projiziert werden. Noetzel schreibt über seine Erfahrungen mit einem operierenden Gynäkologen, der die Folgen seiner Arbeitsweise dem Ungenügen des Arbeitsmaterials zuschrieb:

> «Durch seine Hetze bei den Operationen kam es natürlich auch häufiger zu Nachblutungen, weil die Blutstillung nicht sorgfältig genug gemacht worden war. Dann lag es immer am schlechten Nahtmaterial!»[69]

Auch der gesellschaftlichen Umgang mit Krankheit und Tod lässt sich als kollektive Verdrängungsbemühungen begreifen, die durch projektive Aspekte gestützt werden. Krankheit wird aus dem sozialen Umfeld in eigens geschaffene Institutionen verlagert. Die Selbstverantwortung des Kranken für die Krankheit und ihre Heilung gibt er nahezu vollständig an die medizinische Institution ab, die sie übernimmt und den Kampf gegen die Krankheit führt. Dort herrscht die Denkweise vor, Krankheit, Leiden und Tod seien quasi widernatürliche, aber durch die Medizin beherrschbare, Erscheinungen. Diese Vorstellung ignoriert den Gesamtzusammenhang der Erkrankung mit gesellschaftlichen und psychischen Aspekten und auch die natürliche Endlichkeit der menschlichen Existenz. Die von dieser Ideologie beherrschte Medizin fixiert sich weitgehend auf das erkrankte Organ und setzt alle verfügbaren medizinischen Techniken und pharmazeutischen Mittel ein, um der Bedrohung Herr zu werden. Misslingt die Therapie, wird das irgendwie als Versagen aufgefasst:

---

[68] Matthäus 7, 3-5.

[69] Noetzel, Gesundbeten..., a.a.O., S. 128.

> «Und wenn du halt operiert hast und da entwickelt sich ein Infekt oder sonst was, denn ist es eben nicht bilderbuchmäßig und optimal, so wie du dir 's wünscht.... Du bist ja im Prinzip so 'nem Vorwurf des Patienten ausgesetzt, der sagt: 'Nu, was habt ihr mit mir gemacht?' Und selbst wenn sie's nicht sagen, hast du diesen Vorwurf im Prinzip schon internalisiert, indem du sagst: 'Scheiße, 's hätte besser laufen können'. Die Chirurgie strebt ja so ein Allmachts- und Allwissenheitsanspruch hat sie eben auf ihrem Gebiet und will perfekt sein. Und das passt eben nicht in das Schema des Perfekten.»[70]

Die Medizin stellt sich in die Konkurrenz zur Natur. Sie tut so, als wäre Krankheit und Tod letztendlich zu bezwingen. Dieser im Grunde aussichtslose Kampf kann als Projektion der eigenen Ängste vor der Unwägbarkeit und Endlichkeit der menschlichen Existenz auf den Patienten und die Auflehnung dagegen gesehen werden. Von dieser Denkweise wird auch die Krankenpflege beherrscht.[71]

Verschiebung

Es lässt sich vermeiden, einen Konflikt an der zutreffenden Stelle auszutragen, wenn die dazugehörigen Komponenten wie z. B. Ärger oder Wut auf andere Personen/Objekte verschoben und dort ausgelebt werden. Die Verschiebung geht immer gegen Abhängige und Schwächere. Durch die Verschiebung können wegen ihrer befürchteten Folgen subjektiv 'gefährliche' Konflikte mit Autoritäten oder bedeutenden Bezugspersonen umgangen und auf eine Art ausgetragen werden, deren Konsequenzen weniger bedrohlich erscheinen. Auf einer Psychiatriestation ließ sich z. B. der Stand der Partnerbeziehung einer leitenden Schwester an ihrem Verhalten gegenüber Patienten und Kollegen ablesen.

> «Wo ich denke, meine Güte, du gehst mir jetzt damit total auf den Keks. Und ich kann nicht mehr hören, wie's deiner Katze geht...Manchmal macht mich das irre, weil das einfach Gesprächsthemen sind, wo ich denke la, la, la. Das ist einfach nichts für mich...Wenn das nur so ist, dass mich nur 'ne Katze nervt, ist das in Ordnung. Aber meistens nervt mich die Katze auch, weil ich gerade von irgendwo her komme, wo ich denke, jetzt haben die das schon wieder nicht gemacht. Jetzt liegt die schon wieder ohne gepolsterten Po durch die Landschaft. Oder die Fersenschutzverbände sind anno

[70] Interview I.

[71] Vgl.: Ostner, Beck-Gernsheim: Mitmenschlichkeit..., a.a.O., S. 164.

> Zopf das letzte Mal verbunden worden. Und dann noch 'ne Katze obendrauf, oder irgendwelche anderen Sachen, dann ist aus»[72],

äußerte eine Interview-Partnerin, die sich der Verschiebung ihrer Wut über kollegiale Versäumnisse auf Gesprächsinhalte bewusst ist.

Ein Sonderfall der Verschiebung ist die Wendung gegen sich selbst. Beim depressiven Reaktionsmuster wird abgewehrte Wut gegen sich gerichtet. Äußerungsformen wären z. B. besonders aufopferungsvolles Arbeiten bis hin zur physischen und psychischen Erschöpfung, Selbstbeschuldigungen, riskantes Arbeiten (z. B. Arbeitsschutzmaßnahmen ignorieren):

> «Dass ich mich selbst infizieren könnte, stört mich nicht. Im Gegenteil. Manchmal wünsche ich mir direkt, dass ich krank werde. Dann male ich mir immer aus, wie es sein würde, wenn mich diejenigen, die mir heute Befehle geben und mich drangsalieren, plötzlich pflegen müssten!»[73]

Diese Verschiebung der abgewehrten Emotionen auf sich selbst hat die Vorteile, äußeren Konflikten überhaupt zu entgehen und Bezugspersonen durch Schuldzuweisungen und depressives Leiden zu strafen und zu manipulieren (z. B. Nötigung zu Mitleid und Nachsicht).

Bei dem oben beschriebenen Anpassungsprozess an die Erziehungspersonen wird an diese gleichzeitig die Selbstverantwortung abgegeben. Wer bestimmt, trägt die Verantwortung. Zille setzte unter die Karikatur einer Berliner Göre die sinngemäße Bildunterschrift: «Ist meine Mutter selbst schuld, wenn ich mir die Hände abfriere, warum zieht sie mir keine Handschuhe an.»

Da wir diese kindlichen Verarbeitungsmuster im Erwachsenenalter unbewusst solange fortsetzen, bis wir uns ihrer bewusst werden und sie bewusst verändern, verschieben wir auch als Erwachsene die eigene Verantwortung häufig auf Autoritäten oder Institutionen. Schuldzuweisungen an Partner, Vorgesetzte, politische Institutionen, den Staat etc. sind Ausdruck dieser persönlichen Verantwortungslosigkeit.

In einer empirischen psychologischen Arbeit über die Vernachlässigung von Arbeitssicherheitsmaßnahmen durch Beschäftigte in Krankenhäusern interviewte eine Kollegin Schwestern und Pfleger, die mit infektiösem Hepatitismaterial arbeiteten und dabei vorgeschriebene

[72] Interview V.

[73] Noetzel, Gesundbeten…, a.a.O., S. 34.

Arbeitsschutzmaßnahmen nicht beachteten. Sie dokumentierte folgende Interviewaussage:

> «Wenn Vorgesetzte darauf besonders achten würden, wären wir bestimmt bereit, noch mehr auf Arbeitssicherheit zu achten.»[74]

Es scheint, dass es sich um eine verbreitete Verhaltensweise in Abhängigkeitsverhältnissen handelt.

Die Vorteile der Verantwortungsverschiebung besteht darin, weniger angreifbar zu sein, für negative Handlungskonsequenzen anderen die Schuld geben zu können und konfliktträchtige Handlungsmöglichkeiten nicht wahrnehmen zu müssen, «da man ja nichts machen kann». Besonders bei der Interviewfrage nach Veränderungsmöglichkeiten wurde generell die Sichtweise vertreten, ohne alle Einflussmöglichkeit zu sein. Alle Interview-Teilnehmer kritisierten vehement Bedingungen im Krankenhaus, sahen aber meist keine eigenen Anteile an den Verhältnissen und keine eigenen Möglichkeiten, etwas zu verändern. Auf die Frage nach Veränderungsmöglichkeiten wurde u. a. geantwortet:

> «Wenn man ändern wollte, müsste man gegen die Struktur und gegen die Hierarchie ankämpfen. Und wenn du das alleine machst, ist es ein Kampf gegen Windmühlen. Und das Schwierige ist halt, dass ich mir auch Formen des Widerstands gegen diese Hierarchie in einer Abteilung halt eigentlich gar nicht mehr vorstellen kann und von daher in gewisser Weise auch resigniert bin.»[75]

> «Ich denke auch, dass man die ganze Situation nur über die Angehörigen der Patienten verändern kann. Nicht über uns. Wenn wirklich die ganzen Sachen, die hier im Krankenhaus unterschwellig passieren und auch mal rauskommt, von wem die Leute manchmal gepflegt werden, dass das nur über die Angehörigen geht, wenn die das an die Öffentlichkeit bringen.»[76]

[74]Deweller, Martina: Vernachlässigung von Arbeitssicherheitsmaßnahmen durch Beschäftigte in Krankenhäusern. Versuch der Gewinnung von Ansatzpunkten für eine effektivere Unfallverhütung.- Unveröffentlichtes und unkorrigiertes Manuskript einer Diplomarbeit, Psychologisches Institut der FU Berlin 1988, S. 61.

[75]Interview I.

[76]Interview III.

> «Die wären gut, wenn man genug richtige Leute hätte. Aber man hat weder richtige noch genug Leute.»[77]

> «Ist so eingefahren, einfach so müßig, so müßig auch teilweise, da was ändern oder anders machen, weil man da kein Hinterhalt hat.»[78]

> «Ich persönlich? Seh' keine Möglichkeit.... Weil letztendlich, wenn was entschieden wird, wird's von Leuten entschieden, die vom Krankenhaus überhaupt gar keine Ahnung haben.... Vor allen Dingen, dass das Personal mehr oder weniger nicht miteinander arbeitet, sondern eher gegeneinander arbeitet. Zu einer Einigung kommt man eigentlich so gut wie überhaupt nicht.»[79]

Die Kehrseite der Verantwortungs-Verschiebung besteht darin, sich als Opfer zu erleben, das von dem Wohlverhalten der Mitmenschen abhängig ist mit den entsprechenden Gefühlen von Schwäche und Ohnmacht. Auch das Selbstwertgefühl leidet unter der subjektiv erlebten Handlungsunfähigkeit in problematischen Strukturen.

Reduktion

Darunter wird verstanden, dass die Realität verengt gedacht wird, der eigentliche Zusammenhang dadurch verloren geht oder verkehrt erscheint bzw. der den Zusammenhang qualitativ bestimmende Aspekt ausgelassen wird. Für die Bewältigung problematischer Situationen scheint die Reduktion in sozialen Beziehungen vordergründig erleichternd zu sein. Wenn vom Menschen als ganzheitlichem Subjekt absehen und er jeweils auf die Funktion eingeschränkt wird, in man mit ihm zu tun hat, vereinfacht sich der Vorgang, wird er vordergründig konfliktärmer und lässt sich schneller bewältigen. Allerdings bedeutet das immer eine Verletzung der menschlichen Subjektivität, weil sie nicht anerkannt und respektiert wird. Das Bedürfnis, als Mensch angesehen und behandelt zu werden, wird negiert. Der Mensch wird in einer solchen Beziehung auf eine/n Fähigkeit/Aspekt hin versachlicht. Bekannt sind die Benennungen von Patienten nach ihrem erkrankten Organ. Aber auch Pflegepersonal scheint darunter zu leiden, nicht in ihrer Persönlichkeit wahrgenommen zu werden:

---

[77] Interview IV.

[78] Interview V.

[79] Interview VI.

> «Also die Aggressionen rühren sicher auch manchmal von daher, dass ja diese Beziehung zwischen Patienten und Schwestern keine einseitige sein sollte, dass das aber so 'ne wechselseitige Beziehung ist; dass also so 'ne Schwester im Grunde genommen auch nicht wie ein Mensch behandelt wird oft, dass die Leute einen so behandeln: Du gehörst hier zum Inventar, ob da nun ein Nachtisch steht oder die Schwester, das ist eh egal.»[80]

Obgleich die reduzierte zwischenmenschliche Verkehrsform Gefühle von Abgelehntsein und Isolierung erzeugt, hat sie auch positive Funktionen, z. B. vor 'bedrohlicher' Intimität zu schützen. Dieser Aspekt scheint bei dem interviewten Pfleger durch, der mit seinen Kolleginnen und Kollegen privat nichts zu tun haben will und dem Gespräche über persönliche Dinge auf Station zuwider sind:

> «Die sind mir eigentlich egal. Mich kümmert nicht, was die machen in ihrer Freizeit, interessiert mich nicht. Ich hab' auch den Eindruck, dass man mit denen nicht so ernsthaft reden kann. Und ich will's auch gar nicht. Ich behalt' meine Sachen für mich.»[81]

Die menschliche Beziehung wird auf einen kleinen Lebensausschnitt (unmittelbare Berufswelt) beschränkt, damit reduziert sich die Kritik-, Auseinandersetzungs- und Verständigungsmöglichkeit auf ein Minimum. Abgesichert bzw. ermöglicht wird diese Bewegungsform, indem mit Hilfe der projektiven Denkweise, die anderen seien desinteressiert und veränderungsunwillig, die eigene Untätigkeit vor sich und anderen rationalisiert wird. Somit ist man eigenen Aktivitätsnotwendigkeiten enthoben, weil die anderen ja auf keinen Fall mitmachten, man alleine stünde – und allein kann man sowieso nichts machen.

Menschliche Beziehungen sind reflexiv. Auf Grund der Abstraktion von unserer Komplexität, unseren Bedürfnissen, unseren Problemen etc. als Menschen bekommen wir uns nur in ganz kleinen Ausschnitten zu Gesicht. Auf diese Weise sind wir in weiten Bereichen vor unmittelbaren Einblicken und Verletzungen durch Ausnutzung von Schwächen geschützt, können unsere wirkliche Verfassung verbergen und eine subjektiv nicht vorhandene Integrität vortäuschen. Diese Fassade ist mutmaßlich der Grund dafür, dass Menschen häufig den Eindruck haben, nur sie hätten Probleme, den anderen ginge es prima.

---

[80] Interview IV.

[81] Interview VI.

> «Die Probleme, die ich auf der Station persönlich habe, scheinen mir nur meine, durch meine spezielle psychische Struktur bedingte zu sein. Ich habe Schwierigkeiten, daran etwas Allgemeines zu entdecken»,

notierte ich in das Tagebuch während meiner Krankenhaustätigkeit. Nach mehrjähriger Arbeit schreibt der Anästhesiepfleger Noetzel über seine Verfassung vor jedem Eingriff:

> «Der Patient, der vor der Tür des Operationssaales auf der Trage liegt, darf mir nicht ansehen, dass er sich in unsichere Hände begibt. Dass sein Vertrauen in die Behandlung nicht gerechtfertigt ist, was die Narkose angeht. Obwohl es andere auch nicht besser machen würden, komme ich mir doch schwach vor und bin voller Skrupel, die ich anderen nicht ansehe.»[82]

Durch das Tabuisieren persönlicher Bereiche wird wechselseitige Verständigung und Unterstützung verhindert, und dazu trägt auch noch eine ideologische Komponente bei: Die Helferfunktion

> «verspricht, mit Belastungen besser zurechtzukommen... Würden wir dieses Leid offen und gegenseitig teilen, bestünde die Gefahr, dass sich die verfestigten Rollen und die in ihnen kristallisierte Macht auflösen. So richtet sich der Anspruch des Helfers mit Angst, 'besser' umgehen zu können, gegen ihn selbst.»[83]

Für den reduktiven Umgang mit unserer Realität werden wir frühzeitig präpariert. In den Abhängigkeitsituationen unserer Entwicklungsgeschichte haben wir häufig gelernt, dass unsere menschlichen Bedürfnisse nicht an sich befriedigt werden, weil wir sie haben, sondern dann, wenn wir die Anforderungen von zu uns in einer Machtbeziehung stehenden Menschen erfüllen. Daraus wird gelernt, sich in den Aktivitäten nicht nach den eigenen genuinen Bedürfnissen auszurichten, sondern an den Erwartungen der für die Befriedigung der Bedürfnisse wichtigen Funktionsträger. Infolge dieses gelernten Konzepts zeigt man sich nicht mehr in der ganzen Lebensbreite, sondern nur in den Aspekten, die geeignet sind, den anderen gewogen zu machen, sich so zu verhalten, wie es für das eigene Wohlbefinden gebraucht wird. Wir reduzieren uns selbst in unseren Äußerungsformen und gehen gegenseitige, manipulative Abhängigkeitsbeziehungen ein. Eine Folge ist, an

---

[82]Noetzel 1988, S. 107.

[83]Schmidbauer 1983, S. 62.

der momentanen Realität und den Mitmenschen hauptsächlich nur das wahrzunehmen, was für die eigene unmittelbare Bedürfnisbefriedigung von Bedeutung ist. Sie werden auf ihre mögliche Funktionalität und unter dem Gesichtspunkt betrachtet, inwiefern sie einem nützen oder schaden könnten.

Die einschränkenden Lebensverhältnisse und die Anpassung an sie mittels Verdrängung der eigenen Gefühle und Handlungsimpulse und das Sich-Identifizieren mit den repressiven Bedingungen führt zu einer Struktur der Selbstunterdrückung, zur Selbstentfremdung vom eigenen Menschsein. Das reduzierte Selbstbild und die als subjektive Bedürfnisse und Gefühle wahrgenommenen verinnerlichten äußeren Zwänge werden auf die Mitmenschen projiziert, die Selbstentfremdung wird dadurch zur zwischenmenschlichen Entfremdung. Da man die ursprüngliche menschliche Bedürftigkeit zwar aus dem Bewusstsein halten, aber nicht aufheben kann, leidet der Mensch in der Entfremdung an einem unbewussten fundamtentalen Mangel an Liebe und Geborgenheit, der sich in der Regel in einem unbestimmten Mangelgefühl und der Sehnsucht nach irgendwas äußert, das sich nicht genau bestimmen lässt. In der Abwehr dieses Mangels kann der Mensch versuchen, seine unbewussten Bedürfnisse kompensatorisch zu befriedigen. Dazu können gehören: Essen, Trinken, Konsumartikel, Statussymbole, Titel, Arbeit, Spiel, Sport etc. In der tiefenpsychologischen Terminologie wird die «Ersatzbefriedigung» unbewusster Triebwünsche «Sublimierung» genannt. Da die Sublimierung nicht wirklich zur Befriedigung führt, der eigentliche Mangel immer noch bestehen bleibt, kann der Mensch versuchen, durch noch mehr des Sublimierungsmittels doch noch das seelische Defizit aufzufüllen. Das ist eine Grundlage für Suchtverhalten.

Die Abwehr der eigenen Empfindungen, Emotionen und Impulse im Anpassungsprozess an autoritäre Strukturen und die daraus resultierende Entfremdung von sich und den Mitmenschen zeitigt zwangsläufig Unverständnis für sich und seine Mitmenschen und geringes Einfühlungsvermögen. Ersetzt wird diese Unfähigkeit durch negative Bewertungen und Verurteilungen aus den verinnerlichten Denkschemata. Eine Folge ist ein ausgeprägter Egozentrismus.

Ein medizinisch-technischer Assistent, der in der nuklearmedizinischen Diagnostik arbeitet, erzählte, dass für ihn ein positiver Befund (d. h. der Patient ist wirklich krank) ein «Erfolgserlebnis» sei, während bei einem negativen Untersuchungsergebnis er seine Arbeitskraft missbraucht sehe; der Patient habe diese Untersuchung augenscheinlich gar nicht nötig gehabt. Vom Standpunkt des Patienten, der vorgeblich im Zentrum der medizinischen Tätigkeit steht, sieht die Frage von Erfolg und Misserfolg aber genau umgekehrt aus. Nach meinem Dafürhalten liegt die «verkehrte» Sichtweise am ausgeprägten Egozentrismus im Helferbereich des Krankenhauses, der wie oben beschrieben eine Auswirkung der Entfremdung ist. Ich gewann bei der Beschäftigung mit den Bewegungsweisen in der Medizin den übermächtigen Eindruck, dass es den Beteiligten entgegen der «offiziellen Sichtweise» in erster Linie darum geht, die eigene Stabilität und Integrität in den möglichen Konfliktkonstellationen mit Vorgesetzten, Kolleginnen und Kollegen und Patienten zu sichern, und erst nachgeordnet um das Wohl des Patienten. Die Wirklichkeit wird gedanklich weniger nach ihrem sachlich-logischen Zusammenhang, sondern eher nach den eigenen Selbstbehauptungsbedürfnissen innerhalb der hierarchischen Machtbeziehungen strukturiert. Dazu ein Beispiel aus dem Krankenhaustagebuch des ärztlichen Autorenkollegen über einen Konflikt mit seiner Stationsschwester:

> «Patientin, nach mehreren Schlaganfällen immobil und weitgehend dement, hat Schmerzen am Rücken. Nach mehreren Aufforderungen meinerseits, die Patientin öfters umzulagern, werde ich fast aggressiv aufgefordert, jetzt endlich Opiate gegen die Schmerzen zu verschreiben, weil die von meiner Vorgängerin verschriebenen Antirheumatika nicht mehr helfen. Bei Betrachten der Po-Region findet sich ein beginnendes Druckgeschwür, auf das ich hinweise. Schon fast ärgerlich setze ich die Schmerzmedikation ab, verordne einen Pflegeplan, den ich täglich überwachen werde.»
>
> Drei Wochen später:
>
> «O. e. Patientin hat kein Druckgeschwür mehr, keine Beschwerden und ich eine murrende Stationsschwester, der ich vermehrt Gesprächsangebote mache.»

Die Schwester sieht die Ursache der Schmerzen darin, dass zu schwache Medikamente verordnet wurden, und projiziert die möglicherweise eigene Verantwortung für eine ungenügende Pflege auf den Stationsarzt. Möglicherweise ist der Versuch, den eigenen Anteil an den Schmerzen der Patientin zu verdrängen, der Grund für die aggressiv vorgetragene Aufforderung nach stärkerer Medikation (der tiefenpsychologische Terminus dafür ist «Gegenbesetzung»). Ein weiterer Grund für die heftige Art könnte in der traditionell untergeordneten Position der Pflege gegenüber der Medizin liegen, die häufig dazu führt, dass Meinungen und Anliegen des Pflegepersonals übergangen werden, wenn es den Ärzten opportun erscheint. Der Arzt wiederum identifiziert die Schmerzursache, möglicherweise zutreffend, in der vernachlässigten Lagerung der Patientin und dem daraus resultierenden Druckgeschwür. Korrekterweise verordnet er einen Pflegeplan. Er setzt aber auch die Schmerzmedikation ab, obgleich die Patientin doch offensichtlich unter Schmerzen leidet. Damit setzt er meines Erachtens deutlich seinen Anspruch auf Autorität und Kompetenz, der von der Stationsschwester in Frage gestellt wurde, durch, indem er reaktiv das Gegenteil von dem tut, was sie fordert.

> «Im Zuge solcher Spannungen drohen auch dem Patienten nur Einbußen und Schädigungen im Hin und Her der verschiedenen Zuständigkeiten und Autoritätsbedürfnisse. Er wird zum Spielball therapeutisch unverantwortbarer Rivalitäten. Im äußersten Falle führt dies dazu, dass die Heilung des Patienten nicht mehr Ziel der Autoritätsaufteilung, sondern nur Anlass und Mittel zur Autoritätsbehauptung und zum persönlichen Prestigezuwachs seiner «Heiler» wird.»[84]

Unsicherheit in der beruflichen Qualifikation und daraus resultierende Angst ist eine weitere Ursache für die emotionale und bewusstseinsmäßige Verengung von Berufssituationen. Nach mehrjähriger Pause begann ich wieder in der Krankenpflege zu arbeiten und fühlte mich zu Anfang nicht sehr kompetent. In meinem Tagebuch notierte ich:

> «Die Belastungssituation hatte noch einen negativen Effekt. Ich war den Patienten gegenüber sehr distanziert, nahezu gefühl- und beziehungslos. Ich hatte am meisten mit mir selbst zu tun. An einem Sonntag beneidete ich einen Kollegen, der sehr warmherzig und familiär mit den Patienten umging, und empfand schmerzlich den Kontrast zu meiner Emotionslosigkeit. Erst später, als ich mich etwas sicherer fühlte, entwickelten sich bei mir freundliche Gefühle für die Patienten. Vorher erlebte ich sie weniger als Menschen und mehr als Problem, dass ich zu bewältigen hatte.»

Subjektive Überforderungssituationen zu verarbeiten, indem die Arbeit auf die fachliche Seite der Tätigkeit reduziert und eine egozentrische Position eingenommen wird, scheint verbreiteter zu sein. Aus einem Interview mit einer Ärztin:

> «Die (Angst) hat ja also mein Verhalten die ganze erste Zeit vollkommen beherrscht. Die hat die so beherrscht, dass ich, ich glaub' nach einem dreiviertel Jahr, zum ersten Mal so richtig das Gefühl hatte, also jetzt im chronischen Bereich, dass sind doch Menschen, das sind lauter leidende Menschen und nicht bloß Fälle, von denen ich fürchten muss, sie machen mir Schwierigkeiten medizinischer

[84] Häfner-Ranabauer 1972, S. 55 f.

oder persönlicher Art. Und dann wurde mir das klar. Dass es nicht nur darum geht, bei der Chefvisite, ah, alle Sachen zusammenzuhaben, nichts vergessen, keine Untersuchung, kein Wert, kein gar nichts, nicht, dass man mir vorwirft, ich hab' was falsch, zu früh, zu viel, zu wenig gemacht. Da wurde mir zum ersten Mal klar, ja dass sind ja...»[85]

Rebellion

Innerhalb autoritärer Strukturen entwickelt sich neben einem angepassten Persönlichkeitsanteil parallel eine zweite psychische Persönlichkeitsinstanz, die in der Transaktionsanalyse «rebellisches Kindheits-Ich» genannt wird. Äußerer Zwang, Fremdbestimmung, erzieherischer Druck gehen gegen die menschliche Natur, gegen das Bedürfnis nach Selbstbestimmung und Selbstentfaltung. Die Anpassung an Herrschaftsverhältnisse gelingt zwar dadurch, dass ich meine Bedürfnisse und die Emotionen der Wut und der Trauer, die mit ihrer Unterdrückung einhergehen, verdränge. Aber weder die Bedürfnisse noch die Emotionen sind damit «verschwunden». Sie sind relativ unbewusst geworden, beeinflussen aber permanent meine emotionale Verfassung, mein Denken und Handeln. In unseren täglichen zwischenmenschlichen Verkehrsformen werden wir sehr stark von diesen unbewussten Impulsen bestimmt. Ein wesentlicher Impuls ist die Rebellionsstendenz gegen Fremdbestimmung, die aus der im Prozess der Anpassung abgewehrten Wut gegen die Repräsentanten der Repression rührt, hauptsächlich die Eltern. Die kann sich in verschiedenen Formen äußern, sei es in Trotz, offener Widersetzlichkeit, in einer grundlegenden Opponentenhaltung («opposite responder»), in verbalen bis physischen Aggressionen, in verdeckten Boykott – und Sabotagehandlungen etc. Das angestaute Rebellionspotenzial kann sich auch bei Anlässen zeigen, die nichts mehr mit der Ursache zu tun haben, zum Beispiel in aggressivem Autofahren, Tierquälerei, Kampfsport etc. Wenn man die Rebellion auf sich als Objekt verschiebt, erscheint sie beispielsweise in der Form von «Faulheit», Aufstehproblemen, Tendenz zu Schlampigkeit, Unordnung etc. Hierarchische Verhältnisse an der Arbeitsstelle, u. a. gekennzeichnet durch ausgeprägten Dirigismus und Fremdbestimmtheit, aktivieren sowohl die Anpassungsmechanismen als auch den rebellischen Anteil der Persönlichkeit. Falls die rebellischen Impulse nicht auf außerbetriebliche Lebensbereiche «verschoben» werden, äußern sie sich u. a. in versteckter Leistungs- und

[85] Interview II.

Verantwortungsverweigerung. Es wird dann nur das Quantum an Arbeitsleistung erbracht, das zur formalen Aufgabenbewältigung und zur Sicherung des Arbeitsplatzes nötig ist. In der Arbeitspsychologie wird diese Erscheinung bei abhängig Beschäftigten «innere Emigration» oder «resignative Arbeitszufriedenheit» genannt.[86] Diese Haltung ist nach meiner Erfahrung auch in der Pflege verbreitet und möglicherweise eine Alternative zum Sich-Aufreiben, sieht man mal von der Möglichkeit der kooperativen Veränderung der Strukturen ab, die im Krankenhausalltag in der Regel übersehen wird.

Zur Sicherung von Freiheitsgraden innerhalb fremdbestimmer, hierarchischer Arbeitsstrukturen richtet sich die Rebellion sogar gegen «vernünftige» Vorschriften und Anweisungen. Ein Beispiel ist der Arbeitsschutz. Das Ignorieren von Arbeitsschutzvorschriften und selbstgefährdendes Arbeiten kann neben dem äußeren Anforderungsdruck oder der Anpassung an eingefahrene Arbeitsweisen der Tendenz geschuldet sein, sich gegen einengende Strukturen zu wehren, sich mindestens teilweise selbst bestimmen zu können. In einer arbeitspsychologischen Arbeit wird bei den Beschäftigten im Krankenhaus die Tendenz konstatiert, Arbeitsschutzaspekte, die eigentlich kooperative Angelegenheiten sind, zu privatisieren (ihre Erfüllung ins persönliche Belieben zu setzen) und gefolgert:

> «In dem Maße, in dem diese Auffassung vorherrscht, müssen auch Regelungen mittels Vorschriften, wie sie die Unfallverhütungsvorschriften darstellen, den Beschäftigten häufig als Gängelung, Einschränkung ihrer «Freiheit» beim Arbeiten und demzufolge das Vernachlässigen von Arbeitssicherheitsmaßnahmen wie ein Stück «wiedererlangte Freiheit» erscheinen.»[87]

Durch die indirekte, versteckte Form des Verweigerns ändert sich qualitativ an den Strukturen so gut wie nichts. Die Gesten des Sich-Verweigerns dienen sowohl der psychischen als auch der physischen Entlastung, indem einerseits heimlich Gegenwehr geleistet und andererseits das Arbeitspensum vermindert wird. Im Folgenden eine Auflistung einiger Rebellionsformen im Krankenhaus:

---

[86] Gebert 1985, S. 80.

[87] Deweller 1988, S. 90.

Täuschen

Noetzel erzählt, wie er von einem erfahrenen Kollegen 'angelernt' wird, den Arbeitsdruck zu erleichtern:

> «Das ist doch ganz einfach. Ich mach das immer so, dass ich nur kurz den Puls des jeweiligen Patienten taste, und dann, ohne dass ich eine Minute gezählt habe, irgendeine Frequenz in die Fieberkurve eintrage. Mit der Temperatur mache ich das genauso. Aber immer andere Werte als am Vortag, damit auch schöne Zacken in der Kurve zu Stande kommen. So werde ich morgens gut fertig und habe um sieben immer alles eingetragen.»[88]

Überhören, Vergessen, Verschlampen

Eine beliebte Methode, Anordnungen von Vorgesetzten zu unterlaufen:

> «Wenn ich denn sehe, dreh' Däumchen, und brüll' mal im Vorbeigehen, mach' mal das, mach' mal hier, mach' mal da, denk' ich päh, hab' ich nicht gehört. Weil dann werd' ich plötzlich ganz korrekt. Alles, was nicht aufgeschrieben wird, hab' ich nicht gehört. Hab' ich nie gehört. Und wenn alle sagen, haben sie gehört, ist mir egal, sollen sie's machen.»[89]

Eine Interviewpartnerin gesteht selbst eine 'Schwäche' ein, und versucht sie im selben Moment mittels Projektion auf KollegInnen abzuwälzen:

> «Und so geb' ich ehrlich zu im Spätdienst gucke ich halt nicht immer hin, und das weiß ich auch nich' im Kopf, wer inhalieren muss, oder was da halt mehrmals, oder die Sachen mit Eis auf Gelenken, es läuft einfach nicht, weil's nicht organisiert wird und die lassen sich auch nicht organisieren.... Irgendwann wird es erst mal als Quatsch abgetan, dann heißt es langsam weiß ich das ja, und dann wird's vergessen und dann wird's genauso vernachlässigt wie vorher. Also wenn die Patienten nicht wirklich selber soweit o.k. sind geistig, dass sie sich merken können, ich muss drei Mal am Tag inhalieren oder

[88]Noetzel, Gesundbeten..., a.a.O., S. 55.

[89]Interview V.

sechs Mal am Tag Eis auf irgendwelche Gelenke oder Wirbelsäule oder Schulter haben, dann wird es halt nicht sechs Mal oder drei Mal am Tag gemacht...»[90]

Sabotage

Hierarchische Strukturen produzieren zwangsläufig Unterdrückungsbeziehungen. Die Betroffenen wiederum neigen dazu, sich durch destruktive Aktivitäten zu revanchieren, wenn sie es einigermaßen gefahrlos bewerkstelligen können.[91] Unbeliebte Anweisungen lassen sich bspw. auch so durchführen, dass etwas ganz anderes dabei rauskommt. Eine interviewte Ärztin klagte:

> «Grade in den chronischen Abteilungen, wollen irgendwelche Leute nicht mehr raussetzen. Oder wollen keine Mobilisation mit denen mehr machen. Und da erlebt man einfach, man sagt zu den Krankengymnasten so und so, und dann beweisen sie dir, ohne Schwierigkeiten, dass es nicht geht. Obwohl selbstverständlich irgendwas noch erreichbar wäre. Und dann machen sie möglicherweise, um dich zu piesacken, es noch extra so, dass der vielleicht ausrutscht, sich noch was tut, ja, damit auf jeden Fall im Bett bleiben muss...»[92]

Boykott

Krankenpflegepersonal scheint Anordnungen von 'oben' häufig bewusst zu unterlaufen. In persönlichen Gesprächen mit KollegInnen konnte mir fast jede/r davon berichten, Anweisungen nicht befolgt zu haben, weil er/sie sie für falsch hielt.

Eine Ärztin auf der geriatrischen Station, auf der ich arbeitete, verordnete sehr ausgiebig Tranquilizer und 'testete' an manchen Patienten die ganze Palette an verfügbarer Psychopharmaka durch. Das Pflegepersonal mokierte sich öfter darüber, zur Ärztin wurde allerdings nichts gesagt. Über einen aus der Ver-

[90] Interview IV.

[91] Vgl. Neuberger, O.: Arbeit. Stuttgart 1985, S. 121.

[92] Interview II.

ordnungspolitik der Ärztin resultierenden Konflikt ein Auszug aus meinem Tagebuch:

> «Die Geschichte mit dem Haldol bei einer Patientin: Sie war m. E. leicht sklerotisch, ab und an etwas zur Zeit und zum Ort desorientiert, aber sehr freundlich und umgänglich, und sie hatte eine Abneigung gegen die Stationsärztin… Als ich sie deswegen fragte, sagte sie, die Ärztin würde sie beobachten und kontrollieren. Die Ärztin verschrieb ihr wegen ihrer 'Aggressivität' Tranquilizer; die Patientin verweigerte die Einnahme. Bei der Chefarztvisite wurde ihr deshalb 3x täglich Haldol verordnet; das kann man unauffällig unter Getränke mixen. Ich wurde zufällig in Beisein der Stationsschwester darauf aufmerksam, die auch sehr skeptisch wirkte.… Ich sprach die Ärztin vorsichtig auf die Verordnung an, um keine Abwehr zu produzieren. Sie zog sich darauf zurück, dass die Patientin ihr gegenüber aggressiv sei und im übrigen die Chefärztin das Haloperidol verordnet habe. Ich empfand diese Medikation als Gemeinheit gegenüber der Pat. Auf der anderen Seite habe ich durch meine genossene Erziehung ein Hierarchiedenken und ein 'Pflichtbewusstsein' verinnerlicht. In dem Widerspruch habe ich mich so bewegt, dass ich der Pat. das Haloperidol manchmal gab, manchmal nur einen Teil und manchmal gar nicht. Ein anderer Pfleger sagte mir später, er habe es grundsätzlich weggeschüttet.»

Dienst nach Vorschrift

Es handelt sich hierbei um Trotzverhalten in einem legalen Rahmen gegen institutionalisierte Mängel und Machtpositionen. Sie besteht im Wesentlichen in korrektem Arbeiten und korrekten Umgangsformen mit Ärzten und Leitungen. Das Pflegepersonal übernimmt keine ärztlichen Tätigkeiten und vermeidet Handlungen, die als freundliche Geste interpretiert werden könnten, erledigen sehr korrekt seine Arbeiten, auch wenn es viel Zeit benötigt. Im Grunde haben diese Pflegekräfte eine gute Position, weil sie kaum zu kritisieren sind. Dem Vernehmen nach arbeiten Ärzte hingegen sehr ungern auf solchen Stationen. Die verdeckte Feindschaft führt zu einer unangenehmen Arbeitsatmosphäre zwischen den Berufsgruppen. Das flexible Zusammenspiel, allerdings mit erheblichen Reibungsverlusten, nach dem Motto, 'Eine Hand wäscht die andere', funktioniert hier nicht mehr. Statt Konfliktklärung im gegenseitigen Interesse wird auf Machtpositionen verharrt.

Der Personalmangel

Seit Beginn der 1980er-Jahre verschlechterte sich durch Bettenabbau, Verkürzung der Liegezzeiten und vermehrte Ausfallzeiten die personelle Situation im Krankenhaus, erhöhte sich die Intensität der Arbeit.[93]

In einer Studie zur Arbeitsbelastung des Pflegepersonals im Krankenhaus antworteten auf die Frage: Die Arbeit im Krankenhaus ist anstrengend durch…?

- 68,8 %: zu wenig Zeit für Patienten und

- 67 %: Mangel an Personal (Mehrfachnennung möglich).[94]

Eine andere empirische Untersuchung eruierte 48 % ziemlich und 25 % sehr stark durch Personalmangel belastete Pflegekräfte, setzt diese Zahlen mit Werten anderer Erhebungsaspekte wie z. B. Überstunden in Relation und resümiert:

> «Das ausdrücklich subjektiv erfasste Gefühl der Belastung durch Personalmangel scheint also auf sehr realen Verhältnissen zu beruhen.»[95]

Das vordergründigste Resultat dieser Situation ist der schon oben erwähnte Zeitdruck, der in allen empirischen Arbeiten zur Krankenpflege auf die Frage nach besonderen Belastungen hervorgehoben wird:

> «Es ist oft so, dass man keine Zeit hat, auch wenn man weiß, die Patientin braucht jetzt unbedingt jemanden, mit dem sie sich unterhalten kann – weil man so viel Arbeit zu erledigen hat, dass man nicht mehr dazu kommt.»[96]

---

[93] Bäcker, G. : Arbeitsbedingungen in der Krankenpflege. Projektgruppe Humanisierung der Arbeit, Arbeitspapier Nr. 12. Düsseldorf 1987, S. 21 ff.

[94] Fuchs, J; Himmel, W.; Wilhelm, J. : Arbeitsbelastung in der Krankenpflege und ihre Auswirkungen. In: Deutsche Krankenpflegezeitschrift 1/1987, S. 51.

[95] Bartholomeyczik: Arbeitsbedingungen und Gesundheitsstörungen bei Krankenschwestern. In: Deutsche Krankenpflegezeitschrift 1/1987, S. 7.

[96] Bausinger-Arkomanis, Danzer, Belastungen…, a.a.O., S. 34.

«Die Hektik»[97]

Die Zeitknappheit hat Folgen:

> «Am schlimmsten ist die Hetze. Mir ist es schon passiert, dass ich einen Patienten halb rasiert habe und dann abgerufen wurde, um einen angeblich dringenden Einlauf bei einem anderen Patienten zu machen. Als ich damit fertig war, wurde ich in die Verwaltung geschickt, um Papiere abzuholen. Darüber habe ich dann das Rasieren vergessen. Am Nachmittag machten die Angehörigen des Patienten mir dann Theater, weil dieser auf der einen Hälfte des Gesichts rasiert war und auf der anderen Gesichthälfte einen Stoppelbart hatte. Häufig soll man zehn Arbeiten zur gleichen Zeit machen.»[98]

Solche Schusseligkeiten sind mir in meiner Pflegerkarriere oft widerfahren. Zwei Beispiele: In der Eile setzte ich einmal einen Patienten auf einen Fäkalienstuhl, ohne vorher den Deckel abzunehmen. Der Patient machte hinterher ein Riesentheater. Ich fand es trotzdem noch ganz lustig. Den Pflegeberuf zugunsten einer Tätigkeit als Steineklopfer aufgeben wollte ich, als ich einer Patientin, die per Nasensonde ernährt wurde, zum zweiten Mal die ganze Infusionsflasche voller Flüssignahrung habe einlaufen lassen. Das kam so. Ich wollte der Patientin jeweils etwas Nahrung geben und öffnete das Ventil. In der Zwischenzeit wandte ich mich schnell einer anderen Arbeit zu, und das bzw. andere Störungen nahmen mich dann so in Anspruch, dass ich die Patientin mit der Nasensonde vergaß. Früher dachte ich, solche Vorkommnisse hätten nur mit meiner Vergesslichkeit zu tun. Über diese Arbeit ist mir klar geworden, dass auch die herrschenden Bedingungen die Grundlage für solche 'Fehler' bilden.

Im Zusammenhang mit dem Selbst- und Fremdanspruch von Fehlerlosigkeit bei medizinischem Personal kann der Zeitdruck zu einer enormen subjektiven Belastungssituation führen:

> «Ich kenne viele Kolleginnen, die Angst haben, Angst etwas zu vergessen, zu übersehen, Angst ist gefährlich, Angst lähmt. Viele von uns haben Alpträume und Schlafstörungen...»[99]

Auf der anderen Seite scheinen Schludrigkeiten unter Druck gang und gäbe zu sein:

[97] Ostner, Mitmenschlichkeit..., a.a.O., S. 109.

[98] Fischer, Absentismus..., a.a.O., S. 253.

[99] Zit. nach Bausinger-Arkomanis, Belastungen..., a.a.O., S. 34.

> «Ich habe noch keine Schwester gesehen, die sich nach der Instrumentenaufbereitung die Hände desinfiziert hätte. Schlampigkeit oder geringe fachliche Qualifikation ist das beileibe nicht. Aber würden sie es so machen, wie es eigentlich richtig wäre, müsste das Operationsprogramm auf ein Minimum des jetzigen Pensums reduziert werden.»[100]

> «Ich habe einmal versucht, den unmöglichen Fehler zu machen, einem Patienten irgendeine Salbe auf den Dekubitus zu schmieren, ohne die Verordnung nachzuprüfen. Dieses Verhalten habe ich jetzt auch bei einem anderen Pfleger gesehen. Denn es kostet Zeit, zur Pflegedokumentation zu gehen und nachzusehen, was er bekommt»,

notierte ich in mein Tagebuch.

Um die Fehler zu verbergen, muss zu Täuschungsmanövern gegriffen werden:

> «Manchmal muss man schon zu etwas unlauteren Mitteln greifen, insbesondere beim Labor und beim Röntgen. Wenn man bei der ganzen Überbelastung, der man ausgesetzt ist, mal vergessen hat, Blut abzunehmen, muss ich den ganzen Kram dem Labor als Notfalluntersuchung aufhalsen.»[101]

Wenn hektisches Arbeiten unter Zeitdruck zum Normalfall wird, kann es sich auch verselbstständigen. Das heißt, dass der Aspekt Arbeit quasi automatisch mit Eile assoziert wird. Es wird dann hektisch gearbeitet, gleichgültig, ob es sachlich geboten ist oder nicht. In mein Krankenhaustagebuch notierte ich:

> «Schwierigkeiten machte mir allgemein in der Zusammenarbeit mit den KollegInnen das Problem der 'Schnelligkeit'.... Bei einer dieser Gelegenheiten, bei der nach dem Mittagessen quasi im Rekordtempo über die Station gefegt wurde, sagte zu mir ein Kollege, der mir eigentlich durch sein besonders korrektes Arbeiten imponierte, sinngemäß: 'Wenn's schnell gehen soll, muss man eben mal Abstriche machen'. Es bestand aber keine besondere Situation, die das erfordert hätte. Man war früher fertig, machte länger Pause, sonst nichts.»

Diese Verhaltensweise wird durch ideologische Komponenten gefördert. In unserer Gesellschaft herrscht die Auffassung vor, dass Arbeit schnell zu gehen

[100] Noetzel, Gesundbeten..., a.a.O., S. 118.

[101] Fischer, Absentismus..., a.a.O., S. 232.

hätte. Andernfalls 'verlören' wir Zeit. Materielle Grundlage dieser Denkweise sind einerseits die Zusammenhänge der Mehrwertproduktion. Denn je höher die Intensität der Arbeit (Arbeitsleistung pro Zeiteinheit), in desto kürzerer Zeit werden die für die Reproduktion der Arbeitskraft notwendigen Güter hergestellt, desto mehr Zeit bleibt für die Mehrwertproduktion. Der Eigner der Produktionsmittel verliert durch langsameres Arbeiten tatsächlich Zeit, nämlich für die Produktion seines Gewinns. Deshalb setzt er die Produzenten (Arbeitskräfte) unter Druck, möglichst intensiv zu arbeiten. Diese lösen den Konflikt zwischen ihren Bedürfnissen und dem äußeren Zwang in aller Regel derart, dass sie die Anforderungen verinnerlichen. Über den Erziehungsprozess wird die Nachkommenschaft dafür präpariert, sich diesen Strukturen anpassen zu können.[102]

Ein weiterer Faktor für die spezifische ideologische Verbindung von Arbeit und Zeit ist unsere Beziehung zur Arbeit. In seiner ursprünglichen Form ist Arbeit unmittelbare und selbstverfügte Tätigkeit zur Erhaltung und Entwicklung der eigenen Lebensmöglichkeiten. Durch das Privateigentum an Produktionsmitteln und die dadurch bedingte Hierarchisierung der Gesellschaft tritt Arbeit dem Menschen aber in einer der ursprünglichen Form entfremdeten Gestalt gegenüber, nämlich als Zwangsverhältnis. Zwar erhält die Arbeit die Existenz, das Bedürfnis nach Selbstbestimmung jedoch ist insbesondere in nicht-freiberuflichen Positionen weitgehend eingeschränkt. In freiberuflichen Stellungen wird der personelle Zwang durch den ökonomischen ersetzt. Der Mensch ist deshalb subjektiv daran interessiert, diese Zeit, in der über ihn durch Menschen oder Umstände verfügt wird, so kurz wie möglich zu halten. Die Bezeichnung 'Freizeit' für Nichtarbeitszeit ist ein sprachliches Indiz für diesen Zusammenhang, weil die Arbeitszeit in entfremdeten Strukturen in der Regel Unfrei-Zeit ist. In Kulturen mit anderen ökonomischen Grundlagen wird das anders erlebt.[103]

Auch das Pausenregime im Krankenhaus ist mit dem Problem der personellen Besetzung verbunden. Ob, wann und wie lange Pause gemacht werden kann, hängt vom zu bewältigenden Arbeitsumfang ab. Psychische Entspannung in der Pause ist insofern kaum möglich, als sie jederzeit durch Patientenruf, Telefon, Ärztewünsche etc. unterbrochen werden kann und sehr häufig auch wird.[104] In der Regel wird diese Situation von den Krankenpflegekräften

---

[102]Vgl. Dreier, Familiäres Sein..., a.a.O.

[103]Vgl. Liedloff, Jean: Auf der Suche nach dem verlorenen Glück. Gegen die Zerstörung unserer Glücksfähigkeit in der frühen Kindheit. München, Beck, 1982.

[104]Vgl. Pröll/Streich, Arbeitszeit und Arbeitsbedingungen im Krankenhaus. Dortmund 1984, S. 63 f.

widerspruchslos hingenommen. Es ist eben so. Ein Interviewpartner hat mal versucht, diese Akzeptanz zu durchbrechen:

> «Genauso dass man seine Frühstückspausen auf der Gruppe verbringt, d. h. also, wenn irgendein Ruf kommt aus einem Patientenzimmer oder gerade das Telefon klingelt, dann springst du halt von deiner Frühstückspause auf. Das kann sein, dass du innerhalb dieser halben Stunde vier, fünf Mal aufgestanden bist und bist meinetwegen auf die Glocke gegangen oder bist ans Telefon gelatscht und hast irgendwelche Sachen entgegengenommen. Ich mein', von Ruhe kann man da wirklich nicht sprechen. Ich hab's einmal gewagt oder waren's auch zwei Mal und hab' gesagt, ne', ich seh' das nicht ein, ich versuch', meine Pausen in Ruhe zu verbringen. Da hab' ich also wirklich von allen Seiten Druck gemacht gekriegt.»[105]

Diese Reaktion der KollegInnen lässt sich mit der psychoanalytischen Kategorie der «Verschiebung» verständlich machen. Dieser Begriff besagt, dass die Abwehr von Impulsen oder Emotionen in Konflikten dadurch stabilisiert wird, dass die Impulse bzw. Emotionen auf andere, ungefährlicher Objekte verschoben werden. So wenden sich die KollegInnen nicht gegen die Regeneration verunmöglichenden Pausenbedingungen und damit gegen 'herrschende' Strukturen, sondern gegen den Kollegen, der diese, und damit ihre eigene Anpassung, in Frage stellt.

Die Überforderung rührt nicht nur von zu wenigen Stellen, das Pflegepersonal muss häufig auch noch berufsfremde Arbeiten erledigen:

> «Was ich mir noch als Erleichterung vorstellen könnte, ist, wenn endlich mal festgesetzt werden würde, was Schwestern für Arbeiten zu machen haben. Denn im Grunde sind die von der Pforte bis zur Pathologie für alles zuständig.»[106]

Die Krankenschwester übernimmt jedoch nicht nur angetragene Arbeiten, die unter ihrem Qualifikationsniveau sind; es ist häufig der Fall, dass die Ärzteschaft Arbeiten aus ihrem Bereich an die Pflege delegiert:

> «Die Arbeit überfordert uns. Das ist insbesondere der Fall, wenn wir zusätzlich zu unserer Schwesternarbeit noch ärztliche Tätigkeiten verrichten müssen, ob wir wollen oder nicht. Da müssen wir morgens

[105] Interview VI.

[106] Interview III.

> zentnerweise Blut abnehmen, Braunülen legen und auf entsprechende Anordnung auch intravenös spritzen.»[107]

Die Überlastung durch Personalmangel und berufsfremde Arbeiten ist auch eine Komponente bei dem so genannten Burn-out-Syndrom. Die eigenen Vorstellungen von korrekter Krankenpflege können nicht verwirklicht werden:

> «Und dann merk ich halt wenn ich dann unter Zeitdruck stehe, dass ich den Anspruch, den ich an mir selber stelle, als Krankenschwester, nicht mehr erfüllen kann.»[108]

Für dieses Problem gibt es zwei gängige Umgangsweisen:

> «Manche Krankenschwestern lösen das Problem, indem sie ihre Prinzipien rasch über Bord werfen. Hinter der achselzuckenden Gleichgültigkeit ist aber zuweilen doch ein bleibendes Schuldgefühl zu ahnen, eine Trauer über verlorengegangene Ideale. Andere hecheln weiter dem Unerreichbaren hinterher. Was resultiert, ist gleichfalls ein chronisch schlechtes Gewissen und schließlich eine profunde Verbitterung über das 'System Krankenhaus'.»[109]

Die Konfliktkonstellation zwischen Bedürfnissen des Pflegepersonals nach Arbeitsverhältnissen, die korrektes Arbeiten erlauben, und realen institutionellen Bedingungen wird bei der zweiten 'Lösung' zu einem innerpsychischen Konflikt zwischen den verinnerlichten Anforderungen und individuellen Fähigkeiten gemacht. Der 'Gewinn' liegt darin, Auseinandersetzungen mit der Umwelt und damit Angstgefühle zu vermeiden und gleichzeitig ein eigenes positives Selbstbild von Opferbereitschaft etc. zu entfalten. Gleichzeitig ist die Arbeit Mittel der Verdrängung und Anpassung, weil sie hilft, Bedürfnisse nicht wahrzunehmen und das Nachdenken über die tatsächliche Lage zu vermeiden.

Vor einigen Jahren verursachte eine Äußerung der damals für das Gesundheitswesen zuständigen Ministerin, Ursula Lehr, einen kleinen Aufruhr bei den Berufsverbänden der Krankenpflege. Sie wandte sich gegen die Aufstockung des Personals in der Pflege mit der sinngemäßen Begründung, dass mehr Schwestern auf einer Station bedeutete, sie würden dann weniger arbeiten, dafür mehr zusammenstehen und quatschen. Daraufhin brach unter

---

[107] Zit. nach Fischer, Absentismus…, a.a.O., S. 222.

[108] Interview IV.

[109] Burisch, M. : Das Burnout-Syndrom. In: Deutsche Krankenpflegezeitschrift 10/1987, Beilage: Pflegepraxis, S. 3.

dem Krankenpflegepersonal ein Sturm der Entrüstung los. Nach meiner Erfahrung war diese Behauptung jedoch gar nicht abwegig.

Auf den Stationen, auf denen ich bisher Erfahrungen sammelte, war es durchgängig so, dass wenn eine Station im Verhältnis zu sonstigen Zeiten 'gut' besetzt war, die Pausen ausgedehnter wurden. Auch das Arbeitstempo nahm in der Regel ab, besonders was die Aufgaben außerhalb der Routine betraf. Es wurde 'gemütlicher' gearbeitet. Diese Erfahrung wurde vom Mitautor, der als Arzt bereits auf vielen Stationen Dienst tat, und mehreren anderen KollegInnen aus der Krankenpflege bestätigt.

Diese beobachtbare Verhaltensweise hat einen Grund, der dem der Kontrolle bzw. dem Kontrollentzug ähnlich ist. Es existiert ja nicht nur die personelle Kontrolle, auch der Druck durch die Arbeitsanforderungen infolge chronisch defizitärer personeller Ausstattung übt eine ähnliche Zwangsfunktion aus. Das geht so weit, dass im Einzelfall versucht wird, 'rennend' das Arbeitspensum zu schaffen. Erleichtern sich die Arbeitsbedingungen durch eine zeitweise bessere personelle Besetzung, vermindert sich der Zeitdruck, wird die Möglichkeit, etwas 'ruhiger' zu arbeiten, berechtigterweise ausgeschöpft. Das Problem liegt also nicht im übersteigerten Kommunikationsbedürfnis der Krankenschwestern, sondern in den 'normalen' Arbeitsbedingungen, die für sie häufig schon eine starke psychische und physische Belastung darstellen.

Die Reaktion der Berufsverbände auf die Aussage der Ministerin ist ein starkes Indiz dafür, dass auch sie der Denkfigur von der selbstlosen, uneigennützigen Schwester aufsitzen. Frau Lehr hat mit ihrer, auf der Erscheinungsebene zwar richtigen, aber im größeren Zusammenhang unrichtigen, Bemerkung am ideologischen Lack der Krankenpflege gekratzt und damit ihre kollektive Verdrängungshaltung gefährdet.

Die Verwaltung

Das Krankenhaus arbeitet unter dem ideologischen Primat, dass es vor allem um die Gesundheit des Patienten gehe. Jedoch liegt der Schwerpunkt immer mehr auf der ökonomischen Kostenrechnung.[110] Das wird auch von den Betroffenen häufig registriert:

> «Ich hab 'ne ziemlich idealistische Vorstellung gehabt, aber die sind dann im Laufe der Jahre ist das mehr oder weniger kaputt gemacht worden. Weil, das Krankenhaus an sich hat sich rausgestellt, also für mich zumindestens rausgestellt, dass es letztendlich auch ein Leistungsbetrieb ist. Und das man halt guckt, dass man so viel wie möglich durchschleust. Der Patient ist letztendlich auch nur 'ne Ware. So seh' ich das... Ich seh' das auch aus der Perspektive jetzt wegen mir von Ärzten, oder so... Die stehen ja mehr oder weniger auch ein bisschen unter Druck, weil sie mehr oder weniger gucken müssen, dass halt die Bettenkapazität ausgefüllt ist. Wenn sie dass nämlich nicht machen würden, werden wiederum Stellen gekürzt, d. h. man muss so viel wie möglich durchschleusen. Das hat also mit Menschlichkeit m.E. überhaupt nichts mehr zu tun.»[111]

Wenn es um die organisatorische Bewältigung von Mangelverhältnissen und knappen Ressourcen geht, haben bürokratische Systeme Konjunktur:

> «Die Kostenfrage ist zum strukturierenden Element der Krankenversorgung geworden.»[112]

Das begründet die starke Machtposition der Verwaltung, die sowohl die Medizin als auch die Pflege dominiert. Diese Berufsgruppen stehen offensichtlich in einer Abhängigkeitsposition zur Verwaltung. Es wird alles oktroyiert von der Verwaltung her. Da hat man relativ wenig Einfluss.»[113]

---

[110] Vgl. Reiners, H. : Die stationäre Versorgung im Zeichen der einnahmeorientierten Ausgabenpolitik der Gesetzlichen Krankenversicherung – Zum Verhältnis von Krankenhaus und Krankenkasse. In: Deppe, UND ...(Hrsg.): Das Krankenhaus..., a.a.O.

[111] Interview VI.

[112] Deppe (Hrsg.): Das Krankenhaus..., Editorial, S. 8, a.a.O.

[113] Interview VI.

Die Verwaltung selbst ist auch wieder hierarchisch gegliedert, mit den entsprechenden Entmündigungstendenzen auf den einzelnen Ebenen.[114] Das lässt den Krankenhausbetrieb insgesamt zum Paradebeispiel einer bürokratischen Organisation werden:

> «Diese ganze Wichtigtuerei von diesen ganzen Leuten. Also das find' ich ganz schlimm, dass die sich alle so wichtig nehmen. Dass das Krankenhaus gar nicht mehr so wichtig ist für die Kranken, dass bloß immer Hauptsache die Verwaltung funktioniert. Und die Pläne sind geschrieben und die Pläne und die Zettel sind geschrieben; das ist ganz was wichtiges, ob die Betten gemacht sind oder die Patienten gewaschen sind hat mich noch nie jemand gefragt… Aber von ganz oben hat mich noch nie einer gefragt, ob wir es schaffen, morgens vor dem Frühstück alle Leute zu waschen. Aber die fragen mich, ob ich es schaffe, alle Dienstpläne zu schreiben, alle ungünstigen Zeiten zu schreiben, ob ich das nun immer noch nicht geschafft habe, da fragen sie mich dauernd. Aber nach den Patienten fragen sie mich nie!»[115]

> «In meinen Augen hat die Verwaltung nur ökonomische Ziele. Das sind doch die reinsten Bürokraten. Man muss förmlich um jeden Zuckerwürfel kämpfen. Durch den sinnlosen Papierkram, den wir immer ausfüllen müssen, stören sie nur unsere Arbeit. Wenn wir ordentliches Arbeitsmaterial haben wollen, bekommen wir nur Mist. Neulich erhielten wir Infusionsständer, die so leicht waren, dass sie umfielen, sobald man eine Flasche umhängte. 'Aus Kostengründen' sagt dann die Verwaltung, aber den Ärger haben wir. Es ist schlimm, dass diese Leute so viel Macht, aber so wenig Ahnung haben.»[116]

Wie aus den Zitaten hervorgeht, wird die Arbeit der Krankenpflege durch die Tätigkeiten für die Verwaltung zusätzlich vermehrt und erschwert. Obgleich der Verwaltungskram im Einzelfall auch mal benutzt werden kann, das Krankenbett zu meiden:

> «Ich mein' ich entdecke das bei mir selber auch, dass ich denn lieber auch mal sitzen bleibe, als nun rauszugehen und zu sagen Frau Soundso trinken Sie mal, oder einfach nur Frau Soundso, mit ihr sich unterhalten.»[117]

---

[114]Vgl. Fischer, Absentismus…, a.a.O., S. 302 f.

[115]Interview III.

[116]Zit. nach Fischer, Absentismus…, a.a.O., S. 225 f.

[117]Interview V.

Gegenüber der Macht der Verwaltung gibt es zwei Verhaltenstendenzen. Aus meiner Berufsgeschichte als Krankenpflegehelfer weiß ich, dass Pflegeleitungen sich aus opportunistischen Gründen häufig auf die Seite der Verwaltung und gegen ihre Stationen stellen. Wenn z. B. die Verwaltung zwecks einer günstigeren Bilanz die Besetzung frei werdender Planstellen für eine bestimmte Zeit hinausschieben will, geben manche Pflegedienstleitungen sich in solchen Fällen her, das ihren Stationsleitungen 'zu verkaufen'. Unter anderem geht das dadurch, dass Stationen in Konkurrenz gegeneinander gebracht werden, bspw. indem argumentiert wird, andere sind noch schlechter dran, oder durch Hin- und Herschieben von Personal. Im Krankenhaus, in dem ich zuletzt arbeitete, gab es einen Zwist zwischen den Leitungen der Stationen, weil die einen gegenüber der Verwaltung und der Pflegedienstleitung versuchten, eine bessere personelle Situation dadurch zu erreichen, dass sie Zusatzveranstaltungen für Patienten wie Kaffeenachmittage etc. verweigerten und andere diesen Boykott unterliefen.

Es kann auch opportun sein, sich mit der Verwaltung gut zu stellen:

> «Wir haben so gut wie keine Aufstiegsmöglichkeiten. Man kann aber Reibungen vermeiden, wenn man immer mit dem Strom schwimmt und den Kopf nicht zu hoch hält. Wer gut schmiert, der gut fährt. Ich habe die Erfahrung gemacht, dass es besser ist, möglichst wenig Neuerungen anzuregen; insbesondere dann, wenn es etwas kostet. Dann hat man die Verwaltung gleich gegen sich; und die braucht man ja, um Oberschwester zu werden.»[118]

Die Haupttendenz scheint jedoch ein indirekt widersetzlicher Umgang mit der Verwaltung zu sein, was als Kehrseite der im Grunde angepassten Haltung an die Anforderungen von oben interpretiert werden kann:

> «Bei Schwestern ist ja immer, das ist bei allen Schwestern so, die Rivalität zwischen Schwestern und Verwaltung. Wer von der Verwaltung kommt, der kriegt erst mal eins ringehauen, weil er ja mit Krankenpflege gar nichts zu tun hat, und was will er eigentlich hier... Aber so ein bisschen nehmen wir die ja alle nicht ernst. Und das wissen die auch. Und deswegen hauen sie uns immer eins drauf und kommen immer noch viel wichtiger an, als wie sie sowieso schon sind. Und da ist immer so ein bisschen, so im Clinch liegen wir da, mit allen, eigentlich.»[119]

---

118 Zit. nach Fischer, Absentismus..., a.a.O., S. 227.

119 Interview III.

Es hat den Anschein, als ob innerhalb des Krankenhausbetriebes der Verwaltung die Hauptverantwortung für Miseren zugeschrieben würde. Die Kritik an der Verwaltung könnte insofern auch projektiv benutzt werden, die Selbstverantwortung zu verschleiern und die eigene vermeintliche Handlungsunfähigkeit zu rechtfertigen. Obige Zitate lassen Spielraum für eine solche Interpretation. Die Krankenhausverwaltung ist in sich jedoch auch hierarchisch gegliedert und steht wiederum in einem umfassenderen politischen Zusammenhang mit einer bestimmten Machtverteilung.[120] Sie arbeitet im Rahmen der Vorgaben von Gesetzgeber und Krankenkassen und unter Kontrolle staatlicher Institutionen. So stellt die Verwaltung auch wieder nur ein Mosaiksteinchen im das Krankenhaus betreffenden Machtgefüge dar.

Die materielle und organisationsstrukturelle Situation im Krankenhaus wird wesentlich durch die politischen Entscheidungsträger bestimmt. Die entscheiden nicht nach bestem Wissen und Gewissen oder im Interesse der Betroffenen, sondern vertreten die Positionen gesellschaftlicher Interessengruppen.

> «Sozialpolitische Dienstleistungen sind aber nicht interessenneutral. *Über Anbieterstrukturen, Arbeitsformen und -inhalte, Berufsausbildungen wird politisch entschieden.* Organisation und Struktur der Dienstleistungen können ebenso zur menschenwürdigen und solidarischen Lebenslagensicherung beitragen, wie sie zur Disziplinierung, Kontrolle, Bevormundung instrumentalisiert werden können...(Hervorhebung im Original, d. Verf.).»[121]

Hier wird die Analyse psychischer Verarbeitungsweisen im Pflegebereich beendet. Im folgenden Kapitel werden Folgerungen im Hinblick auf Veränderungsmöglichkeiten gezogen.

---

[120] Vgl. Wanek, V. : Die Machtverteilung im Gesundheitswesen. In: Deppe (Hrsg.), a.a.O., S. 190-221.

[121] Bäcker, Arbeitsbedingungen..., a.a.O., S. 9.

Reduzierte Kommunikation[122]

Die bisher beschriebenen untergründigen Bewältigungsformen von widersprüchlichen Bedingungen können nur insofern realisiert werden, als diese Zusammenhänge tabuisiert sind, sie nicht thematisiert und damit aus dem Bewusstsein ausgeklammert bleiben. Machtgefälle innerhalb organisatorischer Strukturen geht deshalb mit verengter, vereinseitigter Kommunikation einher.[123]

Die inhaltlich sehr reduzierte Kommunikation auf meiner Station fiel mir schnell auf. In mein Tagebuch notierte ich:

> «Während meiner Anwesenheit auf der Station gab es wenig ernsthafte Gespräche, z. B. über die Arbeitsverhältnisse. Während der Tarifverhandlungen um eine höhere Bezahlung in der Krankenpflege wurde gelegentlich über das schlechte Verhältnis Arbeitsbelastung/Bezahlung gesprochen; aber eher in einer resignativen Haltung so nach dem Motto: 'Die machen ja doch, was sie wollen.' Über persönliche Probleme im Zusammenhang mit der Arbeitssituation wurde – mindestens in meinem Beisein – nie geredet. Es dominierte eine scherzhaft-ironische Redeweise. Ich habe mich dem sehr schnell angepasst.»

Dass das keine Ausnahme, sondern die Regel ist, wird in der Darstellung einer empirischen Untersuchung über Belastungen und Beanspruchungen in der Krankenpflege, in der 142 Krankenschwestern befragt wurden, deutlich. Die Autorinnen stellen fest:

> «Über die eigenen Arbeitsprobleme mit anderen zu sprechen, gilt als entlastend. Aber derartige Gespräche sind auf der Station selten möglich, weil damit am psychischen Gleichgewicht der anderen gerührt wird.»[124]

---

[122]Vgl. auch Kapitel «Umgang mit Kommunikation und Sprache» im Buchteil: Ärztlicher Bereich.

[123]Vgl. Schneider, H.-D. : Kommunikation in Organisationen. In: Schuler/Stehle (Hrsg.): Organisationspsychologie und Unternehmerpraxis: Perspektiven der Kooperation. Stuttgart 1985, S. 154 ff.

[124]Zit. nach Bausinger-Arkomanis, Danzer: Belastungen..., a.a.O., S. 34.

Als Beispiel führen sie die Interviewaussage einer 22-jährigen Schwesternschülerin an:

> «Wie haltet Ihr alles psychisch aus? Das habe ich einmal im Stationszimmer gefragt, ich habe keine Antwort bekommen. Alle haben sie in ihre Kaffeetassen gestarrt, bis dann eine Schwester gezwungen munter über ein Strickmuster zu reden anfing.»[125]

Auch in unseren Interviews kam dieser Aspekt des Nicht-Redens über bestimmte Dinge zum Vorschein:

> «Jetzt ist es so. Wir lächeln alle freundlich. Und irgendwie mutet alles ganz freundlich an. Aber so freundlich ist das irgendwie gar nicht. Weil das kann gar nicht sein. Es ist nichts ausgesprochen worden, es ist nichts erledigt worden.»[126]

Gewisse Themen sind augenscheinlich aus der Kommunikation ausgespart. So die individuelle psychische Verfassung und Gefühle wie Angst, Unsicherheit, Ungenügen, latente Konflikte mit KollegInnen, Antipathien, der Umgang des Krankenpflegepersonals mit Patienten und auch die strukturellen Bedingungen wie hierarchische Verhältnisse oder krankenhauspolitische Aspekte. Eigentlich all die Erscheinungen und Probleme, deren Anprache mutmaßlich erstens zu Auseinandersetzungen führen würde und die zweitens nach einem Verständigungsprozess bestimmte Handlungsnotwendigkeiten zur Folge hätten, die ebenfalls nur konflikthaft umzusetzen wären.

Würde offen angesprochen, welche Schwierigkeiten jeder mit den Arbeitsbedingungen, den Patienten und mit den KollegInnen hat, wäre das ein reiches Konfliktfeld. Mit der 'normalen' Funktion der Station, mit der gehabten Ruhe wäre es vermutlich vorbei. Die unausgesprochenen Tabus dienen augenscheinlich dazu, den alltäglichen Ablauf und die eigene Position nicht zu gefährden:

> «Das ganze Krankenhaus ist darauf ausgerichtet: Hauptsache 's funktioniert, wie auch immer. Deswegen macht jeder immer ein bisschen Zurückzieher, na ja, es geht ja, und Hauptsache es klappt und es kommt nichts an die Öffentlichkeit. So ist die ganze Struktur hier.»[127]

---

[125] Zit. nach Bausinger-Arkomanis, Danzer: Belastungen..., a.a.O., S. 34.

[126] Interview V.

[127] Interview III.

Damit wird gleichzeitig ein Auseinandersetzungs- und Verständigungsprozess verhindert. Jeder bleibt mit seinen Problemen allein, muss individuelle Lösungs- bzw. Umgangsmöglichkeiten suchen. Gleichzeitig versucht jeder den Schein zu wahren, dass er gut klar kommt, keine größeren Schwierigkeiten bezüglich der Arbeit hat. Individuell kann dadurch der Eindruck entstehen, subjektive Probleme lägen nur in der eigenen psychischen Struktur begründet, und die anderen würden die Lage gut managen. Die Schlussfolgerung wäre, sich noch mehr anzustrengen, die Belastungen zu bewältigen, um nicht aufzufallen, bzw. in der Bewertung der KollegInnen durchzufallen.

Auf der einen Seite existieren unausgesprochene Kommunikationstabus, andererseits scheint gleichzeitig eine Art Redezwang zu herrschen, wenn zwei oder mehr Pflegepersonen um einen Pausentisch versammelt sind. Es kam selten vor, aber wenn auf meiner Station mal beim Frühstück der Gesprächsstoff ausging, entstand eine fast greifbar peinliche Atmosphäre. Ich vermute einen Zusammenhang zwischen den beiden Phänomenen. Möglicherweise wird die übliche Konversation auch dazu benutzt, die 'wirklichen' Themen zu vermeiden. Wenn in dem Fall dann plötzlich der unverfängliche Gesprächsstoff ausgeht, ist diese Strategie bedroht, drängen die Probleme ins Bewusstsein, danach, mitgeteilt und besprochen zu werden. Da dies wegen der herrschenden Konvention eminent schwierig erscheint, liegt eine Lösung im Aufgreifen eines problemneutralen Themas.

Die reduzierte Kommunikation im Krankenhaus entspricht der Definition des tiefenpsychologischen Terminus «Vermeidung»: Situationen/Herausforderungen, die die Möglichkeit von Angst- und Unlustgefühlen oder Frustrationen beinhalten oder verdrängte Erfahrungen berühren könnten mit der Gefahr, Schmerz zu erleben, werden gemieden.

Die anscheinend gängige ironische bis sarkastische Redeweise im Krankenhaus dient tiefenpsychologisch gesehen dazu, sich von den belastenden Bedingungen innerlich zu distanzieren, die praktische Betroffenheit und die dazuhörigen Gefühle abzuwehren. Man erweckt vor sich und den anderen den Anschein des Erfahrenen, Abgeklärten, dem nichts mehr etwas anhaben kann. Diese Haltung akzeptiert die Verhältnisse, wie sie sind, interpretiert sie als mindestens durch persönlichen Einsatz unveränderbar, legt als Lösung nahe, sich zu arrangieren und sich geistig und emotional darüber zu stellen. Man kann damit sogar noch Anerkennung durch die Umwelt ernten, weil der Träger dieser Haltung oft als lustig und humorvoll erscheint. Gleichzeitig kann man vor sich und seinen Mitmenschen das Bild eines kritischen und aufgeklärten Menschen erwecken, weil man ja den Finger auf wunde Stellen seiner Mitmenschen legt. Nur bleibt das einfluss- und folgenlos. Würde der so Kritisierte ernsthaft auf eine ironische Bemerkung eingehen, entlarvte er sich als humorlos. Und die 'spaßige' Art der Bemerkung legt nahe, dass es so ernst gar nicht gemeint sei.

Ironie und Sarkasmus sind eine Unehrlichkeit sich und anderen gegenüber und dienen dem Schutz des eigenen fragilen psychischen Gleichgewichts, indem der wirkliche, emotional offene Kontakt mit der Realität vermieden wird.

Informationsbeschränkung, Informationsblockade

Arbeitswissenschaftliche Autoren registrieren Erscheinungen wie Informationsverdünnung, -selektion und -blockade im betrieblichen Alltag als 'Normalität'.[128]

Während meiner viermonatigen Aushilfstätigkeit als Krankenpflegehelfer war ich in der ersten Nachtwache mit einem Kollegen eingeteilt, der mir von sich aus so gut wie nichts erklärte. Damit ich überhaupt mitarbeiten konnte, musste ich ihm die Informationen 'aus der Nase ziehen'.

Eine interviewte Krankenschwester beklagte sich über den Anpassungsdruck, dem Krankenpflegeschüler ausgesetzt sind:

> «Oder als Schüler halt, da kriegste, kannste ignoriert werden, das kann schlimm sein, weil du willst ja was lernen. Und die können dich ja, du kannst ja, Schwestern-Schüler-Verhältnis, hat die Schwester absolute Macht. Die kann die Schülerin einfach nur laufen lassen, so, mach' was du willst, ich sag' dir nichts. Du kannst aber auch dem Schüler viel erklären. Und wenn die Schwester dem Schüler nichts erklärt, ist das eigentlich 'ne Strafe, find' ich.»[129]

Informationszurückhaltung kann verschiedene psychische Motive und demzufolge verschiedene Funktionen haben:

- Man kann damit unangenehme Kritik oder Verhaltensweisen 'bestrafen', bzw. in hierarchischen Beziehungen Widerstand leisten, indem man anderen für sie wichtige Informationen oder Instruktionen verweigert. Das kann ziemlich infame Formen annehmen:

> «Ich kam morgens auf die Intensivstation und fragte die Stationsschwester, ob während der Nacht etwas Besonderes vorgefallen sei, was sie verneinte. Eine halbe Stunde später kam der Oberarzt und fragte mich nach den Ereignissen der vergangenen Nacht. Als ich nichts Interessantes zu berichten wusste, fragte er die in der Nähe stehende Stationsschwester nach dem Befinden des Patienten X. Sie antwortete ihm daraufhin: 'X hat vor drei Stunden einen

[128] Vgl. Neuberger, «Arbeit», a.a.O., S. 122 f; Macharzina, K: Informationsverhalten in Organisationen. In: Schuler/Stehle (Hrsg.): Organisationspsychologie..., a.a.O., S. 168.

[129] Interview V.

Adams-Stokes-Anfall (lebensgefährliche Störung der Erregungsleitung im Herzen, Anm. d. Verf.) gehabt. Der Oberarzt fuhr mich daraufhin an: 'So etwas sollten Sie mir schon berichten!'. Ich fragte daraufhin die Schwester: 'Warum haben Sie mir das nicht erzählt?' Antwort: Sie haben mich ja nur gefragt, ob etwas Besonderes vorgefallen sei. Sie sollten aber wissen, dass derartige Anfälle auf Intensivstationen nicht gerade selten sind.' Was kann man gegen solche Leute tun...»[130]

- In hierarchischen Strukturen lässt sich damit das eigene Arbeitsfeld 'schützen'. Zum einen verschafft sich derjenige einen Freiraum, der nicht kontrolliert werden kann, weil er für andere nicht einsichtig ist. Und er verwahrt sich damit auch vor Kritik und Konkurrenz. Zum anderen erscheint er als unersetzlich, macht die anderen in gewisser Weise von sich abhängig, weil nur er für einen bestimmten Bereich die Kompetenz hat und deshalb gebraucht wird. Ein Beispiel aus einer empirischen Arbeit zu Fehlzeiten bei medizinischem Personal:

«Man wird schon gelegentlich gebremst. Wenn ich den Pfleger meiner Ansicht nach zu viel frage, bekomme ich Dinge wie: 'Du bist nur Helfer, du brauchst nicht mehr zu wissen, und du darfst auch nicht mehr wissen', zu hören.»[131]

Diese Aussage passt zu dem Ergebnis einer vergleichenden arbeitswissenschaftlichen Untersuchung von vier Krankenhäusern bezüglich des Informationsgefälles. Sie stellt

«das positionsspezifisch verteilte Maß der Informiertheit»[132]

fest. Wissen fungiert so als Herrschaftsmittel.

- Informationsblockade entspringt auch dem Sichernwollen von informellen Vorteilen und damit Stützung der eigenen Position gegenüber Kollegen und Vorgesetzten. Eigentlich selbstverständliche und für eine kooperative Arbeit notwendige Informationen werden je nach Verhalten wie Privilegien vergeben.[133] Das dient dazu, die eigene Position gegen Konkurrenz zu behaupten. Indem KollegInnen Wissen und praktische Fähigkeiten vorenthalten wird, verschafft man sich einen Wettbewerbsvorteil und erscheint gegenüber oberen

130 Zit. nach Fischer, H. J. , Absentismus beim Personal eines Krankenhauses. Eine Analyse von Entfremdungsprozessen. Frankfurt 1987, S. 193.

131 Zit. nach Fischer, Absentismus..., a.a.O., S. 244.

132 Siegrist, J. : Arbeit und Interaktion im Krankenhaus. Stuttgart 1978.

133 Deweller, Vernachlässigung von Arbeitssicherheitsmaßnahmen..., a.a.O., S. 77.

Hierarchieebenen als besonders kompentent. In dieselbe Kategorie fällt die Informationsverdünnung nach oben. Man gibt nur das weiter, was einen in einem günstigen Licht erscheinen lässt oder Anerkennung sichert.

Konservatismus

Der Krankenhausalltag ist u. a. geprägt von routinierten Abläufen. Waschen, Bettenmachen, Sammeln von Labormaterial, Frühstücksverteilung etc. geschehen täglich wiederkehrend in annähernd gleicher Form. Diese periodischen Verrichtungen wirken im allgemeinen strukturierend und stabilisierend, besitzen eine psychisch entlastende Wirkung. Sie laufen allerdings Gefahr, in Rituale umzuschlagen, wenn sie von ihren inhaltlichen Grundlagen und deren Veränderungen getrennt werden und sich verselbstständigen. Ritualisierte Formen existieren beispielsweise in der Art, wie die Betten gemacht und ausgerichtet werden, in der Umgangsweise mit Patienten, in der Form der Arbeitsteilung, in Behandlungsschemata wie z. B. Dekubitusprophylaxe etc. Sowohl in der Literatur als auch in den Interviews wurde die Stabilität der Strukturen unabhängig von ihrer praktischen Funktionalität angesprochen und das 'Beharrungsvermögen' von Teilen des Krankenpflegepersonals betont:

> «Wir stehen… vor dem Dilemma, dass die Berufe, die am Nächsten am Menschen sind und die größte Arbeitszufriedenheit hervorbringen, oft auch die am wenigsten in Frage gestellten Berufe sind, berufliche Strukturen affirmativ angenommen werden, ohne dass die Frage aufkommt, inwieweit die Arbeit tatsächlich den Klienten (Kranken) erreicht.»[134]

> «Das ist verdammt anstrengend, wenn du immer gegen ein Team arbeitest. Wenn du gegen das, was vor 20 Jahren schon gemacht wurde, wenn du da gegen anarbeitest. Und es sind immer nur ein paar... Auf der einen Seite sind die alten Schwestern, die sagen, das haben wir immer schon gemacht, obwohl es da sehr große Ausnahmen gibt, die da sehr flexibel sind, aber das gibt's halt immer, Ausnahmen, aber so als Gros, die alten Schwestern sagen, wir haben das vor 20 Jahren so gemacht, dann ist das heute auch noch gut. Und dann kommen die jungen Schwestern, die da irgendwie ja aus welchen Grund auch immer den Beruf ergriffen haben und irgendwie auf vielleicht nicht grade den besten Stationen zu Anfang waren und nun vielleicht sich selber noch nicht so sicher waren und da lernste viel Mist auf vielen Stationen. So was die Tonart den Patienten

[134] Ostner, Beck-Gernsheim: Mitmenschlichkeit als Beruf, a.a.O., S. 113.

gegenüber betrifft oder so 'ne Sachen, da lernt man viel Mist. Und da, entweder die passen sich so an, oder die sind von Anfang an so; ich denke, das ist, es liegt eher daran, dass sich die jungen Schwestern sehr schnell anpassen. Weil das ist schwierig, wenn du auf eine Station kommst, auch wenn lauter alte Schwestern sind, da kommste nicht an, da kannste dir Kopf stellen. Die lassen dich so dermaßen auflaufen, dann gehst du wieder.»[135]

Eine interviewte Ärztin sprach von einem «trägen Apparat 'Schwestern'».[136]

Veränderungen scheinen gerade im Krankenhaus schwer durchsetzbar; die Beteiligten erwecken den Eindruck, veralteten Denkweisen besonders verhaftet zu sein. Dieser Konservatismus hat psychologische Hintergründe.

Nach dem Persönlichkeitsbild der humanistischen Psychologie besitzt der Mensch ein natürliches Lern- und Entfaltungsbedürfnis. Bei Säuglingen und Kleinkindern kann man das entsprechende Verhalten gut beobachten. Vorausgesetzt, ihre sonstigen elementaren Bedürfnisse (Nahrung, Schlaf, körperliche und emotionale Zuwendung etc.) sind befriedigt, sind sie ohne äußeren Antrieb oder Anforderungen sehr interessiert und aktiv bezüglich der Dinge in ihrer Lebensumwelt. Nur über diese Eigenaktivität lernt der Mensch seine Welt kennen und handhaben, und dies ist äußerst wichtig für die Entfaltung der Handlungsfähigkeit in dieser Welt als Voraussetzung für angenehme emotionale Zustände. Unbekannte Situationen und eingeschränkte oder nicht vorhandene Handlungsrepertoires für Lebenslagen erzeugen hingegen Angst.

In der Entwicklungsgeschichte jedes Individuums werden nun die Äußerungsformen des elementaren Lern- und Explorationsbedürfnisses obligatorisch durch die Erzieher mit ihren beschränkten Denkformen mehr oder weniger eingeschränkt und mit ungenehmen Konsequenzen bedacht (Kritik, Abwertungen, Schulderklärungen, Bestrafungen).[137] Darüber lernen wir, unsere Aktivitätsimpulse zurückzuhalten und zu kontrollieren, ob wir sie gefahrlos realisieren können oder mit Sanktionen rechnen müssen. Das vermindert die Erfahrung mit den Umweltgegebenheiten und führt zu einer faktischen Einschränkung der praktischen und geistigen Fähigkeiten, gemessen am Potenzial.

135 Interview V.

136 Interview II.

137 Siehe Kap.: Psychologische Grundauffassung.

Durch die oben beschriebene Identifikation[138] mit den unterdrückenden Instanzen werden die historisch bedingt bornierten Sicht- und Denkweisen verinnerlicht und auf sich und die Mitmenschen angewandt. Man geht der eigenen natürlichen Offenheit, Kreativität und geistigen Beweglichkeit verlustig und ersetzt sie durch die Übernahme fixer Vorstellungen und Denkweisen, die, da der psychische Vorgang in's Unbewusste verdrängt wurde, als die eigenen angesehen werden.

Diese fremdbestimmten Wahrnehmungs- und Denkformen sind jetzt die Basis für die Hinwendung zur Welt und die Auseinandersetzung mit ihr. Kritik an diesen ideologischen Formen und Anstöße zu Neuerungen sind dadurch immer verunsichernd, mit Riskiken behaftet, mit unangenehmen Emotionen (Angstbereitschaft) verbunden, weil sie die mentalen Krücken angreifen, auf denen der Mensch sich bewegt, der seine ursprüngliche geistige Kompetenz verleugnete.

Jedoch gerät der Mensch mit seiner dadurch stark eingeschränkten Handlungs- und Lernfähigkeit mit der Realität der Lebensumwelt in Widerspruch, die sich in einem ständigen, vielfältigen und sich beschleunigendem Veränderungsprozess befindet. In der Konsequenz leidet er an Angst-, Unsicherheits- und Unfähigkeitsgefühlen.

Mangelnde praktische und geistige Flexibilität kann auch einer verinnerlichten Verweigerungshaltung aus dem «rebellischen Kindheits-Ich» entspringen. In der individuellen Entwicklungsgeschichte machten Menschen oft die Erfahrung, dass Aktivitäten, Veränderungen, Neuerungen von Personen verlangt wurden, zu denen sie sich in einem Abhängigkeitsverhältnis befanden und die ihre Ansichten und Aufforderungen mittels Druck und Restriktionsandrohungen durchsetzten. Diese Anforderungen und die Durchsetzungsmittel werden als den eigenen Bedürfnissen zuwiderlaufend empfunden. Diese Erfahrungen werden möglicherweise unbewusst verallgemeinert, zum Aufbau einer Verweigerungshaltung benutzt und auf alle Situationen übertragen, in denen «jemand was von einem will».

> «Bei der Arbeit habe ich an mir wiederholt Lernunwilligkeit bzw. emotionalen Widerstand gegen das Lernen von bestimmten praktischen Dingen festgestellt, z. B. beim Umgang mit den Patientendateien, in denen alle verordneten Aktivitäten in Bezug auf die Pat. festgehalten sind und in die alle relevanten Daten (Erledigung der Verordnungen, Stuhlgang, Temperatur etc.) eingetragen werden müssen (sollen). Ich habe nach Möglichkeit andere meiner Gruppe die

138 Siehe Kap.: Die Hierarchie im Krankenhaus.

> Eintragungen machen lassen bzw. sie nachsehen lassen, was zu tun ist.»,

schrieb ich in mein Tagebuch. Meine besonders auf Praxis bezogene relative Lernunwilligkeit ist verinnerlichter, verselbstständigter Widerstand gegen die Arbeitsanforderungen meiner Eltern. Indem ich bestimmte Sachen nicht lernte, konnte und brauchte ich sie auch nicht tun. In meiner Erwachsenenexistenz werde ich dann Lernanforderungen meiner Umwelt spontan skeptisch und widerständig entgegentreten, weil Lernen unbewusst mit der Befürchtung von Mehrbelastung von Seiten der Umwelt gekoppelt ist.

Ein weiterer möglicher Grund für eine 'beharrende' Haltung besteht darin, dass neues Wissen Konfliktstoff in sich birgt und darüber sehr beunruhigend sein kann. Wissen drängt zum Handeln. In dieser Hinsicht kann es für die unmittelbare Lebensbewältigung funktional sein, sein Wissen begrenzt zu halten, nicht zu neugierig zu sein, sich nicht einzumischen. Auch das hält die Verhältnisse, wie sie sind, am funktionieren.»Was ich nicht weiß, macht mich nicht heiß», sagt der so genannte Volksmund.

In der individuellen Entwicklungsgeschichte nähert man sich der Lebenswirklichkeit allmählich von den eigenen Bedürfnissen und Interessen aus an. Der Mensch ist also Ich-zentriert im Prozess der Weltaneignung. Wenn diese Welt dem Menschen manipulativ, druckausübend, bestrafend entgegentritt, muss er sehen, wo er bleibt, er wird in dieser Ich-Zentrierung befestigt. Die Weltzuwendung wird dann nicht von einer begriffenen Stellung im gesellschaftlichen Gesamt bestimmt, sondern von Opportunismus und/oder Rebellion vom Standpunkt der Selbstbehauptung aus. Reversiv wird derselbe Mensch seiner Mitwelt unter dem Aspekt begegnen, welche Macht- und Manipulationsmöglichkeiten er zur Sicherung seiner Interessen hat. Die Bedürfnisse der anderen Menschen, die gemeinsamen Interessen, die übergeordneten Interessen an einem funktionierenden Gemeinwesen und die Interessen an konstruktiven, reibungsarmen sozialen Beziehungen wird er auf diese Weise nicht oder nur reduziert miteinbeziehen können, weil die Begegnung unter dem unmittelbaren Eigennutzaspekt stattfindet. Jeder reduziert den anderen auf das augenblicklich wahrgenommene Interesse. Man kann Veränderungsvorschläge möglicherweise deshalb gar nicht als Verbesserungen erkennen, weil sie einen umfassenderen sozialen Zusammenhang betreffen und für den Betreffenden vielleicht sogar unmittelbar mit mehr Belastung verbunden sind. Man realisiert dann vor allem die Mehrbelastung und nicht die perspektivisch bessere Befriedigung der eigenen Bedürfnisse und der seiner Mitmenschen.[139]

Ein weiterer Aspekt für das geistige Beharrungsvermögen liegt in einer gesellschaftlichen Denkweise, nach der man möglichst keine Fehler machen darf. Fehler sind nach allgemeiner Auffassung schlecht. Wer Fehler macht, die öffentlich werden, muss herbe Kritik einstecken; Fehler werden in der Regel sanktioniert. Im Krankenhaus existiert diese Situation noch einmal verschärft, weil Fehler hier unter Umständen gravierende und nicht reparable Folgen haben können. Sie passieren zwar auch hier täglich, aber werden unter dem besonderen ideologischen Druck, dass sie eigentlich nicht vorkommen dürften, noch stärker unter den Teppich gekehrt.[140] Dieses Verhältnis zu Fehlern haben wir so verinnerlicht, dass wir uns in der Regel selbst heftig tadeln, wenn wir begangener Irrtümer gewahr werden. So untergraben wir uns gegenseitig und uns selbst die Selbstsicherheit und das Selbstwertgefühl. Diese Haltung zu Fehlern widerspricht aber fundamental den Bedingungen der menschlichen Existenz. Praktisch-sinnliche Lebenserfahrung kann man nur sammeln, indem man nach dem bisherigen Erfahrungsstand, der immer begrenzt und relativ ist, Handlungen plant und realisiert. Dabei wird man zwangsläufig häufig irgendwelche fundierenden Aspekte übersehen, oder man weiß noch gar nichts von ihnen. Die Konsequenzen der Handlungsweisen bringen in dieser Hinsicht neue Informationen. Die meist unangenehmen Resultate von Fehlern erweitern potenziell das Bild der Wirklichkeit, und nur auf diese Weise lassen sich bestimmte Erfahrungen machen (selbstverständlich muss dieses «Lernen durch Versuch und Irrtum» im Krankenhaus durch vorgängige Ausbildung und Supervision auf das Sammeln solcher Art praktischer Erfahrung eingegrenzt sein, das Fehlbehandlung und irreparable Folgen am Patienten möglichst ausschließt). Diese gelassene Haltung zu unseren Aktivitäten und denen unserer Mitmenschen geht uns in der Regel, und ganz besonders im Krankenhaus, ab. Wenn etwas nicht gelingt, fassen wir es als Versagen auf, statt als Möglichkeit zur Korrektur unseres Wissens. Und gerade die Angst davor, Fehler zu begehen, erzeugt häufig Fehlhandlungen.

Hat man nun längere Zeit in seinem Leben etwas auf eine bestimmte Art getan, und es kommt plötzlich jemand und sagt, das ist falsch, anders ist es richtig, gesteht man, wenn man der Veränderung zustimmt, vor sich und den anderen ein, dass man bislang etwas 'falsch' gemacht hat. Da Fehler aber schlecht sind, wird man versuchen, sich einer solchen Erkenntnis zu verweigern, aus Angst vor Selbstverurteilung und der Verurteilung anderer. Die

---

139 Die Zitate zum Konflikt Arzt-Stationschwester im Kapitel «Formen der Anpassung«, Stichwort: «Reduktion» illustrieren diese Aussage.

140 Vgl. Bausinger-Arkomanis, Danzer: Belastungen..., a.a.O., S. 34.

in unserer Kultur generell negative Bewertung von Fehlern unterstützt eine Haltung, die einerseits an herkömmlichen problematischen Denk- und Verhaltensweisen festzuhalten sucht (weil es so 'richtig' ist) und die, wenn tatsächlich Fehler konstatiert werden müssen, versucht, sie zu verbergen (da sie 'schlecht' sind), statt aus ihnen zu lernen. Wir wären aller Wahrscheinlichkeit nach viel lernfähiger, wenn es als selbstverständlich gälte, Irrtümer zu begehen und daraus zu lernen. Man bräuchte dann nicht aus Furcht vor Restriktionen anderer oder vor dem Angriff auf das eigene Selbstwertgefühl auf relativ beschränkten Denk- und Handlungsweisen zu beharren und andere, konstruktivere Möglichkeiten abzuwehren.

Was hat der Konflikt mit dem Alter zu tun? Das gesellschaftliche Wissen erweitert sich permanent und schlägt sich in den Alltagsvorstellungen und im wissenschaftlichen Wissen nieder. In der heutigen Ausbildung lernt man Dinge, die frühere Generationen noch anders gelernt haben. Das ist auch natürlich, wird aber nicht so wahrgenommen. Vielmehr unterlag bisher jede Generation dem Glauben, das, was sie gelernt hat, sei absolut richtig, und wenn man einmal eine Ausbildung abgeschlossen hätte, reiche das für's ganze Leben, sei das Lernen ein für alle Mal abgeschlossen. Das Entwicklungsdenken fehlte (was sich durch die beschleunigte technologische Entwicklung zurzeit ändert). So müssen ältere KollegInnen es als persönlichen Affront empfinden, wenn ihr Wissen in Frage gestellt wird. Dazu kommt das im vorigen Punkt Gesagte. Diese Aspekte begünstigen einen wenig flexiblen Umgang mit den Berufsanforderungen.

Hierarchische Strukturen benötigen zur Eigensicherung an sich die konservative Haltung und das Ritual: 'Das war schon immer so, bei uns wird das so gemacht.' Sie bieten außerdem demjenigen, der sich einordnet, auch eine gewisse Sicherheit durch die relativ klaren Macht- und Verantwortungsverhältnisse und die fixierten Abläufe im System der Über- und Unterordnung. Bei Bedarf kann man sich hinter ihnen verstecken; sie benutzen, unliebsame Forderungen von Vorgesetzten, KollegInnen, Patienten und Angehörigen abzuwehren.[141] Auch das mag zur Tendenz beitragen, es so zu lassen, wie es ist.

[141]Vgl. Jürgens-Becker, Die Situation..., a.a.O, S. 19.

Kontrolle

In Disputen über Hierarchie wird oft die Auffassung vertreten, dass sie in der Pflege unbedingt notwendig sei, weil die Mitarbeiter häufig verantwortungslos arbeiteten und deshalb von oben angewiesen und kontrolliert werden müssten. Aus unserer psychologischen Warte verhalten sich Ursache und Wirkung gerade umgekehrt. Die Scheu vor der Übernahme von Verantwortung und schlampiges Arbeiten hängen direkt mit der Entmündigung der Menschen am Arbeitsplatz zusammen. In einer untergeordneten Position, in der mit Restriktionen gerechnet werden muss, wird man eher vermeiden, eigenständig aktiv zu werden oder Entscheidungen zu treffen. Denn wenn diese nicht im Sinne der Vorgesetzten sind, und wer weiß schon genau, was deren Sinn ist, hat man mit Schwierigkeiten zu rechnen. Gleichzeitig hat diese Unterordnung auch eine entlastende Funktion hinsichtlich der Verantwortung. Man kann sich auf die Vorgaben und festgelegten Regeln beschränken, um ja nichts falsch zu machen. Da diese Vorgaben und Regeln in Bezug auf einen konkreten Einzelfall manchmal absurd sind, lässt diese Haltung besonders im öffentlichen Dienst gelegentlich «den Amtsschimmel wiehern». Eine subordinierte Position fördert die Tendenz, 'vernünftigerweise' nicht mehr zu tun, als gerade nötig ist. Auf der anderen Seite widerspricht es dem Grundbedürfnis, über das eigene Leben selbst zu verfügen, wenn man von anderen bestimmt und dirigiert wird. Eine weitere Tendenz wird deshalb darin bestehen, sich so gut wie möglich der anweisenden Instanz und ihren Kommandos zu entziehen, ihnen Widerstand zu leisten. In hierarchischen Strukturen ist also die Kontrolle von Vorgaben und Anweisungen unverzichtbar, aber nicht deswegen, weil es an sich verantwortunglose Menschen gäbe, sondern als Folgewirkung von Herrschaftsverhältnissen.

Manche KollegInnen in der Krankenpflege ziehen es vor, auch schwere körperliche Verrichtungen an Patienten allein zu bewerkstelligen. Ein Grund dafür, lieber alleine zu arbeiten, kann für Menschen mit geringen Selbstwert- oder Unfähigkeitsgefühlen in der Befürchtung liegen, in ihrer Arbeitsweise kritisiert zu werden. Andere mögen damit ihre Tendenz zu schludrigem Arbeiten verbergen. Gemeinsam mit jemandem zu arbeiten bedeutet unter hierarchischen Bedingungen immer auch

> «gegenseitige Kontrolle: es gibt welche, die schauen nach, ob die KollegInnen die Betten ordentlich bezogen haben. Oder andere 'bessern' die eigene Arbeit nach. Oder die Schnelligkeitskontrolle:

> 'Wie weit bist du?' mit dem Tenor im Ton: 'Mach' mal ein bisschen voran'. Offene Kritik gibt´s sehr selten.»[142]

Ich erlebte häufig, dass Ärzte bei ihren Aktivitäten am Krankenbett kein Pflegepersonal dabeihaben wollten. Möglicherweise würden sie sich sonst kontrolliert und unter Druck gesetzt fühlen. Ein solches Erleben ist von ihrer Warte aus sicher nicht abwegig. Die praktischen Fähigkeiten einzelner Ärzte sind unter den Pflegekräften Gesprächsstoff. Ärztliche Fehler bieten Grund zu Amüsement und Hebung des eigenen Selbstwertgefühls.

Die Kehrseite der Kontrolle sind die Versuche, sich ihr zu entziehen bzw. Freiräume auszunutzen. Ich schrieb in meinem Tagebuch:

> «Ich tendiere dazu, schludrig zu arbeiten, um das Tempo mitzuhalten. Die Schludrigkeit suche ich zu verbergen bzw. realisiere sie nur dann, wenn keine Augenzeugen vorhanden sind.»

Ein interviewter Kollege macht aus diesem Grunde am liebsten Nachtwache:

> «Wenn ich im Nachtdienst bin und auf mich gestellt bin, niemanden hab', der mir reinredet, dann möcht' ich sagen, o. k., dann macht's mir Spaß.»[143]

Bemerkenswert war auf einer Geriatriestation der unterschiedliche Ablauf im Frühdienst, je nachdem, ob die Oberschwester Dienst hatte oder nicht. Hatte sie dienstfrei, begann das Frühstück nach meiner Beobachtung ca. eine halbe Stunde früher und zog sich länger hin. Der Grund:

> «Die Durchgänge verlaufen unterschiedlich schnell, je nachdem ob die Oberschwester dabei ist oder nicht. Ohne Oberschwester geht´s bis zu einer 3/4 Stunde schneller. In ihrer Gegenwart ist der äußere Druck stärker, korrekt zu arbeiten. Zähneputzen kann da auf keinen Fall ausfallen. Alles muss dann sauber und akkurat sein.»

Die Anpassung an die jeweiligen Kontrollverhältnisse schien bei den meisten auf meiner Station 'in Fleisch und Blut' übergegangen bzw. psychologisch ausgedrückt, «internalisiert» worden zu sein. Ein Indiz dafür: Ein Kollege, der sich generell bemühte, sehr korrekt zu arbeiten, wurde von anderen als jemand klassifiziert, der sich damit bei der Oberschwester 'lieb Kind' machen wolle.

---

[142]Krankenhaustagebuch.

[143]Interview VI.

Veränderungsperspektiven

Was Pflegende tun können

> «Gesellschaftliche Unterdrückung verdankt ihre Macht nie nur der äußeren Gewalt, sondern der verinnerlichten Selbsteinschränkung und dem Selbsthass in den Subjekten. Äußere Gewalt und psychische Selbstunterdrückung bilden eine stabile Koalition, gegen die individuelle und kollektive Emanzipationsprozesse nur dann etwas ausrichten, wenn sie beide Teile des Bündnisses gleichzeitig angreifen»,[144]

schreibt Schmidbauer, und dem kann ich mich nur anschließen. Was heißt das in unserem Zusammenhang? Durch die nicht bewusste aber übliche Art, in der Kindheitsgeschichte erworbene und damals funktionale Wahrnehmungs-, Denk- und Verhaltensmuster auch als Erwachsener zu reproduzieren, stelle ich Beziehungsstrukturen her bzw. verfestige sie, unter denen ich und meine Mitmenschen leiden. Kernpunkt von Veränderung ist demnach, die Verantwortung für die eigenen psychischen Strukturen und Handlungsmuster zu übernehmen, die eigenen Bewältigungsversuche, die die Strukturen stabilisieren, wahrzunehmen und zur Selbstveränderung bereit zu sein.

Das geschieht relativ selten. Denn dem stehen wiederum subjektive Hindernisse aus der lebensgeschichtlichen Prägung entgegen. Aus der Anpassung und Verantwortungsabgabe in der kindlichen Entwicklungsgeschichte existiert die allgemeine Tendenz, anderen oder den Bedingungen die Verantwortung für eigene Schwierigkeiten in Form von Schuldzuweisungen zu geben. Dadurch wird Selbstwahrnehmung vermieden und Selbstveränderung verhindert und die Handlungsfähigkeit eingeschränkt. Konflikte, deren Ursachen in einem selbst liegen, bleiben dadurch bestehen. Hindernisse für Selbsterkenntnis sind auch abgewehrte schmerzhafte Erfahrungen, mit denen man sich unbewusst nicht konfrontieren möchte. Ein weiterer Faktor stellen verinnerlichte hohe Maßstäbe/Ideale dar, die die Selbstverurteilung von Persönlichkeitsanteilen zur Folge haben, die diesen Kritierien nicht entsprechen und die man sich deshalb nicht 'ansehen' will.

Eine adäquate Selbstwahrnehmung ist Voraussetzung für konstruktive Veränderungen. Man kann nur sich selbst ändern, nicht den anderen. Die

144 Schmidbauer 1985.

Veränderung der eigenen Denk-, Empfindungs- und Handlungskonzepte führt jedoch zur Veränderung des Umgangs mit anderen, die dadurch auch zu neuen Sicht- und Handlungsweisen herausgefordert sind. Von Richard Bandler, einem der Begründer des Kommunikations- und Therapiemodells «NLP» stammt die Äußerung: «Verändere dich so lange, bist der andere so ist, wie du ihn haben willst.»

Neben der Selbstanalyse mittels tiefenpsychologischer Begriffe ist für die Selbsterkenntnis äußerst nützlich, wie mich meine Umwelt wahrnimmt und in welchen konkreten Konfliktlagen ich mich mit ihr befinde. Über die Abwehrmechanismen werden generell die Wahrnehmungsinhalte verzerrt und unzutreffende Denkkonzepte über sich und die Welt entwickelt. Über Projektionen (unbewusste Spiegelung eigener unbewusster Persönlichkeitsanteile auf andere) und Übertragungen (in der Kindheit entwickelte unbewusste Beziehungsmuster zu wichtigen Bezugspersonen mit den entsprechenden unbewussten Wünschen/Bedürfnissen/Ablehnungen werden auf aktuelle Begegnungen/Situationen übertragen) stellt man unbewusst die subjektiv erlebten äußeren Strukturen und die Beziehungen zu ihnen her. Für die Selbsterkenntnis ist es deshalb bedeutsam, Mitteilungen und Hinweise von anderen aufzunehmen, vor allem, wenn sie Abwehrreaktionen (Verurteilung, Wut, Gegenangriff, Vermeidung etc.) auslösen und schmerzhaft sind. Das sind deutliche Indizien dafür, zutreffende und wichtige Informationen über sich bekommen zu haben. Zum anderen kann man jede problematische Situation für die Selbsterkenntnis nutzen, indem ich mich frage, wie genau ich an der Herstellung dieser Situation beteiligt bin, welch andere Interpretationsmöglichkeiten als die meinen es für sie noch gibt und welche Umgangsmöglichkeiten mit welchen Konsequenzen für den jeweiligen Sachverhalt möglich sind. Bedauerlicherweise mangelt es uns jedoch oft an Offenheit, weil wir tendenziell eine negative Einstellung zu Fehlern und Schwächen haben und uns selbst verurteilen, wenn wir problematische Aspekte an uns wahrnehmen. Aus dem Bedürfnis, geliebt werden zu wollen, bevorzugen wir dann lieber Selbst-Idealisierungen und wehren Botschaften ab, die diese in Frage stellen.

Veränderungen von hemmenden, einschränkenden Strukturen bedürfen in aller Regel gemeinsamer Eingriffe. Es ist natürlich richtig und wichtig, mich durch Engagement in gesellschaftlichen Gruppen um die Verbesserung meiner Lebensverhältnisse zu kümmern. Die sind jedoch auch wieder geprägt durch die gesellschaftlichen Verhältnisse, haben also in gewisser Hinsicht quasi selbsttätig Repressions- und Entmündigungscharakter, und ich trage ebenfalls meine durch gesellschaftliche Entwicklungsbedingungen geprägte psychische Struktur mit hinein. Ich stehe dort also vor dem gleichen Problem, mir über meine psychischen Strukturen und meine Verhaltensweisen klar zu werden.

Zu kooperativen Veränderungen braucht es Bewusstwerdungs- und Verständigungsprozesse. Eine bedeutende Funktion für Veränderungen im Krankenhausbereich hat demzufolge die Entwicklung der kommunikativen Kompetenzen. Das es so geht, wie es geht und so bleibt, wie es ist, lässt sich zum großen Teil auf die Individualisierung der Probleme zurückführen, und das funktioniert nur insofern, als die bestehenden Kommunikationstabus respektiert werden. Das heißt, dass jeweils ich selbst, wenn ich mit irgendwas oder irgendwem ein Problem habe, es ansprechen muss, soll sich etwas verändern. Wenn nicht, schleppe ich die Last alleine, leide für mich, verhindere Verständigung als Voraussetzung für Veränderungen und trage für mein Schweigen die Verantwortung und die Konsequenzen. Auch hier kommt es ganz offensichtlich auf mich an. Auf das, was die anderen tun oder unterlassen, habe ich keinen unmittelbaren Einfluss, und ich bin nicht dafür verantwortlich. Es ist deshalb wenig produktiv, nach den anderen zu schielen und zu sagen, ja wenn die, dann ich auch.

Zur Herstellung kooperativer Beziehungen bedarf es auch der zutreffenden Wahrnehmung der Mitmenschen. Durch Abwehrmechanismen (insbesondere Projektion und Übertragung) ist diese Wahrnehmung in der Regel durch Stereotype, unbewusste eigene Bedürfnisse und Erwartungen verzerrt. Wenn der andere nicht adäquat wahrgenommen und verstanden wird, reagiert man auf das Erscheinungsbild und nicht auf das, was wesentlich ist. Das Handeln ohne Verstehen ist situationsunangemessen und demzufolge konfliktgenerierend. Wir neigen dazu, zu urteilen, wenn wir nicht verstehen; diese negativen Bewertungen erzeugen wiederum eine destruktive emotionale Reaktion (Ärger, Wut, Ablehnung etc.), die wir dem Anderen zwangsläufig kommunizieren und die die Beziehung stört. Jedoch sind die Aktivitäten eines Menschen aus seiner subjektiven Bedürfnislage immer positiv. Im Grunde genommen geht es immer um das Grundbedürfnis, geliebt und angenommen zu werden. Auch äußerlich gesehen destruktive Verhaltensweisen haben die Funktion, sich vor seelischen Verletzungen in dieser Bedürftigkeit zu schützen. Wenn man diesen Aspekt wahrnimmt, wird man die Handlungs- oder Denkweise eines Menschen anders bewerten. Ein verbreiteter psychologischer Spruch lautet deshalb: «Verstehen heißt verzeihen». Ein indianisches Sprichwort drückt es so aus:

> «Bevor du über deinen Nächsten urteilst, musst du erst eine Meile in seiner Spur in seinen Mokassins gelaufen sein, und wenn du dann immer noch urteilst, gehe noch eine Meile.»

Das Verstehen der Verhaltensweisen anderer mir gegenüber kann ich wiederum zur Selbsterkenntnis nutzen. Weil der andere auf mich reagiert, auch auf meine unbewussten Selbstoffenbarungen.»Ich mag weite Reisen unternehmen und treffe nur das, was ich bereits in mir trage. Jeder Mensch ist ein Spiegel. Wir sehen nur unser Selbst in den Menschen, die uns umgeben. Ihre Einstellungen und Aktivitäten reflektieren unsere eigenen.» (Kristin Zambucka). Deshalb kann ich fragen: Weshalb reagiert dieser Mensch so auf mich. Was genau hat das mit mir zu tun?

Warum tendieren wir dazu, mit vielfältigen psychischen Tricks unserer inneren und äußeren Wirklichkeit auszuweichen? Wenn wir sie in vollem Umfang wahrnähmen und sie emotional am Maßstab unserer Bedürftigkeit bewerteten, würden wir zwangsläufig mit uns mächtig erscheinenden oder seienden Menschen/Institutionen in Vertretung unserer Interessen in Konflikte geraten. Diese Gefahr geht naturgemäß einher mit Angst, die wir als sehr unangenehme emotionale Qualität empfinden. Diese Angst lässt sich auf zweierlei Weise «auflösen». Ich kann sie erst einmal aushalten, in den Konflikt gehen, die notwendigen Handlungsschritte zur Konfliktbewältigung realisieren und die Angst so produktiv überwinden. Der schnellere, weil unmittelbare, Weg ist der, die angstmachende Wirklichkeit mit den beschriebenen Mechanismen abzuwehren, so dem Konflikt aus dem Wege zu gehen und damit die Angst aktuell zu veringern. Nach meiner Selbst- und Fremdbeobachtung wird diese Angstbewältigungsform ziemlich allgemein und in automatisierter Weise realisiert. Es ist verständlich zu versuchen, auf diese Weise mit dem Leben zurecht zu kommen, zumal ich durch meine Entwicklungsgeschichte für diese Umgangsform mit Konflikten prädestiniert bin. Die Konsequenzen sind jedoch langfristig negativ. Meine Handlungsfähigkeit wird durch das Ausweichen reduziert, und ich erhöhe damit mein Angstpotenzial. Die Erfahrung von «Feigheit», die ich mit mir mache, vermindert zwangsläufig weiter mein Selbstwertgefühl.[145]

Der für mich und meine Umwelt langfristig gesehen günstigere Weg ist der erste. Ich stärke dadurch meine eigene Position und meine Möglichkeit des Umweltausgriffs. Und ich initiiere konstruktive Veränderungen in meiner Lebenswelt. Das ist leicht gesagt, aber schwer getan. Dazwischen liegt meine Furcht vor existentiellen Gefährdungen und deren lähmende Wirkung. Nach meinem Dafürhalten ist deshalb ein unmittelbarer Ausgangspunkt für die Selbstentwicklung der Umgang mit der eigenen Angst. Sie konstruktiv zu wenden bedeutet, sie wahrzunehmen, sie zu akzeptieren, sie auszuhalten und zu versuchen das zu tun, was Angst macht. Das gilt meiner Meinung nach auch für Veränderungen auf gesellschaftlicher Ebene. Denn auch im Hinblick darauf bin ich für mich der erste, der etwas tun oder unterlassen kann und der genau dafür verantwortlich ist.

145 Vgl. auch Kapitel: «Rituale der Angstvermeidung» im Buchteil: Ärztlicher Bereich.

Gesamtgesellschaftliche Aspekte

Krankheit kann von ganzheitlicher Perspektive aus aufgefasst werden als Folge einschränkender gesellschaftlicher Bedingungen, die seelische Konflikte auf der individuellen Ebene erzeugen, deren subjektive Verarbeitung zu psychischen und körperlichen Erkrankungen führen kann.

In den Demokratien sind die Handlungsgrenzen in aller Regel nicht durch unmittelbaren Zwang gesetzt, wie etwa in autoritären Gesellschaften, sondern fließend und durch die Notwendigkeit zur Existenzerhaltung vermittelt. Dadurch entsteht zwangsläufig eine für den Einzelnen widersprüchliche Wahlmöglichkeit.146 Einerseits möchte ich meine Existenz langfristig absichern, indem ich die Verfügung über meine Lebensbedingungen, meine Handlungsfähigkeit ausweite, andererseits stoße ich dabei an bestehende Machtverhältnisse und gerate unter Anpassungsdruck. Handle ich in diesem Zwiespalt so, dass ich versuche, meine Einfluss- und Entscheidungsmöglichkeiten in meiner Lebenswelt zu erhöhen, komme ich unvermeidbar in Konflikt mit Instanzen/Menschen, die an dieser Stelle Herrschaftspositionen inne haben. Die Konfliktsituation geht einher mit starken, als unangenehm empfundenen, Emotionen, insbesondere Angst und der Reaktivierung von wahrscheinlich ebenfalls unerfreulichen Erfahrungen in früheren ähnlichen Konstellationen. Daraus folgt häufig die nahe liegende, aber dennoch «freiwillige» Wahl, sich an die Begrenzungen anzupassen. Notwendigerweise werden dabei die entsprechenden Wirklichkeitsanteile und die zugehörigen Emotionen verdrängt, die dieser Entscheidung entgegenstehen. Denn der Verzicht darauf, meine Stellung in der Welt zu verbessern, macht mir ebenfalls Angst, weil ich mich in einer der Möglichkeit nach zu überwindenden Abhängigkeit halte. Dass ich die Chance, mein Lebensniveau zu erhöhen, aufgebe, produziert sowohl Wut gegen das Hindernis als auch Scham über meinen Kleinmut und Trauer über die versäumte Gelegenheit. Zur Erhaltung meiner Lebensbalance werde ich all diese Aspekte aus dem Bewusstsein abzuwehren suchen. Nun ist das kein einmaliger Vorgang, sondern in solchen Entscheidungssituationen stehen wir in unserem Leben unzählige Male.

Die Anpassung als Problemlösung, die in «Fleisch und Blut» übergehen und zu einer opportunistischen psychischen Struktur führen kann, hat langfristig psychisch und körperlich ungünstige Folgen. Durch die eingeschränkte Handlungsfähigkeit erhöht sich das Angstpotenzial. Das Verhältnis von verspürter Ohnmacht zur Mächtigkeit der Wirklichkeit vergrößert sich. Und der Zugang zu dieser Wirklichkeit ist eingeschränkt, da ich einerseits tatsächliche

146 Vgl. Mitscherlich 1965.

Erfahrungen verdränge und andererseits über die Identifikation mit den einschränkenden Instanzen realitätsverzerrende Ideologien übernehme. Die verdrängte Angst und Wut bildet ein beständiges psychisches Spannungspotenzial, und es erfordert dauernden Energieaufwand, die Verdrängung aufrechtzuerhalten. Die psychischen und physischen Folgen von Abwehrhaltungen werden in der Psychoanalyse als Symptome bezeichnet. Eine Folge von Verdrängung und gleichzeitig ein Mittel zur Stabilisierung der Verdrängung sind die neurotischen Symptome (undefinierbare Ängste, Phobien, Zwangshandlungen, Depressionen, Neurasthenie etc.)

> «Die Symptome sind für das Gesamtleben schädliche oder wenigstens nutzlose Akte, häufig von der Person als widerwillig beklagt und mit Unlust oder Leiden für sie verbunden. Ihr Hauptschaden liegt in dem seelischen Aufwand, den sie selbst kosten, und in dem weiteren, der durch ihre Bekämpfung notwendig wird. Diese beiden Kosten können bei ausgiebiger Symptombildung eine außerordentliche Verarmung der Person an verfügbarer seelischer Energie und somit eine Lähmung derselben für alle wichtigen Lebensaufgaben zur Folge haben.»[147]

Die Funktionsfähigkeit des menschlichen Immunsystems ist erwiesenermaßen abhängig von der psychischen Verfassung.[148] Ein innerlich unsicherer, von negativen Gefühlen besetzter Mensch, der viel Verdrängungsenergie aufwenden muss, ist anfälliger für Krankheiten, die unser Immunsystem normalerweise verhindert (Infektionen, Zellentartung). Zum anderen sind die verdrängten Gefühle nach wie vor wirksam. Emotionale Qualitäten manifestieren sich immer in körperlichen Prozessen. Abgewehrte Gefühle bewirken auf diese Weise Dauerspannungen in Körperorganen. Es ist lediglich eine Frage der Zeit, wann die dadurch bewirkten Veränderungen Krankheitswert bekommen. Des Weiteren werde ich über den Prozess der Anpassung an Fremdbestimmung von den eigenen Bedürfnissen entfremdet; sie sind meiner Wahrnehmung weitgehend entzogen und damit nicht wirklich zu befriedigen. Das daraus resultierende Mangelerleben kann ich mittels sich steigernder Dosen von Surrogaten zu kompensieren suchen (zum Beispiel Drogen, Alkohol, Tabak, Essen, Spielen, Arbeit etc.), was aber, da die eigentlichen Bedürfnisse unbefriedigt bleiben, letztendlich nicht gelingt. Auch diese Entwicklung kann eine krankheitsverursachende Wirkung haben. Die Selbstentfremdung durch die Gefühlsabwehr und die Anpassung an und Identifikation mit herrschenden Bedingungen bedeutet einerseits auch, dass ich meine natürliche organismische Orientierung verliere, dass ich nicht mehr «weiß», was mir gut tut und was nicht. Das versetzt mich

147 Freud, XI, 372.
148 Vgl. Ader 1981.

überhaupt erst in die Lage, gegen meinen Körper zu leben, auf krank machende Weise mit ihm umzugehen. Zum anderen übergebe ich, wenn ich mich Herrschaftsinstanzen unterordne, an diese auch meine Verantwortung. Das Ergebnis dieses Prozesses ist eine gesellschaftliche Denkweise, in der der Einzelne der Eigenverantwortung für seinen Körper, für seine Gesundheit und ihre Wiedererlangung im Krankheitsfall zu einem großen Teil enthoben ist und sie an die Medizin delegiert. Man lässt sich in den dafür zuständigen Einrichtungen 'gesund machen' und ist in aller Regel nicht geneigt, nach den wirklichen Krankheitsursachen und dem eigenen Anteil daran zu fragen, sondern findet andere 'rationale' Erklärungen.

Was schließe ich daraus? Von diesem Blickwinkel aus gesehen ist Krankheit ein Signal für eine gegen die eigene Natur gerichtete Lebensweise. Sie dient eigentlich dazu, uns aufmerksam machen, dass wir unsere körperliche und seelische Integrität selbst untergraben, und ermöglicht uns so, unsere selbstschädigenden Verhaltensweisen zu korrigieren. Krankheit ist aus dieser Warte so etwas wie ein guter Freund, der uns auf ein Problem hinweist. Aber wir bekämpfen den Freund und ignorieren das Problem. Denn statt die Botschaft der Krankheit aufzunehmen, uns mit unseren ungünstigen Denk- und Verhaltensweisen zu beschäftigen und an der Beseitigung der Ursachen zu arbeiten, bekämpfen wir in unserem Gesundheitssystem die Nachricht, das Krankheitssymptom. Und dies häufig auf eine Art, die den Teufel mit dem Beelzebub austreibt. Zum Beispiel wurde vor einiger Zeit publik, dass die gleichzeitige Einnahme von Schmerzmittel und Koffein zu Nierenstörungen bis hin zu Nierenversagen führen kann und eine große Anzahl von Dialysepatienten auf diese Art produziert wurde. Das ist keine Ausnahme. In unserer Gesellschaft werden täglich riesige Mengen von Schmerz-, Schlaf- und Beruhigungsmitteln verbraucht, die alle irgendwelche Nebenwirkungen besitzen, anstatt die den seelischen und körperlichen Symptomen zu Grunde liegenden Ursachen zu beseitigen. Die traditionelle medizinische Behandlung ist so gut wie immer mit schädigenden Nebenwirkungen verbunden. Und wenn das Symptom medizinisch beseitigt wird und die psychogene Ursache bleibt, kommt es wieder, vielleicht in derselben, vielleicht in einer veränderten Form. Ein deutliches Indiz für diesen Zusammenhang besteht darin, dass psychosomatische Symptome, ebenso wie neurotische, fluktuieren können (zum Beispiel Asthma: durch vielfältige Behandlungsmethoden wie Atemübungen, Bewegungstherapie, Entspannungstechniken, Gespräche etc. kann das Asthma laut persönlicher Aussage der Leiterin eines AOK-Behandlungszentrums für Atemwegserkrankungen bei 70 % der Betroffenen beseitigt oder wesentlich gebessert werden, und sie äußert im selben Atemzug: «Die bekommen *alle* was anderes»). Möglicherweise liegt hierin auch ein Grund, warum dem Gesundheitswesen die Patienten erhalten bleiben.

Der Mensch ist also aus dieser ganzheitlichen Sicht für seine Krankheiten und seine Heilung selbst verantwortlich. Er bekommt solange vom Körper in Form von Störungen Hinweise, bis er auf bisher verdrängte Wirklichkeit aufmerksam wird und er seine Lebenseinstellung und Lebensweise, die ihn krank macht, ändert. Wir werden solange mit unserem Irrtum konfrontiert, bis wir daraus lernen oder er uns umbringt. Diese Betrachtungsweise ist insofern optimistisch, als ich als Mensch nicht «Opfer» eines willkürlichen Schicksals bin, das mir eine Krankheit «aufhalst», sondern ich habe es mit in der Hand, wie gesund oder krank ich bin. Bin ich aufgeschlossen und offen für neue Erfahrungen und lern- und veränderungswillig, oder halte ich an meiner herkömmlichen Art der Lebensbewältigung fest? «Wer zu spät kommt, den bestraft das Leben», formulierte es der ehemalige sowjetische Präsident Gorbatschow. Der römische Philosoph Seneca drückte den selben Sachverhalt vor zweitausend Jahren so aus: «Den Willigen führt das Schicksal, den Unwilligen zerrt es dahin.»

Wir bedürfen für eine grundlegende Veränderung gesellschaftliche Strukturen, in denen wir gleichberechtigt über unsere Produktions- und Lebensverhältnisse bestimmen und sie entsprechend unserer Bedürfnisse entwickeln können. Es gibt jedoch nicht die gesellschaftlichen Strukturen auf der einen und die Menschen auf der anderen Seite, sondern die gesellschaftlichen Strukturen werden gebildet und erhalten durch die Art und Weise, wie Menschen sich aufeinander beziehen und miteinander verkehren. Deswegen sind gesellschaftliche Veränderungen von der Selbstveränderung der Menschen und ihrer Umgangsweisen abhängig. Repressive gesellschaftliche Formen hören auf zu existieren, wenn wir aufhören, uns auf traditionelle Weise in ihnen zu bewegen, wie der Zusammenbruch der stalinistischen Systeme gezeigt hat. Und auch unterhalb dieser Ebene gibt es vielfältige Möglichkeiten, sich in den gesellschaftlichen Strukturen konform oder kritisch zu verhalten. Diese Einsicht zu gewinnen und danach zu handeln liegt in der Verantwortung jedes einzelnen. Das gilt auch für den Umgang mit den institutionellen Bedingungen.

Institutionelle Bedingungen in der Krankenpflege

Im Bereich der institutionellen Gegebenheiten gibt es viele Ansatzpunkte, die Arbeitsbedingungen in der Krankenpflege zu verbessern. Grundlegend notwendig ist, mehr und gut qualifiziertes Pflegepersonal auf den Stationen zu haben.

> «Überarbeitetes, abgehetztes Personal, dessen Bedürfnisse und Interessen missachtet werden, kann nicht Humanität praktizieren. Wird dieser Zusammenhang bei der Personalbemessung, der Gestaltung von Dauer und Lage der Arbeitszeit und der Schichtplanung nicht berücksichtigt, dann bleibt der Appell zur Patientenorientierung wenig mehr als die Aufforderung zu Aufopferung des Personals, zur 'Selbstlosigkeit im neuen Gewande'.»[149]

Die Ökonomisierung des Krankenhauswesens scheint jedoch eher einen Zug in die andere Richtung zu bewirken. Hinzu kommt der steigende Verwaltungsaufwand durch immer mehr Dokumentationsanforderungen. Zwar gibt es auch unter den herrschenden Bedingungen Variationsmöglichkeiten in den Bewältigungsstrategien. Je größer jedoch der äußere Druck, auch durch Zeitmangel, desto wahrscheinlicher ist die Reproduktion herkömmlicher Bewältigungsformen.

Ein weiterer wichtiger Aspekt ist der Abbau der Hierarchie sowohl zwischen den Berufsgruppen im Krankenhaus als auch innerhalb der Pflege. In der Industrie wird seit einigen Jahren ein Organisationskonzept unter den Bezeichnungen «Qualitätszirkel» oder «MWT» (Mitwirkung im Team) erprobt. Dieses Organisationskonzept zeichnet sich dadurch aus, dass die Mitglieder die Aufgaben der Organisation definieren, die Art und Weise, sie zu bewältigen, diskutieren und festlegen, die Arbeit praktisch durchführen und kontrollieren und das alles gemeinsam und gleichberechtigt. Die Leiterposition des Organisationsgefüges, die z. T. rotierend besetzt wird, dient lediglich einer Moderatorenfunktion. In der Literatur werden als Resultate Leistungssteigerungen, Zunahme der subjektiv empfunden Verantwortung, Erhöhung der Eigeninitiative, größere Offenheit und Kritikfähigkeit, Konstruktivität und Engagement hervorgehoben.[150]

---

[149] Bäcker 1987, S. 20.

[150] Vgl. dazu: Domsch 19 85, S. 437; Duell und Baitsch 1982, S.425, Gogoll 1985, S.101, Beck 1987, S. 23.

In der Krankenpflege scheint es bisher nur ganz vereinzelt ähnliche Ansätze zu geben. Im Gemeinschaftskrankenhaus Herdecke kommt man der Beschreibung nach innerhalb der Pflege ganz ohne hierarchische Beziehungen aus. Je zwei Pflegekräfte sind für eine Gruppe von acht Patienten und die entsprechende Pflegeplanung und -durchführung uneingeschränkt zuständig und verantwortlich. Die Zusammenarbeit innerhalb der Pflege und zwischen Pflege und Medizin wird in täglichen Teambesprechungen koordiniert.[151]

Ein befreundeter Krankenpfleger, der in verschiedenen deutschen Krankenhäusern tätig war und seit einiger Zeit in einem Schweizer Krankenhaus arbeitet, konstatiert eine völlig andere betriebliche Atmosphäre, als er sie bislang kennen gelernt hatte. Die Beziehungen zwischen den Berufsgruppen ist nach seiner Aussage völlig dehierarchisch und kooperativ. In täglichen Besprechungen werden die Kompetenzen und Erfahrungen aller Beteiligten gleichberechtigt einbezogen und gemeinsam Handlungsmöglichkeiten diskutiert. Ärzte fragen nach der Ansicht der anderen Berufsgruppenmitglieder in Bezug auf eine optimale Behandlung. Sicher kann man dieses eine Beispiel nicht insofern verallgemeinern, als dass es in der Schweiz viel besser wäre. Es zeigt jedoch, wie es auch möglich ist. Der Vorteil für die Beteiligten und die Patienten liegt auf der Hand.

Seit einigen Jahren wird versucht, «Pflegeforschung» in hochschulischen Einrichtungen zu etablieren. Der Krankenpflege soll sowohl einen wissenschaftlichen theoretischen Rahmen als auch pflegeproblembezogene einzeltheoretische Fundierung erhalten. Durch diese Niveauanhebung wird eine Professionalisierung und berufliche Emanzipation der Pflege angestrebt.[152] Grundsätzlich ist nichts gegen diese Zielstellung der Erkenntniserweiterung einzuwenden. Ich sehe lediglich zwei Aspekte, die bei einer entsprechenden Auffassung von Pflegeforschung herrschende Verhältnisse konservieren könnten. Erstens: Die Medizin hat den Anspruch, wissenschaftliche Disziplin zu sein und wird als solche auch allgemein akzeptiert. Aus einer ganzheitlichen Sicht auf das Problem Krankheit verfehlt sie diesen Anspruch, weil sie, wie skizziert, einen äußerst reduzierten Ansatz verfolgt, der sich in Diagnostik und Therapie auf den Erkrankungsherd beschränkt und soziale und psychische Zusammenhänge im Wesentlichen ignoriert. Von dieser Betrachtungsweise ist auch die Krankenpflege infiziert.[153] Würde sie sich in der Pflegeforschung ebenfalls etablieren, gewänne man zwar immer spezifischere Detailkenntnisse, die umfassenderen Aspekte von Krankheitsentstehung und Heilung wie die Bedeutung der gesellschaftlichen Position, der sozialen Integration, der

151 Stief 1990.

152 Vgl. Lorenz-Krause 1989, S. 290-296.

153 Vgl. Ostner und Beck-Gernsheim 1979, S. 164.

psychischen Verfassung, dem Bedürfnis nach menschlicher Zuwendung etc. blieben außerhalb des Blickfeldes. Zweitens: Ich habe den Verdacht, dass ein wesentliches Motiv dafür, Pflegeforschung an universitären Einrichtungen zu verankern, das Bestreben der Pflege ist, auf Grund kollektiver Minderwertigkeitsgefühlen gegenüber der Medizin mit dieser gleichzuziehen. Bekäme die Krankenpflege offiziell wissenschaftliche Weihen, wäre sie annähernd auf das Niveau der Medizin gehoben, Status und Prestige der Krankenpflege würden sich wesentlich erhöhen, sie bräuchte sich nicht mehr als dermaßen subaltern wahrzunehmen. Falls meine Interpretation zuträfe, wäre die Forderung nach Pflegeforschung auf Hochschulniveau unter anderem konkurrenzförmigem Denken geschuldet.

Aus psychologischer Sicht wäre es hingegen bedeutsam, die menschliche Kompetenz zu erhöhen. Das oben beschriebene Abwehrverhalten, das zu zwischenmenschlichen Kontakt- und Kommunikationsstörungen führt, 'entmenschlicht' Beziehungen auch zwischen Pflegepersonal und Patient. Die psychischen Schutzmechanismen werden von den anderen als Bedrohung erlebt und aktivieren seinerseits wieder Abwehrverhalten. So leiden beide Seiten an der zwischenmenschlichen Distanz, ohne dass sie sich dessen bewusst sein müssen. Und auf Seiten der Patienten hat, wiederum aus ganzheitlicher Sicht, seine geistig-emotionale Verfassung einen wesentlichen Einfluss auf das Heilungsgeschehen. Dieser Aspekt der Pflege wird völlig außer Acht gelassen.

Was im Krankenhaus sicher Not tut, ist die Macht bestimmter Institutionen und Berufsgruppen, wie beispielweise der Ärzteschaft, auf ihre sachliche Kompetenz zurückzuführen (Dehierarchisierung). Von Seiten der Krankenpflege gibt es in dieser Hinsicht Handlungsmöglichkeiten. Die vorherrschende Ignoranz der Medizin gegenüber pflegerischen Erfahrungen und Sichtweisen kann dadurch aufgebrochen werden, dass das Pflegepersonal seine Standpunkte aktiv einbringt und nicht darauf wartet, dass ihnen dies von der Ärzteschaft zugestanden wird. Ohne die gerühmte Zivilcourage in einem konflikthaften Prozess mit vielen Ängsten auf beiden Seiten lässt sich das nicht bewerkstelligen. Die Schaffung kooperativer Beziehungen ist nach meinem Dafürhalten die Voraussetzung dafür, dass die subtilen Kampfformen zwischen den Berufsgruppen, die allen mehr oder weniger das Leben schwer machen, verschwinden.

Solche Veränderungen können im Grunde nur in kooperativer Form in Angriff genommen werden. Im Krankenhausbereich bieten sich Berufsverbände und Gewerkschaften als Interessenvereinigungen an. Diese Verbände unterliegen jedoch selbst den herrschenden konkurrenzförmigen Denk- und Verhaltensweisen. Sie sind ebenfalls hierarchisch strukturiert, mit den entsprechenden Entmündigungstendenzen gegenüber ihrem Klientel. Sie nehmen tendenziell die Probleme unterhalb der Ebene von Personalsituation,

Arbeitszeitregelungen und Bezahlung häufig nicht wahr. Oft wird vom «Standpunkt außerhalb» argumentiert: Wir (die Schwestern und Pfleger) sind die Guten, die nur das Wohl des Patienten im Auge haben, aber die gemeinen, für das Krankenhaus zuständigen Institutionen geben uns nicht die Bedingungen, dieses Wohl zu realisieren, und wir und die Patienten sind die Opfer. Die subjektive Beteiligung der Krankenpflegekräfte an den Verhältnissen und die daraus resultierenden Möglichkeiten sind weitgehend ausgeblendet. Das ergibt sich zum Beispiel aus den Antworten auf unsere Frage nach den Veränderungsmöglichkeiten.

Diese Sichtweise hat ihre Stütze im «Helfermythos», dem das öffentliche Denken und auch das Selbstbild der Krankenpflege unterliegt. Wenn man seine Geschichte betrachtet, hat er sich entwickelt als ideologische Stütze realer Machtverhältnisse im Krankenhaus. Die Einordnung in die Krankenhaushierarchie, die Unterordnung unter die Medizin und das Sich-nicht-Wehren gegen «unmenschliche» Arbeitsbedingungen erhält über diese Ideologie vom uneigennützigen Helfer eine gewisse Plausibilität und Selbstverständlichkeit. Sie stützt das eigene Selbstwertgefühl (seht her, wie wir uns aufopfern) und rechtfertigt die relative Passivität bezüglich der Arbeitsbedingungen. Die Realität wird zu Gunsten eines positiven Selbstbildes uminterpretiert. Laut der auch eingangs zitierten Autoren ist der Patient jedoch Objekt «der Entmündigung, des Zwangs, der Enge, fehlenden Privatheit, des Ausgeliefertseins».[154] Die Helferideologie wird dazu verwandt, sich über die Bedürfnisse des Patienten hinwegzusetzen, ihn sich unterzuordnen, weil der Helfer natürlich am besten weiß, was für Patienten notwendig und gut ist. Und auch bei denen, die sich scheinbar für die Patienten aufopfern, wissen wir spätestens seit Schmidbauers «Helfen als Beruf», dass sie im Grunde «ihr eigenes Süppchen kochen», den Abhängigen manipulieren und ihm seine Anerkennung und Zuneigung abfordern. Die Denkfigur des uneigennützigen Helfers dient auch dazu, die eigene Verantwortung an unwürdigen Bedingungen abzuwehren. Es ist in der Krankenpflege gängig, sich hauptsächlich in der Opferrolle zu sehen und sich damit der Verantwortung für die Strukturen zu entledigen.

Sich der beschriebenen Denk- und Abwehrformen bewusst zu werden und die Verantwortung für die eigene Beteiligung an den Verhältnissen und für ihre Veränderung zu übernehmen, ist eine notwendige Vorausetzung für einen konstruktiven Wandel.

[154] Ostner und Beck-Gernsheim 1979, S. 115.

Zweiter Teil: Ärztlicher Bereich

Bedingungen ärztlichen Handelns:

Vom Mythos zum Omnipotenzanspruch

Eine auffällige Häufung von Versagenszuständen in den helfenden Berufen wurde spätestens seit Freudenberger 1974[155] diskutiert, der den Begriff «Burn-out-Syndrom» geprägt hat. Er wollte damit ein «Versagen, Erschöpfen und Abnutzen an Kraft und Energie» beschrieben, was für ihn die «Krankheit des Überengagements» von professionellen Helfern ausmacht. Ein «Burn-out» befindet sich im Zustand der Frustration und Enttäuschung. Betroffen sind dabei alle Berufe, deren wesentliches Merkmal der Umgang mit Menschen ist. Cherniss[156] (1983) definiert auf der Grundlage von multiplen Tiefeninterviews das Burn-out-Syndrom «als einen Prozess, in welchem sich ein ursprünglich engagierter professioneller Helfer, als Reaktion auf in der Arbeit erfahrenen Stress und Stressreaktion, von seiner Arbeit zurückzieht». Der Schwerpunkt der Diskussion um das Burn-out-Syndrom bewegte sich um das Erkennen und die Analyse der Versagenszustände.

Im Überblick der unterschiedlichen Ansätze zur Erklärung des Burn-out-Syndroms lässt sich feststellen, dass es von der Mehrzahl der Autoren als prozessuales Geschehen begriffen wird, überwiegend Ergebnisse der Stressforschung einfließen und die Arbeitsbedingungen und die Organisation in den Mittelpunkt gerückt werden.[157] Zumeist werden jedoch kulturelle und gesellschaftliche Bedingungen und Veränderungen nicht berücksichtigt.[158] Die wichtigsten Erklärungsansätze sind individuenzentriert,[159]

[155]In Farber 1983.

[156]Cherniss 1983.

[157]Enzmann und Kleiber 1989.

[158]Bis auf Farber 1981, 1983, und Freudenberger 1984. Ausgenommen werden muss auch Cherniss 1983, der eine Dichotomie von unmittelbaren Arbeitsbedingungen und den gesellschaftlichen Bedingungen postuliert.

[159]Dazu Maslach 1982, Gillespie 1983 und Edelwich und Brodsky 1984, in Kleiber und Enzmann 1989, Freudenberger 1974, in Cherniss 1983. Im Zusammenhang der Erklärungsversuche, die sich auf die individuellen Voraussetzungen beziehen, muss auch

institutionsanalytisch[160] und gesamtgesellschaftlich.[161] Es war also der Endpunkt einer Entwicklung zum Anlass genommen worden, Forschung zu betreiben und die besonderen psychischen Bewegungsweisen helfender Berufe zu erfassen.

Für den ärztlichen Bereich ergibt sich eine Sonderform des Burn-out-Syndroms. Nach Cherniss und Mawardi[162] tritt es beim Arzt als ein mehr abgegrenztes Phänomen auf, das «tragischerweise eher zu einer optimalen medizinischen Versorgung als zu körperlicher, emotionaler und sonstiger Erschöpfung führt». Dies mag der Grund sein, wieso ärztliche Versagenszustände über so lange Zeit sich in der Tabuzone des Verheimlichens und Beschönigens bewegte: Ein hilfloser Helfer bewegt sich weitab jeglichen Berufsverständnisses, und bei vermeintlich optimaler Versorgung fällt es ja nicht besonders auf, wenn der Helfer Hilfe benötigt.

Wesentlicher Faktor für diese scheinbare Immunisierung vor Versagenszuständen soll ein «professioneller Mythos» des Arztes sein.[163] Ein Arzt tritt demnach mit einem historisch präformierten Bild seiner Arbeit in den Beruf und soll dadurch vor einem gehäuften Auftreten eines Burn-out-Syndroms bewahrt werden im Gegensatz zu anderen Sozialberufsgruppen.[164] Wenn das tradierte ärztliche Selbstbild vor Versagenszuständen bewahren soll, weil der zwar anspruchsvolle aber dabei durchaus realistische «professionelle Mythos» mit seinen über die Jahrhunderte gewachsenen Wurzeln die junge und gegenwärtige Blüte dieses Berufes schützen soll, sich jedoch bei nüchterner Betrachtung stattdessen eine Häufung an problematischen psychischen Entwicklungen bei ärztlichen Helfern finden lässt, dann muss gerade die historische Entwicklung medizinischer (ärztlicher) Ideologie als die wesentliche dazu beitragende Komponente genannt werden, ohne die ein gegenwärtiges konflikthaftes Verhalten nicht zu verstehen ist. Das «professionelle Mythos» selbst ist also womöglich Schuld an einer deletären psychischen Entwicklung im Gesundheitswesen? Mit «professionellem Mythos», ist eine überhöhte

das von Schmidbauer 1974, 1985 postulierte «Helfersyndrom» eingereiht werden. In der Persönlichkeit des Helfers begründet ist nach seiner Meinung ein unersättliches Bedürfnis nach Anerkennung, das nur ein einseitiges Knüpfenkönnen von Beziehungen kennt und eine «Schwäche und Hilflosigkeit nur bei anderen begrüßt und unterstützt».

160 Vgl. dazu: Cherniss 1983, Bollinger und Hohl 1981, Pines et al. 1983, in Kleiber und Enzmann 1989, Maslach und Jackson 1984, in Kleiber und Enzmann 1989, Berkeley Planning Associates 1977.

161 Cherniss Burnoutkonzept II, 1983, Karger 1981.

162 Von Farber 1983 zitiert.

163 Im Weiteren wird noch ausgeführt werden, was damit gemeint ist.

164 Cherniss 1983.

Anspruchshaltung in die Möglichkeiten medizinischen Handelns gemeint, als ein Produkt intensiver Bemühungen zur Vorherrschaft im historischen Prozess des Ärztestandes. Diese Anspruchshaltung setzt einen permanenten Erwartungsdruck von Arzt-, Patienten- und Gesellschaftsseite, wird von Generation zu Generation tradiert und produziert Konflikte. Die von Mawardi bei konflikthafter Genese als «optimal» apostrophierte Krankenversorgung, entwickelt als Kompensation eines drohenden Burn-out-Syndroms, muss sehr in Zweifel gezogen werden. Bei Betrachtung von Konfliktkonstellationen im Krankenhaus zeigt, besonders im ärztlichen Bereich, eine erhebliche Diskrepanz zwischen dem Selbstbild des Helfers und der Berufsrealität. Da hierin bereits ein wesentliches Potenzial für Konflikte liegen kann, ist es unumgänglich, sich mit den Entwicklungsbedingungen der Krankenversorgung zu beschäftigen, um über die Selbsteinschätzung und das konkrete Berufverständnis die Hintergründe dieser Diskrepanz Klarheit zu erreichen.

Natürlich sind in dieser Diskussion die Bedingungen der gesellschaftlichen Verhältnisse unübersehbar. Vor allem Wirtschaftlichkeitsrechnungen werden in den Vordergrund gerückt und stellen damit immer häufiger eine Barriere gegen eine zufrieden stellende Helferbeziehung. Als ein wesentliches Konfliktpotenzial für helfende Berufe können diese Rahmenbedingungen nicht ausgespart bleiben. Es muss Karger (1981) zugestimmt werden, der den öffentlichen Institutionen das Arbeiten nach monetären Kriterien anlastet, verbunden mit moralischer Ambivalenz, wobei die Abrechenbarkeit im Vordergrund steht und nicht die Bedürfnisse der Klienten. Dazu sollte eine weitere Problemverschärfung durch die Standards profitorientierter Wirtschaftlichkeitsrechnung im Gesundheitswesen gesehen werden. Im Dezember 1989 wurde die erste Aktienausgabe einer deutschen Herzklinik bekannt gegeben. Die Gesundheitsfürsorge, als gesellschaftlicher Auftrag, wurde dabei in das Wechselspiel der Börse mit Gewinn und Verlustrechnung gebracht. Dies sind durchaus keine rein ökonomischen Überlegungen, wie sich ein aus Sparvorgaben und Gesundheitserfordernissen ergebender ärztlicher Loyalitätskonflikt zwischen Arbeitgeber und Patienten vorstellen lässt. Denkt man diese Entwicklung weiter, scheinen alle Überlegungen über organisatorische und individuelle Burn-out-Komponenten und deren Lösung sich nur noch um Marginalien des Gesamtkomplexes unstatthafter Ökonomisierung zu drehen.

Das Krankenhaus, in seiner besonderen Konzentrierung von Hilfsbedürftigkeit und Hilfsbereitschaft, scheint für die Berufstätigen mit ihren fordernden Selbstansprüchen und strukturellen Rahmenbedingungen eine ungewöhnliche Belastung abzufordern. Helfende Berufe stehen zudem auch im Blickpunkt von Interesse und Kritik der Allgemeinheit. Dabei schwingen immer auch die Ansprüche mit, die die Öffentlichkeit von diesen Berufen fordert und die ein weiteres Gewicht der Bürde des Berufsbildes darstellen können.

Uns erscheint es wichtig, sich, noch bevor sich oben genannte augenfällige Versagensereignisse entwickeln, den Quellen dieser Prozesse zu nähern. Wir haben also die Hoffnung, noch vor Beginn zum Beispiel eines Burn-out-Syndroms oder anderer problematischer psychischer Entwicklungen durch exemplarisches Aufzeigen von Konfliktlinien Einfluss zu nehmen, hin zu einer systematischen Konstellationsverbesserung. Wir gehen dabei von der Vermutung aus, dass ein wesentlichen Grund für Konflikte der innere Widerspruch zwischen Rollen- und Selbstverständnis des professionellen Helfers im Gegensatz zu den strukturellen Gegebenheiten, also den äußeren Bedingungen, darstellt. Somit wird im Folgenden die historische Entwicklung der im Krankenhaus relevanten Berufe nachgezeichnet, aus der heraus das gegenwärtige berufliche Selbstverständnis und die strukturellen Gegebenheiten zu verstehen sind. Die gewonnenen Erkenntnisse sollen mit Darstellung aktueller Konflikte, gewonnen aus Interviews, über ihre Analyse erhellt, womöglich auch gestützt werden.

Historische Entwicklung

Ein kurzer Exkurs in die geschichtliche Entwicklung soll uns in die weiteren Überlegungen einstimmen, auch ein wenig den häufig durch aktuelle Entwicklungen geführten Blick relativieren. Um den Bedingungen ärztlicher Konfliktkonstellationen auf die Spur zu kommen, ist es zunächst sinnvoll, sich mit den historischen Voraussetzungen zu beschäftigen. Besonderer Augenmerk wird dabei auf die Linien gelegt, die sich bis zu den gegenwärtigen beruflichen Strukturen, Ansprüchen und Selbstbildern ziehen:

Bei der steinzeitlichen Aufteilung des Lebensmittelerwerbs – mit dem Mann als Jäger, der Frau als Sammlerin – war der erste medizinische Experte vermutlich eine Expertin. Die paläontologische Frau hatte im Gegensatz zum nahrungsjagenden Mann die meiste Erfahrung mit Kräutern und wusste über den für die Arterhaltung bedeutenden Bereich der Geburt Bescheid. Der erste männliche Experte wird, legt man ihm das Erscheinungsbild eines Medizinmannes zu Grunde, mit Neigung zu halluzinatorischem Erleben und womöglich noch Fallsuchtattacken, denen die Eigenschaften einer «heiligen

Krankheit» zugeschrieben wurden, ein Kranker gewesen sein, vermutlich ein Schizophrener oder Epileptiker.[165]

Die ersten, nach strengen Regeln selektierten und ausgebildeten, meist sozial hoch stehenden Ärzte waren pharaonische Ärztepriester. Als erster berühmter Arzt wird ca. 2800 v. Chr. Imhotep, ein Berater und Arzt von Pharao Djoser, als Multitalent mit zusätzlichen überragenden Bauingenieur-Kenntnissen beschrieben. Wie in den weiteren Jahrhunderten später war die medizinische Heilkunst in ihrer jeweils aktuellsten und differenziertesten Form nur einer sehr kleinen Oberschicht zugänglich. Erwähnenswert ist vielleicht die bereits damals ausgeprägte, wenn auch teilweise anders als heute konfigurierte Spezialisierung, wie zum Beispiel mit einem Facharzt für Mund und After-Erkrankungen. Die Allgemeinheit wurde im alten Ägypten von weniger spezialisierten Tempelärzten betreut.[166]

Die Geschichtsschreibung der gegenwärtige Medizin bezieht sich auf den Griechen Hippokrates, dem die Wandlung der Heilkunde vom Mythos (Umgang mit den Angelegenheiten der Götter) der ägyptischen Priester zum Logos (verstandorientiertes Vorgehen) der hellenistischen Heilkundigen zugeschrieben wird. Dem Begründer des auch heute noch für die Ärzte verbindlichen Eides werden, wohl zusammen mit Äußerungen anderer Ärzte, im «Corpus hippocraticum» Regeln der Behandlung zugeschrieben.[167] Aktuelle Diskussionen über ärztliches Handeln und ärztliche Ethik werden überwiegend auf diesen «hippokratischen Eid» bezogen.

Der Bezug auf die hippokratische Medizin kam nicht selbstverständlich zu Stande. Der Jahrhunderte später sich auf Hippokrates beziehende Galen aus Kleinasien besann sich eigentlich nur auf die detailgenaue Kranken- und Symptombetrachtung und Beschreibung und propagierte sie offenbar recht erfolgreich in seinen Wirkungsstätten entlang des Mittelmeeres von Alexandria bis Athen. Die recht unsystematische Methode des Hippokrates, jedem einzelnen Patienten eine eigene nur für ihn gültige Krankheit zuzuschreiben, somit das Vorhandensein von Krankheitseinheiten, zum Beispiel einer Lungenentzündung, zu verneinen, hatte Galen längst verlassen. Anscheinend wollte sich Galen mehr auf den wohlklingenden Namen eines Hippokrates als auf dessen medizinisches System berufen. Dies war ein Versuch, einen historischen und mächtigen Bündnispartner gegen die Medizin, wie sie in Alexandria um Christi Geburt praktiziert wurde, zu finden. Diese Methode hat bis heute Gültigkeit. Bis zum Erreichen einer eigenen wissenschaftlichen

165Lüth 1986, S. 20 f.

166Lüth 1986,S. 17, 26.

167Wunderli und Weisshaupt 1977, S. 142.

Stellung wird in der Regel großer Wert darauf gelegt, sich auf klingende Vorläufer-, Lehrer- oder Mitautorennamen zu beziehen. Galen kritisierte damals, durchaus aktuell anmutend, seine Standeskollegen: «Um es mit einem Satz zu sagen: Kein Mensch ist heute mehr ernstlich an der Wahrheit interessiert, denn alle jagen nach Reichtum, nach gesellschaftlichen Ansehen und endlosem Genießen – so ausschließlich, dass ihnen jeder, der irgendeiner Wissenschaft nachgeht, verdächtig ist oder direkt als unzurechnungsfähig erscheint....»[168]

Ein System der Gesundheitserhaltung gab es nicht nur im hellenistischen Raum. Es bestand auch im arabischen Raum ein intensives Gesundheitswesen, das nicht erst nach der Osmanischen Expansion Einfluss auf die globale Medizinentwicklung nahm. Bereits ca. 600 v. Chr. zählte man in Bagdad 800 Ärzte, zahlreiche Krankenhäuser und 36 Bibliotheken.[169] Es fand eine intensive Kenntnisverknüpfung tradierten und errungenen Wissens statt, ohne die eine Medizin in heutiger Form nicht denkbar ist.

Die Stellung des Arztes als herrschender Verwalter medizinischen Wissens im bunten Geflecht der Heilkundigen hat sich erst nach mehreren historischen Entwicklungen in der heutigen Form gefestigt. Dabei waren ihm die Einrichtung zur universitären Ausbildung und – es mag paradox klingen – die Inquisition behilflich:

Bis zum Mittelalter waren die mitteleuropäischen medizinischen Spezialisten – von räumlichen wie zeitlich begrenzten Ausnahmen abgesehen – keine einheitliche und in sich geschlossene Berufsgruppe. Es konkurrierten viele medizinische Richtungen und Ströme, es gab diverse Formen beruflicher Schwerpunkte. Erst im Mittelalter erhielt die ärztlich vertretene Medizin die offizielle Anerkennung ihrer eigenen Universitätsausbildung als der wichtigsten Quelle all der Eigenschaften, die zur Ausübung einer Heiltätigkeit befähigten. Der Arzt schuf sich durch die – von ihm initiierte – Hochschule das Recht, den Inhalt und die Methode der Krankenbehandlung zu bestimmen. Damit waren den Frauen, die in der Regel keine Schulausbildung erhielten, denen der Zugang zu den Universitäten verboten war und die auch zumeist nicht genügend Lateinkenntnisse hatten, um die ausschließlich in dieser Sprache verarbeiteten aktuellen Erkenntnisse zu übernehmen, die Beteiligung in dieser Disziplin verwehrt. Damit war auch der Weg zur weisungsabhängigen «Schwester» vorgezeichnet. Doch unterlag die weitgespannte Tätigkeit einer Vielzahl von Heilern zunächst noch keineswegs der Kontrolle des nun organisierten

168Galen 1986, S. 30, 41.

169(- als Kennzeichen gehüteten und gepflegten Wissens -, Anmerkung des Verfassers) S. 30, 41; Lüth 1986, S. 47.

Berufsstandes. Erst im 19. Jahrhundert wurde die ärztlich definierte Medizin zu einer beratenden Profession und festigte im 20. Jahrhundert ihre Stellung immer mehr.[170]

Das heißt, dass die Medizin in einer bunten Vielfalt jeweils von Repräsentanten widergespiegelt wurde, in der «der Arzt» eine und «die Schwester» eine andere Facette war; dies allerdings zunächst noch unabhängig voneinander, nicht in der heute üblichen Aufgabentrennung und Hierarchie. Das bedeutet aber auch, dass vor diesem Wechsel zur ärztlichen Dominanz der pflegerischen Seite eine unabhängigere und größere Gewichtung zustand.

Es lässt sich unschwer die Bedeutung der mittelalterlichen Hexenverfolgung für die zunehmende Vormachtstellung und Monopolisierung der Medizin durch den Arzt ablesen; lag doch bis dahin ein beträchtlicher Teil der Volksmedizin in den Händen «kluger Frauen», «Kräuterweibchen» und ähnlicher, von denen viele mit den Mitteln der Inquisition als Hexen gebranntmarkt und wenn nicht ausgerottet, dann zumindest in die Illegalität getrieben worden sind.[171] Das, was den «Hexen» angelastet wurde, nämlich der Umgang mit Übernatürlichem, was Anlass war für Folterung und Quälereien, was als Grund genommen wurde, die Gefolterten zu töten, genau das beanspruchte später der Arzt als wesentliches Merkmal seines Berufs: «Das Magische und Mythische».[172]

Für die von dieser Entwicklung am deutlichsten betroffenen Hebammen stellt Hege[173] fest: «Es ist kein Zufall, dass gerade die Hebammen den Dämonisierungsexzessen zum Opfer fielen. Sie repräsentierten den Typus der wissenden starken Frau. Hebammen wussten, wie man Kinder zur Welt brachte und wie man sie verhindern konnte.» Für Diepgen[174] übte im Mittelalter die Hebamme zunehmend die Tätigkeitsmerkmale einer modernen Frauenärztin aus, mitsamt chirurgischen Eingriffen im Bauchraum. Nur langsam und nicht ohne Widerstände vollzog sich der Übergang der gesamten praktischen Gynäkologie aus den Händen der Frauen in die der Ärzte.

Die zunehmende Stellungsverbesserung des Arztes lässt sich auch in der Einrichtung des «Physicus», des städtischen Arztes ablesen, wobei sogar eine Forderung nach einer «vollständigen medicinischen Polizey» überliefert wird.[175] Bis dahin stand nämlich in der ärztlichen Therapie keineswegs das Heilen im Vordergrund, sondern sie war eher als ein Beweis der Barmherzigkeit

170S. a. Freidson, E. 1979.

171S. a. Hege, M. 1985.

172S. a.»Ärztlicher Mythos«.

1731985, S. 44.

1741963, S. 223, 225.

175Erhoben von Johann Peter Frank 1784, in Schipperges 1978, S. 213.

aufzufassen. Erst im Spätmittelalter beginnt mit dieser Einrichtung des Stadtarztes eine Institutionalisierung der ärztlichen Dienste insgesamt. Damit wurde auch ein Beginn einer zwar abgestuften, aber immerhin für die Allgemeinheit verfügbaren, Medizin unternommen. Im 19. Jahrhundert war daraus in einigen Ländern bereits ein «Distriktarmenarztsystem» entstanden. Unter dem Begriff der «Medizinischen Reformation» wurden die umfangreichen Veränderungen des 19. Jahrunderts zusammengefasst. Dabei wurde der Staat als Vertreter der Gesellschaft in seine Pflicht genommen, die Gesundheitsfürsorge aus dem Dunstkreis von Almosen und Barmherzigkeit gezogen.

Die Veränderungen wurden neben anderen von Rudolf Virchow forciert, der im Rahmen der Typhusepidemie in Oberschlesien (1848) die Medizin als eine in «ihrem innersten Kern und Wesen nach (...) soziale Wissenschaft» postulierte. Er teilte mit, «dass mein medizinisches Glaubensbekenntnis in mein politisches und soziales aufgeht».[176]

Die aus den Veränderungen folgende und sie mitbeeinflussende «wissenschaftliche» Wende wurde durch verschiedene Exponenten vorangetrieben. Genannt seien zum Beispiel Magendie, der die Gesetze der Mechanik auch auf Lebewesen anwendete.[177] Mit der dadurch begründeten reduktionistischen Weise der Problemlösung, die einen Weg in einer mechanistischen Analyse des Mikrokosmos sucht, schlägt sich eine feste Brücke in die Moderne der Medizin, die den Weg der Kausalitätsketten, bis heute, in Richtung der molekularen Dimension verfolgt. Einen wichtigen Beitrag leistete auch die ab 1840 begonnene Einrichtung der Labormedizin in den Krankenhäuser in Form der klinischen Chemie.[178] Erst um die Jahrhundertwende fing man in Paris an, alle Befunde in Kurven aufzutragen und statistisch auszuwerten. Diese damals neuartige Methode kam erst später auch nach Deutschland.[179]

Die zunehmende Rationalisierung, der Versuch der wissenschaftlichen Gewichtung blieb nicht ohne Kritik und hielt etliche davon ab, Hilfe bei Ärzten zu suchen. Bereits zu Beginn dieses Jahrhunderts gewannen die nichtärztlichen Heiler Zulauf: Die Heilpraktiker nahmen sich der Menschen als Ganzes an mit ihren suggestiblen und vielleicht auch manchmal mystifizierenden Bedürfnissen und hatten damit einen verwaisten Bereich der Medizin übernommen.[180]

176Zit. in Koch-Zimmer 1975, S.28.

177Lichtenthaeler 1982, S. 508.

178 Lichtenthaeler 1982, S. 499.

179Lüth 1986,S. 70.

180Lüth 1986, S. 85.

Mythos Arzt

Aus zeitgenössischen Einschätzungen[181] über das ärztliche Berufsbild lässt sich immer wieder das Problem vernehmen, mit den Unwägbarkeiten der Natur umzugehen und dennoch daraus klare Schlüsse zu ziehen oder zumindest Richtlinien abzuleiten. Solche Vorstellungen verweisen in den Bereich des Unfassbaren:

> «Vom Arzt der Zukunft werden Entscheidungen verlangt, für die keine wissenschaftliche Technik mehr gerade steht, auf die keinerlei psychosomatische Systematik eine Antwort weiß und die ihm kein fachspezifisches Beratergremium abzunehmen in der Lage ist.»[182]

Wenn Entscheidungen verlangt und getroffen werden müssen, die sich einer strukturierten Analyse entziehen, und diese Entscheidungen sich in den Berufsalltag einbetten, klingt das sehr nach etwas Schicksalshaftem und Ungreifbarem. Nicht alleine die langen und alten Wurzeln hin zu den «Priesterärzten», die ihre Medikamente mit den Beschwörungsformeln der Magie darreichten, sondern auch das Unbestimmbare im Wechsel von Gesundheit und Krankheit,[183] das sich auch den modernen Forschungsansätzen nur teilweise und dann auch nur zögerlich zugänglich zeigt, lassen den medizinisch Tätigen die Grenzen seiner Möglichkeiten spüren. Dieses öffnet die Türe für mythische Vorstellungen.

Mythische Vorstellungen entstehen aus dem nur teilweisen Begreifen der komplizierten Naturvorgänge und den damit verbundenen Gefahren.[184] Geburt, Krankheit und Tod sind solche Situationen. Mit diesen Erscheinungen geht der Arzt ständig um. Gleichzeitig sind diese Erscheinungen die am wenigsten erklärbaren und flößen jedem Menschen Respekt, Ehrfurcht und Angst ein.[185] Zudem erhebt der Arzt einen (gewiss begrenzten) Anspruch auf Einfluss über Leben und Tod.[186] Somit liefert der Arzt, als «Mittler der Numinosen», mit der

181Vgl.»Arzt 2000«, Schipperges 1981.

182Schipperges 1981, S. 232.

183Zur Illustration sei folgendes, vermeintlich leicht einsehbare, Beispiel aus der Infektiologie genannt: Wie kommt es, dass eine gleiche Menge Grippeviren nur drei von Hundert Exponierten erkranken lässt? Warum zeigen die anderen keine Symptome? Diese uns alle betreffenden Fragen können zum Beispiel bis heute nicht ausreichend beantwortet werden.

184Vgl. Jores 1966.

185Vgl. König 1987.

186Vgl. Schaefer 1985.

Kenntnis von Drogen und Giften und der Geheimnisse und Schwächen von Menschen, die Grundlage zu seinem «mythischen Charisma».[187] Für König[188] folgt daraus: «... hier gewinnt der Mythos Arzt seine Bedeutung, denn er bedeutet nichts anderes, als dass irrationale Vorstellungen zu einer Verherrlichung bis hin zur Vergötterung der Persönlichkeit des Arztes führen».[189] Die hier geführte Zuschreibung des «Mythologischen» an die Ärzte scheint jedoch keiner einheitlichen Begriffsbedeutung des Mythos zu entstammen. Dieser Begriff, der sich ja vom Umgang mit den Dingen ableitet, die sich auf die Götter beziehen, muss offensichtlich auch für etwas herhalten, was sich durchaus auch mit psychologischen und soziologischen Kategorien ausdrücken ließe. Bevorzugt wird es sich um Interaktionsprozesse handeln. Bei der Feststellung zum Beispiel «dass der Arzt über ein 'Mehr' verfügt – man mag es nun 'Intuition', 'Wunsch zu heilen' oder sonst wie nennen, das rational nicht erklärbar ist, dieses 'Mehr' ist verkörpert in seinem Mythos,»[190] scheint es sich eher um motivationale als mythische Gesichtspunkte zu handeln.

In seiner Dissertation «Die Entmythologisierung des Arztes» aus der oben bereits zitiert worden ist, setzt sich König[191] bedauernd mit dem Niedergang des überhöhten Bildes vom Arzt als mythischem Wesen auseinander. Für ihn ist das Mythologische untrennbarer Bestandteil des guten Arztes: «Großes ärztliches Können setzt ein starkes Maß an Instinkt und Intuition voraus – und diese befinden sich näher am Mythos als an der Rationalität.» Die «Entmythologisierung» verdeutlicht für König[192] eine Gefahr, die dem ärztlichen Beruf durch Versachlichung und Verringerung seines charismatischen Gewichts im therapeutischen Bereich droht. Für den Autor sind die Heilchancen eines Erkrankten vom Arzt abhängig. Mit dem Fall des ärztlichen Mythos fällt nach seiner Ansicht auch die Heilquote in der Medizin. Es lässt sich für König die Schlussfolgerung ziehen, dass ein ärztlicher Mythos unabdingbar notwendig sei für die Heilung des Kranken durch den Arzt. Ohne Mythos sei der Patient hoffnungslos verlassen, und die Genesung gestalte sich erheblich schwieriger.

Diese ausführliche Zitatreihe wird dem obigen Dissertationsvorhaben nicht nur wegen der Sammlung und Beweisversuche über den ärztlichen Mythos gewidmet, es scheint sich hier geradezu archetypisch eine Verdichtung der ärztlichen Selbstsicht zu finden, zusammengetragen aus den Mosaiksteinchen

187Vgl. Schipperges 1975.

1881987, S. 66.

189Derselbe.

190König 1987, S. 65.

191Derselbe, S. 147.

192 S.o.,S.17, S.90, S.144.

der Geschichte. Dieses berufliche Selbstbild findet sich in und zwischen den Zeilen berufsständischer Publikationen und im Licht des Alltags gebrochen. Dieser Alltag jedoch ist selten dazu geeignet, sich an die Wurzeln der Priesterärzte zu nähern.

Nicht nur in oben zitierter Beweisführung über den ärztlichen Mythos lässt sich exemplarisch das Auseinanderklaffen der täglichen Realität mit den hohen Ansprüchen an die berufliche Handlungsfähigkeit zeigen. Eine Vielzahl von Ärzten überhöht kompensatorisch ihr Berufsbild. Nicht der Alltag, sondern «schwere Krankheiten sind das, woraus die Ärzte ihren besonderen Nimbus ziehen», meint Ziegler, wahrscheinlich nicht ohne Augenzwinkern.[193]

Das ärztliche Selbstbild

Wie weiterhin zu zeigen sein wird, trägt zu den beruflichen Konfliktkonstellationen der Medizin erheblich auch das berufliche Selbstbild bei, das, nicht zuletzt wegen seiner mythischen Überhöhung, zu Widersprüchen im Krankenhauskontext führen kann. Auffallend ist die im Kontrast zum Gesamtanspruch der Gesundheitskompetenz stehende Beschränkung auf einen mageren wissenschaftstheoretischen Aspekt, weitgehend eingegrenzt auf eine mechanistisch-deduktionistische Sicht der Dinge, gehäuft mit aufwändigen Statistiken über leider sehr oft kleine Untersuchungszahlen. Die noch vorsichtigen Bemühungen, sich den Problemen über den Ansatz der «Chaos-Forschung» zu nähern, zeugen von einem beginnenden Gespür für die Fragwürdigkeit, die Krankheitslehre als Abfolge reproduzierbarer und trennbarer, sich nur auf wenige Ursachen beziehbarer Gesetzmäßigkeiten zu begreifen.[194] Dazu diskrepant kommt die berufliche Selbstsicht daher mit einem weitumfassenden Kompetenzanspruch.[195] Getrennt dargestellt werden muss nach den obigen Ausführungen das berufliche Selbstbild für den ärztlichen und den pflegerischen Bereich. Die Allmachtphantasien und himmelstürmenden mythologischen Vorstellungen waren für die Pflegeseite weniger relevant, wenngleich bei beiden Seiten eine starke Identifikation mit dem medizinischen Helferethos und auch den technischen Möglichkeiten der Medizin auszumachen ist.

Die Selbst- und Fremdeinschätzung des ärztlichen Berufes stellte über die Jahrhunderte hinweg immer das «Besondere» heraus. Dieses «Besondere» lässt

193Ziegler 1979, S. 30.

194S.a. «Denkfigur» und Interview I.

195S.a. Tagebuch Arzt.

sich nicht eindeutig fassen. Von den Standesvertretern selbst und auch gerade von Außenstehenden wird diesem Beruf dieses «Besondere» auch noch in noch so kontrovers geführten Diskussionen nicht nur zugestanden, sondern als unabdingbar vorausgesetzt. Dies lässt sich an den üblichen Forderungen an das Berufsbild ablesen: Die Übernahme der Verantwortung für das Leben anderer, Risiko der Ansteckung, Verzicht auf leichte Gewinnchancen, Verzicht auf ungestörte Nachtruhe, Verzicht auf Freizeit bei permanenter Verfügbarkeit.[196]

Trotz zunehmender Kritik, die sich nicht zuletzt aus vermeintlichen und tatsächlichen Verstößen gegen die (Selbst-) Anspruchsnormen (Gewinnverzicht, Betonung der Kosten-Nutzen-Rechnung, Vertrauensverlust) nährt, wird dem Ärztestand nach wie vor ein hoher Sozialrang zugebilligt.[197] Die Ursache dieser Einschätzung wird gerne auch dadurch erklärt, dass das Verwalten der Gesundheit eine herausragende soziale und ökonomische Stellung einnähme.[198] Mit dieser Verwaltung eines sozial wichtigen Gutes soll dann die Vorrangstellung des Gutes auf den Verwalter übergehen.

Es sollte jedoch nicht unbemerkt bleiben, dass es sich bei der ärztlichen Tätigkeit weniger um die oben angeführte Verwaltung von Gesundheit handelt (wie es etwa das klassische chinesische ärztliche Selbstverständnis auffasste), sondern vielmehr um den sisyphusartigen Kampf gegen die Folgen selbstgeschaffener und/oder erduldeter krank machender Bedingungen des Patienten. Gemeint sind damit genauso die mittelbaren Folgen des Nikotin- und Alkoholkonsums wie die mikro- und makroklimatischen Einflüsse am Arbeitsplatz und Wohnort. Dies gilt für die psychosoziale wie die ökologische Sicht.

Die Projektion der Verantwortung für die Gesundheit auf die Medizin und ihre Vertreter erklärt aber die prominente Stellung des Arztes alleine nicht ausreichend. Diese Position scheint sich noch aus anderen Voraussetzungen und Vorstellungen zu ergeben. Einen Eindruck davon gibt folgende Zusammenstellung von Meinungsäußerungen, die Ärzte über ihren Beruf getroffen haben: In den Äußerungen und Selbsteinschätzungen schwingt immer auch etwas Stolz und bei aller kritischer Haltung auch Zufriedenes mit.

So hielt Reiche 1848 den Arztberuf für «den ältesten und den letzten, den miserabelsten und den edelsten», und führte weiter aus: «Wie herrlich muss der Beruf des Arztes sein, dass so viele erbärmliche Handwerker, Pfuscher und Philister ihn nicht verderben können.»[199] Schöpfungsgleich sah Schwenninger

196Finzen 1969, S. 88.

197 Allensbach-Befragung 1985 in Girstenbrey 1988.

198 S. a. Rohde in Kaupen-Haas 1968 zit. in Deppner, in Wunderli und Weisshaupt 1977.

199Reiche 1848, in Schipperges 1978, S.52.

(1906) seinen Beruf mit folgender Mitteilung[200]: «Der Arzt ist keine Einrichtung der Gesellschaft; sein Vorhandensein ist keine gewollte Zweckmäßigkeit, wie das Recht, und kein geduldetes Zugeständnis an die Schwäche, wie es die Kirche ist. Der Arzt ist aus dem Urzustande in die Gesellschaft gerettetes Erbe, sein Vorhandensein ist nicht Ergebnis irgendeiner Absicht. Der Arzt ist da wie eine Selbstverständlichkeit, die aus der Artung menschlichen Wesens sich ergibt; wie Wasser und Brot.» Die Einschätzungen, frei von allen Selbstzweifeln, lassen sich beliebig erweitern.

Nachvollziehbar ist die Forderung, dass zum Beruf des Arztes neben dem Wissen und Können das Tragen von Verantwortung gehört.[201] Problematischer erscheint schon, dass der Arzt ein «Mehr» haben muss,[202] «wobei ein Arzt, der nicht zugleich auch ein Künstler ist – gleich ob ein Musiker oder Schriftsteller – , meist auch kein guter Arzt ist».[203] Womit wir zwanglos wieder bei den altägyptischen Priesterärzten angekommen sind. Mit diesem «Mehr» übernimmt der Arzt «quasi die Stellvertreterrolle des Geistlichen».[204] Dazu passt, dass die Ärzte «die Hohenpriester der Natur in der Gesellschaft» genannt werden.[205] Aus der «Praxis des Arztes» wird dann auch «konkrete Philosophie»[206], und der Arzt-Beruf wird im «Ethos» spezifizierte Motivation.[207] Manchem verschlägt es gar die Sprache: Der Arzt, der wirklich Arzt sein will, wird zugleich mehr sein als Arzt, ein echtes «arrheton», d. h. Unsagbares.[208] Der Arzt ist zwar «Dienstleistungsträger der Gesellschaft» geworden, er ist aber noch ein «Berufener, der auf ganz spezielle Weise für das Wohl des einzelnen Menschen zuständig ist».[209] Ein Wissender, der seine Grenzen kennt und über modulierendes und moderierendes Verhalten nur positiven Einfluss ausübt: «Damit wird die Arztpersönlichkeit selber zur heilenden Kraft.»[210] Eine wichtige Erkenntnis die sich in den Formen der Psychotherapie etabliert hat,

200In Schipperges 1978, S.53.

201Wunderli und Weisshaupt 1977, S.59.

202Lüth 1986, S.14.

203Bossle, zitiert nach Heberger, in König 1987 S.147.

204Schult 1960, S.42.

205Rudolf Virchow, 1848, in Schipperges 1981, S. 51.

206Jaspers, in Peitz, zit. in König, S.144.

207Schipperges (1981), S. 233.

208Schulten, H. 1963, S19, in Bollinger, und Hohl 1981, S.144.

209Lüth 1986, S.7.

210Jaspers 1963, 23-31, in Schipperges 1978, S. 53.

aber auch unter dem Begriff «Droge Arzt» wiederfindet. Für Rudolf Virchow war die Politik schlussendlich nichts anderes als Medizin im Großen.[211]

In kritischer Durchsicht der Presse ist das Bild des Arztes bestimmt durch eine überhöhte Selbstbewertung, durch die Ideologisierung ärztlicher Leitbilder und eine Ritualisierung der ärztlichen Rolle. Es finden sich vorwiegend konservative und teilweise überholte Leitbilder, die die Publikationen beherrschen, woraus eine «besonders krasse Diskrepanz zu der sich so drastisch wandelnden Realität der Gesellschaft und auch der Medizin resultiert».[212] Die Begriffswelt entspricht der vorindustriellen Zeit. Aus dieser Zeit scheinen sich auch die impliziten Berufsvorstellungen zu rekrutieren, die von dem Gesamtaspekt der Autonomie mit seinem verzerrten Gegenbild der Selbstherrlichkeit ausgehen. Die Realität eines mündigen Patienten, der über sein weiteres Schicksal selbst entscheiden will, wird in diesem Zusammenhang oftmals als störend empfunden. Was von diesem beruflichen Ethos und der Autonomie übrig geblieben sind, wird im weiteren Kapitelverlauf dargestellt werden.

Außer der Therapie des Menschen (Sorge für etwas), hat sich – aus den Wurzeln der Medizin erhaltend – «über die frühzeitlichen Priesterärzte immer auch die Verbindung zwischen Erfahrungsmedizin, Religion und Philosophie» im Selbstverständnis der Ärzte gefunden.[213] Aus dieser allumfassenden Ableitung medizinischen Tuns und Denkens, das dann als grandioses Gegenstück zur molekularen Medizin sich nicht begrenzend um den Gesamtmenschen kümmert, sondern gleich um alle menschlichen Entäußerungsformen schlechthin, lassen sich natürlich auch die Selbstanforderungen und -überforderungen der ärztlichen Helfer ablesen, die lediglich ausgerüstet mit den Feuerwehr-Werkzeugen des «Human-Engeneering»[214], sich kompetent fühlen wollen und müssen für alle Entäußerungsformen menschlichen Seins.

211Deppner, in Wunderli und Weisshaupt 1977, S.91.

212Vgl. Hoffmann 1975, zit. in Schipperges 1978.

213Scherf 1987, S. 11 f.

214Damit ist die Beschränkung auf eine technisch orientierte Medizin gemeint.

Wissenschaftlicher Reduktionismus und medizinischer Gesamtheitsanspruch

> «Dem Medizin-Betrieb, wie er sich heute darstellt, geht es weniger um die empirische Kunst, heilbare Krankheiten zu heilen, als vielmehr um den rationalen Versuch, die Menschheit von der Bedrohung durch Krankheit, von den Fesseln des Leidens und sogar von der Notwendigkeit des Todes zu erlösen.»[215]

Ivan Illich fasst in dieser überspitzten Formulierung hochtrabende Aspekte medizinischer Ideologie zusammen. Im wissenschaftlichen Verständnis war und ist der Anspruch des Ergründens aller Lebensprinzipien und des Kompetentseins dafür vorherrschend und fand auch in der weiteren Entwicklung ihren Ausdruck. Wie bereits oben ausgeführt fand die Entwicklung der Wissenschaftlichkeit in der Umsetzung dieser Prinzipien ihren Weg jedoch über den Mikrokosmos:

Im Fündigwerden bei den angrenzenden Disziplinen der Natur- wie der Sozialwissenschaften deklarierte sich die Medizin in großer Selbstüberschätzung nach Zola[216] «zum Inbegriff des Wissens an sich» und vereinnahmte sie für sich mit zunehmendem Gebrauch. Nach seiner Ansicht «wuchs die medizinische Lehre in die Breite und die Länge», mit dem Anspruch, «mit mehr Lebensbereichen zu tun zu haben als irgend eine andere Disziplin oder Institution».

Ärzte maßten sich an, «Dinge (zu) machen, die sie eigentlich nicht können».[217] Gemeint ist damit nicht zuletzt, sich kompetent zu fühlen (es vielleicht auch sein zu müssen) für Fragen der allgemeinen Lebensführung genauso wie für die Nachbardisziplinen, von der Sozialarbeit bis zur Molekularbiologie ohne entsprechende Ausbildung und Erfahrung. Tendenziell führt dies dazu, dass ärztliche «Omnipotenzansprüche (...) gesellschaftlich zunehmend unter Kritik geraten». In der Patientenversorgung wurde mit einer zunehmenden Rationalisierung, mit dem Versuch zu einem wissenschaftlichen Vorgehen die Befürchtung laut, dass dem Trachten zuerst die wissenschaftliche Erkenntnis voranzutreiben, die rasche Therapie geopfert wurde. So lautet der Vorwurf an die Ärzteschaft also, erst einmal für den eigenen Erkenntnisgewinn

215Zit. in Illich 1977, S. 288.

216In Illich (1979) S. 62.

217Bollinger 1981, s.a.»Tagebuch Arzt».

zu forschen und erst dann die Hilfe zu gewähren, diese aber wiederum mit der Überprüfung der Forschung zu verquicken.[218]

Wenn ärztliches Handeln nur auf Veränderung physikalisch-chemischer Körperprozesse beschränkt ist, wird ärztliche Ethik zum reinen Dienstleistungsberuf herabgestuft. Ein Beruf aus Berufung wird dann zu einem bloßen Job.[219] Wie weiter unten noch ausgeführt wird («Approbation für alles»), ist ein Sich-Bewegen außerhalb der Grenzen der fachlichen Kompetenz andererseits genauso weit weg von einer sich legitimierenden ärztlichen Kunst.

Berufliche Autonomie und die Bedeutung der Krankenversicherung

Als wesentlicher Attraktionspunkt des Ärzteberufs[220] wird weithin die berufliche Autonomie betrachtet. Ist diese tatsächlich vorhanden? Wenn ja, ließe sich mit solchen autonomen Berufsbedingungen womöglich ein Teil der oben zitierten Selbstzeugnisse erklären, die etwas Besonderes herausstreichen und ein großes Gefühl dafür mitteilen. Gleichermaßen könnte dies eine Begründung sein, trotz aller widrigen äußeren Umstände (Verzicht auf Freizeit etc., s.o.) dem Beruf treu zu bleiben. Gerade diese «berufliche Autonomie» zeigt uns die meilenweiten Unterschiede zwischen Berufsbild und Berufsrealität im ärztlichen Bereich.

Der langfristig errungene Status des ärztlichen Dienstes war bereits im vorigen Jahrhundert Anfechtungen ausgesetzt und bereits damals weit weg von beruflicher Autonomie. Die Gewerbeordnung aus dem Jahre 1869 sah im Arzt lediglich einen Gewerbetreibenden. Die Krankenkassenvorstände, die sich aus Vertretern der Arbeitgeber und Arbeitnehmer zusammensetzten, schoben die materielle Seite der Beziehungen zwischen Kasse und Arzt bereits damals in den Vordergrund.[221] Damit war eine ernüchternde Eingliederung aus dem sphärischen Bereich des Samariterdienstes in das Gefüge von Angebot und Nachfrage, also den unternehmerischen Bereich, vorgezeichnet. Damit sollte aber auch der Versuch unternommen werden, der Bevölkerung eine schichtenunabhängige und adäquate Krankenversorgung sicherzustellen, was offensichtlich die herrschende ärztliche Berufsausübung erforderlich machte.

218Bollinger und Hohl 1981 S.109.

2191972, zit. in Schipperges 1978.

220S.a. Deppe.

221Diepgen (1965), S. 286 f.

Mit 94 % Versicherten herrscht inzwischen eine Art Gewaltenteilung im Gesundheitswesen, die wesentlich von den Forderungen und Leistungen der Krankenkassen bestimmt wird, nicht von den Ärzten. Die überhöhte Stellung des Arztes, die sich nach den historischen Entwicklungen und sicher nicht ohne das von ihm nach außen vertretene, auch selbstüberhöhte, Bild ergeben hatte, rückt damit mehr in den Bereich eines Dienstleistungsunternehmens und muss sich mehr aus der Vorstellung als aus der Realität speisen.

Die Bedeutung des Krankenhauses für den Arzt und die Bürokratie

Lassen sich andere Berufsbereiche finden, die autonomiegeleitet sind? Deppner[222] sieht die Autonomie als das überragende Element beruflicher Attraktivität und grenzt sich damit ab zur sonstigen Einschätzung der Soziologie der Berufe,[223] die die besondere fachliche Kompetenz und die spezifische berufliche Ethik als die prägenden Elemente ärztlichen Denkens und Handelns bezeichnet. Demgegenüber ist die berufliche Autonomie für den größten Teil der Ärzteschaft nur noch eine theoretische Größe. Die stetige Entwicklung weg von der Restautonomie des Ärztestandes entspricht der zunehmenden Zahl an Krankenhausärzten und der immer mehr abnehmenden Zahl an Freiberuflichen, wobei gerade Letztere sich immer mehr mit den eng gesetzten Restriktionen der Krankenversicherungsträger auseinandersetzen müssen. Von einer attraktiven beruflichen Autonomie kann keine Rede sein, allenfalls von geringen Resten davon, die im Krankenhaus auf ihre Grenzen, gesetzt durch die Ärzte-Hierarchie und die Krankenhaus-Verwaltung, treffen.

Ende 1960 waren 30% aller Ärzte im Krankenhaus beschäftigt, 1933 waren es, ohne exakte Anhaltszahlen geschätzt 26%.[224] Im Jahr 1988 teilte die Gewerkschaft der angestellten Ärzte mit, dass mehr als die Hälfte der berufstätigen Ärzte im Angestellten-Verhältnis fast ausschließlich im Krankenhaus arbeiteten.[225] Für die meisten Ärzte hat das Krankenhaus in ihrer beruflichen Entwicklung einen zentralen Stellenwert. Der medizinisch-technische Fortschritt findet seit über einhundert Jahren im Krankenhaus statt. Von hier gehen die Impulse aus, die dem jeweils aktuellen Stand der medizinischen Erkenntnis ensprechen.[226] Im Krankenhaus werden ambulante Therapieansätze

222In Wunderli und Weisshaupt 1977, S.93.

223S.a. Hesse 1972.

224 Rohde, in Mitscherlich (1969), S.349.

225Marburger Bund, 4/88.

226Rohde, in Mitscherlich 1969, S.349.

korrigiert, neue Behandlunganätze begonnen. Dabei wird dem Krankenhaus ein Höchstmaß medizinischer Kompetenz zugestanden.

Das Krankenhaus hat seine eigene Wertstruktur, die sich sehr unterschiedlich zum ökonomischen Bereich darstellt. Es ist in der Regel für den Arzt der «Ort der (beruflichen) Sozialisation» schlechthin.[227] Hier müssen die Pflichtzeiten vor der Niederlassung, die Weiterbildungszeiten für die diversen Facharztrichtungen und die sonstigen Trainingszeiten absolviert werden. Mit den veränderten ökonomischen Bedingungen, wie zum Beispiel der zunehmenden Unsicherheit im freiberuflichen Bereich, ergibt sich, dass der Angestelltenstatus in der Biographie des einzelnen Arztes immer mehr zum Dauerzustand wird,[228] was bedeutet, dass der Krankenhauskontext auch weiterhin an Bedeutung gewinnen wird.

Im Krankenhaus ist der Arztberuf an entscheidender Stelle «eingebaut». Dazu meint Rohde[229], dass der Arztberuf als medizinwissenschaftlicher, sich dieses organisierte Mehrzweckgefüge selbst das Terrain seiner Tätigkeit geschaffen hat; was wieder auf einen hohen Grad der beruflichen Autonomie hinwiese, würde dieses «selbstgeschaffene Terrain» tatsächlich der alleinigen Führung des Arztes folgen. Hier steht nun in der Realität einer in sich streng gefügten Ärzte-Hierarchie ein recht ausgeprägtes und weisungsbefugtes Gebilde gegenüber: Die Verwaltung! Natürlich sind die Weisungen nicht in den medizinischen Kompetenzbereich übergreifend. Durch den überragenden Einfluss aber auf die ökonomischen Bedingungen lassen durchaus weite Teile des beruflichen Wohlbefindens bestimmen.[230]

Unter der recht anschaulichen Überschrift «Zwischen Organisation und Freiheit», führt Rohde dazu aus:

> «Die Bürokratie (ist) eine beständige `Leidensquelle´ überhaupt. Dass der Arzt in seiner beruflichen Rolle Agent eines Kollektivs und nicht ein aus freien Stücken in Aktion tretendes hilfsbereites, im wahrsten Sinn autonomes Individuum ist, lässt sich in der Position des Krankenhausarztes weniger verdrängen als in der Position eines frei praktizierenden Mediziners».[231]

Wie es um die Berufsbedingungen der Letzteren steht, wurde oben angerissen.

227Rohde, in Mitscherlich 1969, S.350.

228Vgl. Bollinger und Hohl 1981.

229In Mitscherlich 1969.

230S.a. »Entwicklungsperspektiven».

231Rohde in Mitscherlich 1969.

Natürlich birgt die Existenz unterschiedlicher Hierarchien ein nicht zu unterschätzendes Potenzial an Spannungen und Konflikten, genährt von gegenseitigem Unverständnis und mangelnder Kommunikation. Die schwächsten Glieder dieser Dynamik müssen darunter leiden, das sind im Krankenhaus die Patienten.

Denkfigur von Ärztinnen und Ärzten der Superlative

Die obigen Ausführungen waren erforderlich, um sich, die historisch gewachsenen Rahmenbedingungen vor Augen, den ärztlichen Konfliktkonstellationen zu widmen. In der Beschäftigung damit fällt auf, dass Ängste und Vermeidungstendenzen vorherrschen. Im Folgenden wird versucht, sich den Vorstellungen über den ärztlichen Beruf zu nähern, um somit womöglich an die Quellen der Angst und anderer behindernder Faktoren zu stoßen. Die gleichermaßen wirksamen Bewegungsformen in der Hierarchie wurden bereits oben genauer analysiert.[232] Es wird die Hypothese verfolgt, dass psychischen Bewegungsformen Vorstellungen über das Berufsbild und das berufliche Selbstbild zu Grunde liegen, die durch die dazu widersprüchliche Realität Konfliktkonstellationen hervorrufen und unterhalten können. In der Regel sind solche Vorstellungen nicht bewusst vorhanden, sondern müssen erst aus dem Zusammenhang erschlossen werden. Aus den Interviews[233] werden im Folgenden konfliktgeladene Konstellation nach ihren unterschiedlichen Aspekten bearbeitet, wobei die Frage nach eingewobenen Vorstellungen im Sinne einer «Denkfigur» gestellt wird. Unter dem Begriff Denkfigur werden die Vorstellungen zusammengefasst, die unausgesprochen die Ausgangsbasis für Überlegungen, Handlungsabsichten und -möglichkeiten sind. In der Denkfigur steckt eine Vorstellung über den Ausübenden eines Berufs, einer Funktion oder ganz allgemein einer Gruppe, die als Vorurteil einschränkend und hemmend auf die Interaktionsmöglichkeiten wirken kann. Eine Denkfigur existiert sowohl in der betroffenen Person selbst als auch in der mit ihr kommunizierenden Umgebung. Eine Denkfigur stellt sich nicht selbstverständlich dar, sondern muss erst aus Handlungs- und Kommunikationskonstellationen entschlüsselt werden. Denkfiguren sind also auf bestimmte Bereiche eingegrenzte Denkformen. Denkformen sind eine gesamtgesellschaftliche Notwendigkeit, die jedoch von den Individuen nur partiell, auch verkürzt oder mystifiziert angeeignet werden.[234]

232 S. Kapitel «Hierarchie».

233 Zu den gewonnenen Interviews s. a. Einleitungskapitel.

234 Vgl. Holzkamp GdP, S.317.

Die Utopie und die Niederungen des Daseins

«Ich hab das Studium angefangen, auch in dem Bewusstsein über die Problematik der Schulmedizin. So wie die strukturiert ist, bin ich kein Freund davon, sondern neige eher zu alternativeren und ganzheitlicheren Methoden. Ich habe das Studium somit nicht unbedingt als Chance gesehen, da großartig was zu machen, sondern als Voraussetzung, praktisch wie einen Führerschein zu machen, die Approbation zu kriegen, abzuschließen, sich auch damit fachliche Qualifikationen zu erwerben oder besser gesagt theoretische Qualifikation, was es da ja mehr ist, um dann das machen zu können, was ich mir unter Medizin vorstelle. Oder um diese andere Art von Medizin praktisch durch mich verwirklichen zu können oder nur zu gucken, wie weit es geht.»

«...In gewisser Weise bin ich noch gewissen Illusionen verhaftet, dass ich in einigen Punkten diese Vorstellungen einer anderen Medizin doch noch verwirklichen kann. Es ist aber bloß wirklich die Schwierigkeit, dass das, was man verwirklichen will, im Prinzip nicht strukturell getragen und aufgefangen wird, also das Interesse des Krankenhauses oder des Medizinbetriebes geht meiner Meinung nach gar nicht dahin, für die Leute, die halt krank sind oder behandelt werden müssen oder behandelt werden, den Aufenthalt so angenehm wie möglich zu machen, in jeglicher Beziehung. Sprich, dass das Leiden kuriert wird und dass sie sich persönlich dort als Menschen empfinden können und wohl fühlen können, soweit das dort in deren Möglichkeiten und angesichts der Krankheit möglich ist. Will man da was ändern, steht man letztendlich als Einzelkämpfer da. Es gibt zwar viele Leute, die diese Ideen haben, aber alle sind eben Einzelkämpfer, und das lässt sich schlecht in Strukturen umsetzen.»

«...(Hierarchie) Man kann's nicht insofern verändern, als das der Ausfluss der Institution oder Struktur dieses Hauses oder der Arbeitsstruktur ist, die offiziell wird. Weil auf der Chirurgie, da hast du das so, da hast du den Chef, da hast du die Oberärzte, dann die Stationsärzte und dann kommt der pflegerische Bereich. Das läuft ganz stramm von oben nach unten. Die Indikationsstellung wird eben von den Oberärzten gemacht. Du kannst da sicher deine eigenen Vorstellungen und Meinungen dazu äußern, letztendlich hast du das Gefühl, dass der Einfluss, den du nimmst, auf 'ne bestimmte Entscheidung, mal größer und mal kleiner ist, was dann relativ willkürlich zu Stande kommt.

«...und dann muss man eben auch sich mit dem begeben, also ich finde mich mit den Gegebenheiten ab und sage okay meine 'Job-Satisfaction' ist im großen Teil oder liegt da drin, dass ich gut operiere und merke, den Leuten geht's hinterher besser und ich auch ärgerlich, enttäuscht, frustriert bin, wenn sich entsprechende Komplikationen ergeben.»

«...Organbezogene Medizin... hat ihre Berechtigung, und die will ich nicht leugnen. Also je länger ich Medizin mache, desto mehr erkenne ich ihre wirkliche Berechtigung an, trotz ihres Mankos, die sie hat, und ich denke, dass das, was an Zuwendung so psychosozial nicht aufgebaut werden kann, in gewisser Weise kompensiert wird, durch 'ne exzellente oder perfekte Operationstechnik, dass das als Kompensation gedacht wird. Also ich tu' für diesen Menschen das, was in meinen Kräften steht und so gut ich's kann, mit dem optimalen Ergebnis. Auch wenn er's mir nicht glauben sollte und mich blöde findet oder beschissen. Letztendlich habe ich ihn geheilt oder ich hab' ihm wenigstens was Gutes getan.»

Frage: «Könnten die Bedingungen auch anders sein? Also, man arbeitet in der Chirurgie, hat aber mehr Zeit für sich als jetzt.»

Arzt B.: «Nee! Glaube ich nicht, ganz schlecht. Also es gibt da auch praktische Erfahrung von Kollegen, die halbtags arbeiten, die also, denke ich, aktiv versucht haben; ja die gesagt haben, ich will jetzt mehr Lebensqualität oder ich will einfach mehr Zeit für mich und für meine Familie oder andere Sachen. Die können so in der Chirurgie als funktionales Element einfach nicht arbeiten, die sind auch draußen. Die haben im Grunde genommen die Arbeiten nicht, die notwendig sind, gewisserweise ja auch Spaß bringen können, soweit sie in der Rettungsstelle sind, aber eben operativ stagnieren, wenn sie noch den Facharzt anstreben müssen. Die Kollegen, die den Facharzt schon haben, die haben 'ne relative Freiheit, ja die haben sich da, glaub' ich, schon 'nen echten Freiraum geschaffen. Was aber in gewisser Weise wieder voraussetzt, dass sie, um diesen Facharzt kriegen zu können, ja ochsen mussten. Na diese sieben oder acht Jahre lang, die man dazu braucht, einige länger, wenn sie noch 'ne Zeit zwischen hatte, also besonders Frauen, die gezwungenermaßen oder aus eigenem Entschluss auf Halbtagsstelle gegangen sind, dass die das dann relativ schwerer hatten.»

«...das (Sich-nicht-permanent-um-alles-kümmern-Können) ist auch noch ein Grund für Frustration in der Arbeit, dass du, wenn du Feierabend machst, auch wenn du ein, zwei Überstunden gemacht hast, mit dem Bewusstsein von der Station gehst, doch nicht fertig geworden zu sein.»

«...Ich treff' mich häufiger mit einem Kollegen, und da hecheln wir praktisch beim Biertrinken noch mal die Station durch und machen unsere Arbeit im Prinzip weiter.»

«Ja, ich bin verspannt. ... Ich glaub' schon, dass das ganz viele Panzerungen sind, die man sich so im Lauf der Zeit zulegen muss, zugelegt hat.... Andererseits, wenn ich Bioenergetik machen würde, hätte ich das Gefühl, dass ich ganz schnell an 'ne Grenze 'rankäme. Also, wenn ich so von innen versuchen würde, diese Verspannungen und Panzerungen abzubauen, die dann mich ja in meinem psychischen Gleichgewicht stark bedrohen würden. Ich würde das (chirurgische Leistungsfähigkeit, d. Verf.) dann nicht mehr als gewährleistet ansehen. Das postulier' ich jetzt mal so.»

«...Meine Utopie ist im Prinzip, dass ich mit Leuten, mit denen ich 'ne gute persönliche Beziehung, 'ne ebenso gute berufliche Beziehung hab'. Also letztendlich eine Gemeinschaftspraxis mit vielen Leuten, mit 'nem Anspruch von 'ner ganz globalen, ganzheitlichen Medizin, mit vielen unterschiedlichen Strömungen drin, in auch 'ner Sozietät oder 'ner sozialen Umgebung und auch ökologischen Umgebung, die ich für optimal halte. Letztendlich, ich würde gern praktisch so'n Land-, Kleinstadtarzt in Schleswig-Holstein, am besten 500 m von der Ostseeküste sein, die mir eben auch die Möglichkeit gibt zu segeln, und letztendlich auch fände ich das toll, wenn meine Familie juhu dazu sagen würde. ... Das ist irreal geworden, ich bin 15 Jahre da weg, und der Freundeskreis, der damals existierte, existiert ja als Rumpf immer noch, aber die Lebenszusammenhänge, die man früher hatte, sind gekappt.»[235]

Aus dem Gespräch mit dem angehenden Chirurgen in Berlin lassen sich zwei widersprüchliche Strebungen erkennen. Zum einen besteht kritische Distanz zur «Schulmedizin», mit Sympathie für alternativere und ganzheitlichere Methoden. Diese Alternative scheint aber keine realen Formen anzunehmen. Sie verbleiben

235 Interview I.

in einem Bereich «gekappter Freundesbeziehungen» und strahlender Illusionen nach längerer Abwesenheit von der küstennahen Heimat, und sie finden sich schier erdrückt von den übermächtigen Formen des beruflichen Alltags. In ihnen spiegeln sich kritische Überlegungen zum Gesundheitsbetrieb insgesamt wieder, die jedoch nicht über die bloße Nennung der bekannten Begrifflichkeiten hinausgehen und klare Formen vermissen lassen. Sie wirken etwas wie vorweggenommene Einwände in einer Diskussion.

Die andere Seite wird als eine funktionale Realität beschrieben, mit Reduktion des medizinischen Anspruchs auf ein Organ, das optimal versorgt wird, als ein hierarchisches Eingliedern in einseitige Informationswege, als ein Verdrängen der Frage des Nutzens für den Patienten. Diese Funktionalität, umrissen mit dem Beispiel der ärztlichen Hierarchie, wird als Voraussetzung des Funktionierens überhaupt beschrieben.[236]

beschreibt das Funktionieren der sozialen Systeme zur Angstabwehr gerade im Krankenhaus. Sich eingebettet zu fühlen in ein streng reglementiertes Entscheidungs- und Verantwortungsgefüge, bietet somit auch ein stark entlastendes Moment an. Aus einer drückenden Hierarchie ergeben sich für den einzelnen Arzt aber auch «Verspannungen», die er als «Panzerungen» apostrophiert, die als neurotische, in einem unsicheren Gleichgewicht stehende, Konfliktlösungen bestehen bleiben müssen. Sonst funktioniert für ihn, vielleicht für den ganzen Berufsstand, gar nichts mehr. Berufsbefriedigung wird dann in der interessanten Operation gesehen und aus dem bilderbuchmäßigen Verlauf gezogen.

In der kritischen Distanz zum schulmedizinischen Ablauf im Krankenhaus weiß sich der Arzt in Gemeinschaft mit den allermeisten Betroffenen und Außenstehenden. Er scheint also mit der Formulierung seiner Ablehnung des üblichen medizinischen Vorgehens einen Konsens mit den Kritikern herzustellen und deren Vorstellungen vom humanitären medizinischen Ablauf mitzutragen. Dieser sich in seiner Traumvorstellung bewegende Arzt hat also idealerweise ein Gesamtbild des Patienten und seiner Lebensumstände vor sich, in dessen Lebenszusammenhang er integriert ist und aus dessen Bedingungsgefüge er das Besondere seiner Erkrankung zu trennen vermag. Die medizinische Kenntnis wird dabei nicht besonders akzentuiert. Sie versteht sich von selbst. Der so gewünschte Arzt ist ein guter Freund, ein wohl wollender Verwandter gar, der sich ganz uneigennützig nur auf die Probleme seines Gegenüber konzentriert. Da man schwerlich pro Jahr mehrere Hundert Freunde und Verwandte haben kann und täglich neue hinzukommen würden, setzt sich diese Vorstellung in der diffusen Art der Mitteilung selbst in den Konjunktiv. Noch bevor eine Umsetzung dieser Utopie stattfindet oder zumindest beginnt

[236] Menzies 1960, zitiert in Cope 1980.

klarere Formen anzunehmen, wird sie vom interviewten Arzt als Irrationalität deklariert: Ohne Hierarchie und Sachorientierung läuft nichts. Die kritische Distanz klingt zwar an, ihr werden jedoch recht enge Grenzen gesetzt. Der Alltag fordert anderes: Eine bilderbuchmäßige Operation und deren glatter weiterer Gesundungsverlauf sind der Ersatz für das beklagte Fehlen einer psychosozialen Zuwendung des Chirurgen zum Patienten. Der von uns interviewte Arzt bedauert zwar seine Entfremdung von dem leidenden Menschen, der seiner Hilfestellung bedarf, bedauert auch die fehlende Chance einer Interaktion im Rahmen der Visite, die unter den gegebenen Bedingungen ihm maximal ein- bis zweimal die Woche teilnehmen lassen kann. Dies wird jedoch wiederum als Voraussetzung des reibungslosen Funktionierens gewertet. Die Realität wird also als übermächtig angenommen. Sie steht mit ihren Bedingungen im Widerspruch zu dem Handelnden, der sich in ihr bewegen muss. Sie steht wie unantastbar und scheinbar in alle Ewigkeit. Sie orientiert sich wie autistisch an sich selbst und wird unverändert weitertradiert. Der Protagonist dieser ärztlichen Seinsweise ist ein sich vervollkommnender Techniker, der sich dynamisch in das System von oben nach unten abgestufter Kommunikation und strenger Hierarchie eingliedert. Dieses System erwartet einen Patienten einheitlicher Dimensionen, der sich in Form seines kranken Organs präsentiert und möglichst keine störenden Randbedingungen aufweist. Kritisches Hinterfragen, Suchen nach Handlungsalternativen, auch unkonventionelle Wege stören hier.

Angst vor dem Patienten

Sucht man überindividuelle Strukturen und Merkmale helferspezifischer Konflikte, die sich aus dem individuellen und subjektiven Rahmen heben lassen, fällt zuerst die Angst auf, die hinter vielen Interview- und Notizbuchmitteilungen steckt: die Angst vor Versagen, vor Nicht-Funktionieren, auch vor Komplikationen. Diese Angst ist auch ein Hauptgegenstand in der Literatur, die sich mit professionellen Helfern beschäftigt.[237]

Die oben dargestellten beiden Pole der Einschätzung weisen in ihrer Diskrepanz auf eine gemeinsame Basis. Sie bildet den Sockel eingeflochtener Vorstellungen von Arzt und Patient über das ärztliche Berufsbild. Es steht auf der einen Seite der Patient mit seinem berechtigten Anspruch auf Geheiltwerden und der Forderung, dies unter den optimalen Bedingungen zu erfahren. Diese Forderung hat gleichzeitig eine selbstvergessende Vertrauensübergabe zum Inhalt, die jede Verantwortung für Leib und Leben dem «Idealarzt» überträgt. Dieser hat diese Patientenvorstellungen sich längst zum verpflichtenden Auftrag gemacht, für dessen zuweilen überdimensionales Ausmaß, das bis zur krankheitsauslösenden Ursachenbeseitigung wie Lebensführung bis Umweltgifte geht, er sich mitverantwortlich fühlt. Er wird durch sich und seine Berufsvorstellungen in die Pflicht genommen.

Zum Ausdruck kommen solche Ansprüche zum Beispiel in den von Mechanic[238] postulierten Aufgaben der Medizin. Die Beruferwartungen lauten:

1. zu verstehen, wie einzelne Symptome, Syndrome oder Krankheitseinheiten in Individuen oder Gruppen von Individuen entstehen;

2. diese Krankheiten zu erkennen, womöglich zu heilen und ihren Verlauf abzukürzen, wobei es gilt, jede Schädigung mit nachhaltigen Folgen zu verhindern; und

3. für die Schaffung von Lebensbedingungen in der Bevölkerung einzutreten, welche die Zufälle und Ungleichheiten hinsichtlich Gesundheit zu eliminieren und damit das Krankheitsgeschehen zu verringern trachten.

---

237 Stichworte: Helfersyndrom, Burn-out-Syndrom, s. a. Einleitung.

238 S. 3, zit. n. Siegrist.

Der letztgenannte Punkt spricht von der hohen Verantwortung der Medizin, aber auch von dem sehr weit gesteckten Anspruch, den gesamten Lebensbereich organisieren zu wollen. Hier bereits verlässt der Selbstanspruch die eigene wissenschaftliche Ebene und greift über in die Territorien der Sozialwissenschaften, für die sie sich damit ebenfalls kompetent fühlen will.

Diese selbstgesetzten Pflichten setzen einen gewaltigen Druck auch in Richtung erfolgreichen und richtigen Diagnostizierens und Therapierens. Dieser Druck kann übermächtig werden:

> «...Die Angst hat mein Verhalten die ganze erste Zeit beherrscht. Die hat mich so beherrscht, dass ich, ich glaub' nach einem drei viertel Jahr, zum ersten Mal so richtig das Gefühl hatte, also jetzt im chronischen Bereich, das sind ja, das sind Menschen, das sind lauter leidende Menschen und keine Fälle, von denen ich befürchten muss, die machen mir Schwierigkeiten medizinischer oder persönlicher Art. Ich hab ein drei viertel Jahr gebraucht, bevor ich wirklich da, das war bei Weihnachten da saßen wir auf der Treppe, der Kollege und ich, und wir gucken die ganzen Leute an, und die fingen an zu weinen, es war so ein Trompetenkonzert, da hat mich dann das irgendwie auch berührt, und dann sagte der Kollege zu mir: «Na ja, die denken jetzt über ihr Leben nach, 240 leidende Leute», oder irgendwie so was. Und da wurde es mir klar, dass es nicht bei der Chefvisite darauf ankommt, alle Sachen beieinander zuhaben, nichts vergessen, kein Labor-Wert, kein gar nichts, nicht dass man mir vorwirft, ich hab was falsch, zu früh, zu viel, zu wenig gemacht, da wurde mir zum ersten Mal klar - also gut ich hatte mal 'nen Liebling oder 'mal zu einem eine persönliche Beziehung - überwiegenderweise war meine tägliche, wöchentliche Routine von Ängsten geprägt: Nicht schaffen, nicht wissen, nicht können.»[239]

Die interviewte Internistin wurde von ihrem Anspruch und der Angst, irgend etwas Wichtiges zu übersehen, so in Atem gehalten, dass sie nach einem drei viertel Jahr erst die für sie bedrohlichen «Krankheitsfälle» als Menschen mit ihren nicht in Krankheitsbildern aufgehenden individuellen Eigenschaften und Emotionen wahrnehmen konnte. Ein so wahrgenommener Patient hat nicht nur seine zu heilende Erkrankung, er droht scheinbar mit seiner Gesamtheit den Helfer «aufzufressen».

Die ärztliche Denkfigur findet sich jedoch nicht nur bei den Berufspraktizierenden, sie wirkt sich auch auf die Patientenseite aus und wird von dort als Forderung an die medizinische Versorgung wahrgenommen. Die ärztliche

---

[239]Interview II.

Selbstanspruchshaltung wird damit durch die Patientenansprüche wesentlich verstärkt. Vertrauensvoll wird das gesamte Selbst in die Obhut des Arztes gegeben. Der soll vor allen Dingen alles wieder in Ordnung bringen, was das Leben über verschludert oder als Defizit empfunden wurde. Am besten wird das alles «weggemacht», Krankheit, Risikofaktoren und Beeinträchtigungen, dafür muss der Patient selbst nur im Bett liegen und ein paar Piekser aushalten, um dann anschließend wie zuvor weitermachen zu können.

Bei aller Patientenanspruchshaltung nicht unerwähnt bleiben sollte die zunehmende Zahl an gerichtlichen Auseinandersetzungen und Schmerzensgeldforderungen im Zusammenhang mit ärztlicher Therapie. Auch hier sind die Vereinigten Staaten von Amerika führend, sowohl in der Gesamtzahl als auch in der finanziellen Höhe der Forderungen und gewährten Leistungen. Die vermehrten Forderungen drücken nur zum Teil ein Mehr an realitätsbezogenem Patientenselbstbewusstsein aus. Gestützt auf unablässige Medienmitteilungen über die aktuellen Erkenntnisse der medizinischen Forschung, hat der Patient eine konkrete, wenn auch manchmal unrealistische Vorstellung vom Gang seiner Diagnostik und Therapie. Er mahnt fehlenden Therapieerfolg, mangelnde oder veraltete Technik und allfällige Komplikationen ab. In dieser Vorstellung begreift sich der Patient als immer optimal zu heilen, den Arzt sieht er als perfekten Handwerker. Die Unwägbarkeiten des natürlichen Verlaufs, der persönlichen Tagesform oder intervenierender Erkrankungen und behindernder Anlagen existieren für ihn nicht, sind somit Ausdruck ärztlichen Unvermögens.

Es lässt sich vermuten, dass der Arzt sich also nicht nur aus personellen und zeitlichen Gründen dem Patienten als Gesamtwesen nicht widmen kann, sondern dass er dies auch aktiv verhindert möchte, indem er sich auf die zu behandelnde Krankheit beschränkt, auch um sich der Angst zu entledigen, die ein Einlassen auf den gesamten Menschen und seinen umfassenden Ansprüchen auslösen könnte. Deshalb hat die persönliche Utopie des oben interviewten Chirurgen so unklare Konturen und spiegelt mehr die Hoffnung von derzeitigen und zukünftigen Hilfesuchenden wider als die des Helfenden, der sich hinter den kritisierten Strukturen zu schützen suchen.

Rituale der Angstvermeidung

«Organreduktion» und «Vermeidungsvisite»

Deshalb hat aber auch die Beschränkung auf ein erkranktes Organ so viel Funktionales für den Helfer: Sie reduziert die Verantwortlichkeit, beschränkt scheinbar das Gesamtrisiko auf einen nur technischen Akt, hat somit eine angstentlastende Wirkung. Das Gegenüber ist also nicht mehr der «auffressende» Gesamtpatient, sondern ein zum Beispiel in der Chirugie mit Tüchern verhüllter Patient, dessen Operationsfeld, also der direkte Weg zum erkrankten Organ, sich dem Heiler darbietet. In ein Extrem dieser Bedingungen scheint durchaus schon gedacht zu werden. Von der Wiege der gleichsam industriellen Gefäßchirurgie in den USA wird erzählt, dass der Chef selbst nur noch die Herzgefäßprothesen annäht, abwechselnd an einer Vielzahl von Operationstischen, auf denen die Patienten von den dazugehörenden Operationsteams voroperiert werden und anschließend die Operation wieder beendet werden. Solche fließbandähnlichen Aufbauten wurden auch aus der ehemaligen UdSSR berichtet, zum Beispiel für Augenoperationen. Hat sich da nur eine Wirtschaftlichkeitsrechnung durchgesetzt, oder wurden die vorhandenen Strukturen weitergedacht und umgesetzt? Haben sich da kleinere Strukturen der Vermeidung zu einem ganzen Vermeidungsapparat entwickelt?

Dies gilt jedoch nicht ausschließlich für chirurgische Konstellationen, bei der nicht ohne Berechtigung auf starke Sachzwänge hingewiesen wird. Über die Rituale der Patientenkontaktvermeidung bei der Visite hat Schmidbauer[240] hingewiesen in «Helfen als Beruf. Die Ware Nächstenliebe». In der Visite, die ja Gelegenheit bieten sollte, den Kontakt zwischen Arzt und Patient herzustellen und zu unterhalten, scheint danach intensives Vermeiden stattzufinden. Die Visite bildet für die «konservativen» Fächer wie zum Beispiel die Innere Medizin das Kernstück ärztlichen Handelns überhaupt. Hier werden täglich Therapiekonzepte festgelegt, je nach Befund korrigiert oder modifiziert. Kern aller Handlungsimpulse sollte natürlich der Patient und seine Erkrankungsdynamik sein. Aber auch hier findet in weiten Bereichen ein scheinbar optimiertes System der Kontaktvermeidung statt. Es wird sehr oft mit der Krankenkurve in der Hand, fast wie ein Schutzschild gebrauchend, über den Patienten und nicht mit ihm gesprochen. Ebenfalls scheint die dabei geübte Sprache des Arztes häufig nicht geeignet, Fragen und Anliegen des Patienten zu beantworten. Bahnt sich dennoch ein ausführlicheres Gespräch an, wird dies oft

[240]Vgl. Schmidtbauer (1985).

verschoben mit dem Hinweis auf die vorgegebenen, gewiss vorhandenen, zeitlichen Limitierungen. Dies bedeutet überwiegend, dass dieses Gespräch nicht mehr stattfindet.

Hier zeigt sich eine schwankende Ambivalenz zwischen übersteigertem therapeutischem Selbstwertgefühl, genährt aus den durchaus beeindruckenden medizinischen Errungenschaften, aber auch dem ärztlichen Mythos, und dem offensichtlich unerträglichen Versagensgefühl vor den derzeit leider meist nur zu lindernden, jedoch nicht heilbaren Erkrankungen. Der Patient als Manifestation solcher Gefühlsabgründe scheint massive Ängste auszulösen. Diese Ängste werden mit den Ritualen der Angstvermeidung beantwortet:

Der Umgang mit der Wahrheit

«Morgenbesprechung: Der Chef hat eine Privatpatientin auf unserer Station, die primär von einem anderen Kollegen betreut wird. Die Patientin hat ein inoperables Bauchspeicheldrüsenkarzinom und ist 92 Jahre alt. Der Sohn der Patientin hat gefordert, dass ihr die Diagnose und somit die aussichtslose Prognose verleugnet wird. Sie hatte während einer Visite den Kollegen dezidiert nach ihrer Erkrankung und den weiteren Erwartungen gefragt; dieser hatte, wie vereinbart, ausweichend geantwortet. Dennoch kamen jetzt vom Chef Vorwürfe, über die Erkrankung mit der Patientin gesprochen zu haben. Hinter diesen Vorwürfen steckte eine erneute Intervention des Sohnes. In der anschließenden Diskussion:

> O-Ärztin: Oft haben Patienten Erleichterung, wenn sie wissen, was sie haben. Man kann dann auch offener mit ihnen umgehen und muss nicht in irgendwelche Scheinaktivitäten übergehen, die dem Patienten ein therapeutisches Prozedere vortäuschen sollen.
>
> Chef: Die Patientin ist alt, hat sowieso keine Lebenserwartung; ihr jetzt die letzte Hoffnung zu nehmen durch Mitteilen der Diagnose, ist nicht vertretbar.
>
> Betroffener Kollege: Die Patientin habe ausdrücklich nachgefragt. Er habe sich sehr schlecht dabei gefühlt, dennoch nur ausweichende Auskünfte erteilen zu können.
>
> Anderer Kollege: Trotz des hohen Alters hat die Patientin das Recht auf Mitteilung ihrer Erkrankung. Sie kann sich dann leichter Schmerzmedikation geben lassen, anstatt wie bisher dagegen zu

facultas. gut zu wissen.

Facultas Verlags- und Buchhandels AG

Universitätsbuchhandlung
Medizin, Gesundheitsberufe
Berggasse 2, A-1090 Wien
T 0043/1/319 53 06, F 0043/1/310 56 66-14

Datum: 14.06.02

Währung z.B. EUR: EUR

Anz.	Artikel	Einzelpreis	Betrag
1	Unfälle im		
	Krankenhaus		20,60

In diesem Betrag sind 10 % MwSt./Betrag enthalten. 20,60

Verk. 01778-48

Bei Irrtum oder Umtausch bitte diesen Beleg vorlegen.

kämpfen und nur ganz selten überhaupt davon Mitteilung zu geben. Oft haben die Angehörigen mehr Probleme, mit solchen schwerwiegenden Diagnosen umzugehen und für sich die drohende Sterblichkeit ihrer Angehörigen zu akzeptieren, als die betroffenen Patienten selbst.

Konsens: Es soll erst mit dem Sohn, dann gemeinsam mit beiden über die Erkrankung geredet werden, mit dem Ziel, beiden Entlastung zu geben und weitgehende Aufklärung zu ermöglichen.

Während unseren Gesprächs, anschließend an das konkrete Problem, wird über die Sterbebegleitung allgemein gesprochen. Dabei haben die meisten das Problem, mehr als nur belanglose Worte dem Patienten gegenüber in der Visite zu finden und auch unzufrieden zu sein mit der eigenen, eher vermeidenden Haltung. Andererseits befürchten die Gesprächsteilnehmer emotional zu stark einzutauchen in das Mitleid und dann nicht mehr handlungsfähig zu sein. Eingeständnis der erfahreneren Altvorderen, selbst keine adäquate Form gefunden zu haben, jedes Mal wieder hilflos gegenüberzustehen.»[241]

In das oben beschriebene Vermeidungsverhalten lässt sich das Tagebuchzitat gut einordnen. Das angeknackste ärztliche Selbstwertgefühl gegenüber dem inoperablen, zur therapeutischen Handlungsunfähigkeit treibenden Krebsleiden löst Vermeidungsstrategien aus: Man traut sich nicht, der Patientin die Diagnose mitzuteilen, um die eigene Machtlosigkeit nicht öffentlich eingestehen zu müssen, und man fürchtet auch, gegenüber einer Verzweiflungsreaktion der Patientin hilflos zu sein. Sie soll nichts von ihrer aussichtslosen Prognose wissen, und alle mit ihr in Interaktion Tretenden betreiben als verschworene Gemeinschaft die Vermeidung ihrer eigenen Ängste. Zum Aufklärungsgespräch muss natürlich angemerkt werden, dass es sich wie eine Reise zwischen Scylla und Charybdis[242] darstellt. Da ist auf der einen Seite der idealtypische Patient, der das Recht hat, über das gesamte Ausmaß seiner Erkrankung aufgeklärt zu sein, um die verbleibende Zeit selbstbestimmt gestalten zu können. Damit ist er mündig im therapeutischen Kontext und kann den weiteren Gang der Dinge, seiner besonderen Angelegenheit, lenken und gezielt auf die ärztliche Kompetenz und Hilfe zugreifen. Die andere Seite sind die Vielzahl an Patienten, die schon in den ersten vorfühlenden Gesprächen unbedingte Vermeidung signalisieren, jedes

[241] Tagebuch Arzt.

[242] Den beiden eng beieinander stehenden gefährlichen Felsen der griechischen Sage, an denen Odysseus bei geringster Annäherung zerschellt wäre.

aufklärende Wort rasch vergessen haben und alles darauf anlegen, keine weitere Mitteilung zu erhalten. Dazu kommt vielleicht die beängstigende Vorstellung eines überforderten Patienten, womöglich das bereits durchgemachte Erlebnis mit einem solchermaßen Aufgeklärten, der überfordert von der Kenntnis um seine Erkrankung nichts mehr für sich nutzen kann und sich in Panik das Leben nimmt. Für diese Konsequenz muss der aufklärende Arzt die Verantwortung tragen, genauso wie für die Therapie.[243] Dazu kommen die Mitteilungen der Angehörigen, die ja den Patienten erheblich länger und besser kennen, somit eigentlich seine Reaktion und Umgangsmöglichkeit zuverlässiger einschätzen sollten, als dies bei einem relativ kurzen Krankenhausaufenthalt möglich ist. Ob also aus dem Verschweigen der aussichtslosen Prognose dem Patienten die Möglichkeit zum Planen seiner verbleibenden Zeit genommen wurde oder er durch die schonungslose Offenheit in panische Handlungsweisen getrieben worden sein könnte, sein Arzt wird beides, zumindest vor seinem eigenen Gewissen, verantworten müssen. Oft scheint dieser verantwortliche Akt der Überlegung in den Versagensängsten steckenzubleiben. Sonst würde nicht so oft die Rede sein von einer Befreiung, die alle Beteiligten erfahren haben, nachdem sie offen das Fehlen eines therapeutischen Ansatzes konstatiert haben und damit endlich den Patienten aus einer künstlich aufrechterhaltenen kindlichen Unmündigkeit entlassen und ihn als einen gleichberechtigten Interaktionspartner zugelassen haben.

In Ergänzung der zitierten Berufserwartungen von Mechanic lässt sich die umfassendere Auflistung der von Parsons erstmals 1951 beschriebenen und von Lüth ergänzten[244] Leitbilder der «Rollenerwartungen an den Beruf des Arztes», ein Bündel konfliktgenerierender Anforderungen ausmachen:

1. Affektive Neutralität

Das soll bedeuten, dass der Arzt sich nicht durch Sympathie oder Antipathie leiten lassen darf. Er soll ein objektives Problem auf objektive, wissenschaftlich begründbare Weise angehen. Es muss für ihn eine Trennung von Beruf und privatem Lebensbereich stattfinden, woraus sich zum Beispiel das Zögern, Angehörige zu behandeln, erklärt.»Deshalb kann man die «emotionale Neutralität» des Arztes als ein funktionales Erfordernis der modernen Zeit

[243] Dies nicht nur aus dem Setting der im Gesundheitswesen gepflegten Verantwortungsübergabe des Patienten an den Arzt für all sein Tun und Lassen, sondern durchaus bereits als gerichtlich bestimmte Norm im Rahmen von Schadensersatzklagen durch Angehörige.

[244] In König 1987, S.47 f.

bezeichnen: Ohne sie wäre eine wirksame Erfüllung der ärztlichen Aufgabe in unserer Gesellschaft nicht möglich.»[245]

2. Spezifität der Funktion

Der Arzt ist ein Spezialist; wenn auch viele volkstümliche Vorstellungen ihn als allgemein klugen Menschen, einen Weisen, darzustellen suchen, ist er nur ein Fachmann für Krankheitserkennung und Behandlung.

3. Universalismus

Er muss sich an alle kranken Menschen wenden. Es geht für ihn nicht an, sich nur an bestimmte Bevölkerungsgruppen zu wenden.

4. Kollektivitätsorientierung

Sein Handeln muss auf das Allgemeinwohl gerichtet sein, es darf nicht profitorientiert und kommerziell sein.»Der Schutz des Patienten gegen die Ausnutzung seiner Hilflosigkeit, seiner Inkompetenz und seiner Irrationalität stellt somit die offensichtlichste Funktion der Kollektivitätsorientierung dar.»

Der Medizinhistoriker Lüth[246] setzte zu diesen Punkten noch:

5. Autorität

Sie ist nicht vorhanden ohne eine gewisse Distanz, da der Arzt seine Patienten zum Zweck der Diagnose und Therapie zur Befolgung seiner Anweisungen zwingen muss, und der Patient fordert sie sogar.

6. Glaubwürdigkeit

Der «glaubwürdige» oder «echte» Arzt ist geradeheraus, ist ohne irgendwelche Falschheit und ist gegenwärtig für den Patienten.

7. Unbedingtes Engagement

(...bedeutet, d. Verf.) dass der Arzt auch in hoffnungslosen Fällen sich für den Patient einsetzt, dass er uns in gewissem Sinne noch etwas vormacht (ut aliquid

---

[245]Dazu muss bemerkt werden, dass es ein soziales und emotionales Neutrum ärztlicher Ausprägung nicht geben kann. Dieses zu fordern, hieße sämtliches Wissen um die Subjektivität des Menschen auf den Kopf zu stellen. Sich an diese Forderung zu halten, würde eine stete Spannung zwischen Mensch-Sein und funktionalem Ding-Sein wollen. bedeuten. Solche Forderungen sind Gegenstand hellenistischer Philosophen, die sich nach der Aufklärung wieder auf den Kathetern der Gymnasiasten gefunden haben. Die Forderung nach gänzlichem Freisein von Affekt ist offensichtlich nicht einzuhalten, sonst hätte die Stoa sie nicht formulieren müssen. Natürlich sollte sich der Arzt über seine Affektivität Gedanken machen. Es sollte vielleicht besser heißen »affektive Sensibilität». Der Arzt sollte wissen, was ihn treibt und nicht so tun, als ob es da keine unbewusste Regung gäbe, sonst wird er Opfer seiner unbewussten Dynamik.

[246]S.13 und S.53, in König 1987.

fiat), wenn alles schon hoffnungslos erscheint. Der Arzt soll nicht nur das Fachliche, sondern auch das Nichtfachliche in sich vereinen.

In der kollektiven Orientierung wird ein Schutz primär für den Patienten gesehen, während die affektive Neutralität als Selbstschutzfunktion deklariert wird, die den Arzt vor einem zu engen Kontakt zum Patienten bewahrt. Weiter gehend ist das Postulat, dass der Arztberuf «nicht nur Funktion, sondern eine Lebensform» ist.

Diese Zitate reihen sich an die recht widersprüchlichen Merkmalsanforderungen des Arztberufs.[247] Wenn Lüth unter dem Punkt «unbedingtes Engagement» auf die Bedingung des Vorhandenseins von Fachlichem und gleichzeitig Nichtfachlichem (was auch immer damit gemeint sei) besteht, widerspricht er der zweiten Forderung Parsons nach ärztlicher Spezifität. Er hat also nicht den vier Rollenerwartungen an den ärztlichen Beruf einfach drei erweiternde Punkte angefügt, sondern durch seine Widersprüchlichkeit wieder die Dimension der Unwägbarkeit eröffnet. Es geht dabei offensichtlich um sehr viel mehr als den ärztlichen Pragmatismus. Ohne nähere Erklärung wird der Beruf selbst zur Lebensform deklariert und zeigt Annäherungen an die Vorstellung von einem religiösen Orden und dabei insgesamt ein Bewegung hin zu den frühzeitlichen Wurzeln ärztlichen Handelns und Denkens.

Die siebte Forderung Lüths, das «aliquid fiat» (in die Richtung: irgendetwas muss doch getan werden, man kann doch nicht untätig herumstehen und abwarten), verweist in direkter Linie auf den bereits oben angesprochenen Konflikt mit der Aufklärung und dem Umgang mit einer unheilbaren Patientin.[248] Es lässt sich das ganze Ausmaß eines «blinden Aktionismus», bei auch aussichtsloser Prognose eines Patienten als Widerspruch ärztlichen Handelns erahnen. Diese Aufforderung des Weitermachens trotz erreichter Grenzen entspricht der regelhaft gewollten Vermeidungs(re)aktion. Ein «Weitermachen» in anderer Hinsicht sollte dabei gefordert werden: Neben dem Eingeständnis der bestehenden Grenzen eine uneingeschränkt zugeneigte Sterbebegleitung, die vielleicht mehr persönliches Engagement erfordert als sinnlose Untersuchungen, die ohne therapeutische Konsequenz nur den Patienten belasten.

Den Beginn dieses ärztlichen Nichtaufhören-Könnens und Weitermachens sieht Mitscherlich[249] im Medizinstudium. Hier lernt der Student in der Anatomie an der Leiche die Organstrukturen zu präparieren. Dazu muss er die

[247] S. a. »Angst vor dem Patienten».

[248] S. a. »Der Umgang mit der Wahrheit».

[249] In Schmidtbauer 1985.

natürliche Scheu im Umgang mit Leichen überwinden. Mitscherlich hat dabei beobachtet, dass die widerstrebenden Regungen des Studenten durch agierendes und verdrängendes Präparieren an der Anatomie-Leiche ausgeglichen werden. Er sieht darin einen «Initiationsritus»[250] der Mediziner, bei dem immer wieder eingeübt wird, unangenehme Situationen durch Machen, am besten mit höchster Konzentration auf irgendein bestimmtes, vielleicht nicht sehr wichtiges, Detail, zu überwinden. Für Mitscherlich kann dabei neben anderen Gesichtspunkten Ausgang gesehen werden für eine geringe Bereitschaft der Ärzte zu einer ganzheitlichen und psychosomatischen Medizin.

Diese interessante These wird durch Schmidbauer[251] unterstützt: Er sieht darüber hinaus in dem Präparieren der Leiche den Beginn des «Objektivierens» im medizinischen Zusammenhang, also des Zum-Objekt-Machens all der Bedingungen und Umstände des Subjekts Patient, erworben durch das Überwinden natürlicher Empfindungen wie Ekel und Scheu vor einem verstorbenen Menschen. Nur durch dieses Zum-Objekt-Machen sei ein Verletzen körperlicher Intaktheit durch den Arzt möglich. Daraus entwickelt sich nach seiner Meinung eine «Alltagstheorie», die den Studenten die Selbsterwartung vermittelt, auch emotional tief aufwühlende Situationen durch vermehrte Aktivität bewältigen zu können. In diesem Zusammenhang zitiert er einen «Pastoralmediziner», der von den Studenten verlangt hatte, untätig auf der Intensivstation neben Schwerkranken stehen zu bleiben. Die Medizinstudenten hätten dies als große Belastung empfunden, was ihnen sonst beim «Etwas-Machen» auf Station «nichts ausgemacht» hätte.

Dieses überlegenswerte Erklärungsmuster von Mitscherlich und Schmidbauer lässt sich nicht auf den medizinischen Bereich eingrenzen und wird damit unspezifisch. Man denke da an die üblichen Präparationen, sogar an lebenden Tieren zum Beispiel im Biologiestudium, wo sicherlich auch von einer überwundenen Grenze ausgegangen werden muss, ein Lebewesen über verschiedene Schritte hinweg zu töten, auch wenn dadurch der Erkenntnisstand erweitert werden soll.[252] Auch weitere Fachdisziplinen können dabei einbezogen werden. Erwähnenswert ist in diesem Zusammenhang eine dem Autoren bekannt gewordene studentische Tutorientätigkeit in einem ausgeprägt behaviouristisch orientierten, psychologischen Fachbereich im Rheinland: Dort hatte ein Psychologiestudent (für alle Psychologiestudenten ist in diesem Fachbereich ein anatomischer Hirnpräparierkurs obligat) die ungeheuere wissenschaftliche Aufgabe, Generationen von Laborratten von ihrer

[250]Einführungszeremonie von Neulingen in einer Religions- oder Lebensgemeinschaft.

[251]A.a.O..

[252]Legitimerweise muss sich bei solchem Vorgang nach der Richtung der Erkenntnis fragen lassen.

Großhirnrinde zu befreien. Die wenigen Ratten, die diese Prozedur überlebt hatten, sollten beweisen, dass zum Lernen auch das Stammhirn ausreicht. Bei Gelingen der anschließenden Parcourdressur, gemeint ist der Versuchsaufbau im Labor, sollte mit dem medizinischen Vorurteil aufgeräumt werden, dass die Großhirnrinde für höhere psychische Funktionen eine unabdingbare Wichtigkeit besitze. Das Überwinden ethischer Bedenken, die Erfurcht vor der Intaktheit von Lebewesen oder das allenfalls in engen Grenzen legitimierte Überschreiten von Barrieren gilt nicht spezifisch nur für Mediziner. Das kompensatorische «Machen», bis hin zum verdrängenden Aktionismus findet sich allenthalben, das lässt sich nicht auf Mediziner alleine beschränken. Es gibt vermutlich keine wissenschaftliche Disziplin, in der Bescheidenheit und Ehrfurcht vor dem Leben das erste Primat wäre, auch wenn es für unser aller Tun notwendig wäre.

Wahrscheinlich stehen dagegen nur wenige andere Disziplinen den Ergebnissen ihren überzogenen Vorstellungen so hilflos und unmittelbar gegenüber wie die Medizin. Bei jedem Patienten manifestiert sich erneut die Unsicherheit, irgendetwas Wichtiges übersehen zu haben, im therapeutischen Kontext mehr versprochen zu haben, als eingehalten werden kann. Daher lässt sich die «Organfixiertheit», die auch bei psychosomatischen Erkrankungen zuerst zu umfangreichen diagnostischen Prozeduren führt, leicht erklären.

«Flüchten»

Aus dieser Unsicherheit lässt sich auch der überwiegende Anteil an Angstbesetzung in dem Interview mit der Ärztin ableiten. In diesem Beispiel wählt sie in ihrer Verunsicherung eine geschlechtsspezifische Form der Konfliktvermeidung:

> « ... Jedenfalls, am Ende des praktischen Jahres war ich an dem Punkt, da zeichnete sich deutlich eine Arbeitslosigkeit ab, dass ich nicht genau wusste, wovor ich mehr Angst hab', vor einer, vor einer Stelle, wo ich dann plötzlich 'ran muss, alle die Sachen beweisen, die ich gar nicht kann. Im theoretischen Bereich ist das auch so, na da sagt man sich okay, dann liest man zu Hause, dann muss man das dann eben machen. Aber bei den praktischen Sachen, wie, wie tut man das? Und, tja, dann bin ich eben erst 'mal schwanger geworden. Das war ganz bewusst und überhaupt nicht aus versehen. Ich denk' jedenfalls die Hauptgründe dafür waren gut, ich hab mir schon lange ein Kind gewünscht, aber warum gerade jetzt und in dem Moment, und da war sicherlich, dass ich einfach Angst hatte.»[253]

[253] Interview II.

Von einer Angst, die durch ein überhöhtes berufliches Selbstbild und den daraus resultierenden fordernden und zum Teil überfordernden Ansprüchen ausgelöst wird, muss vor einer Analyse eine übliche Furcht vor dem Berufsbeginn getrennt werden können. Die Anfängerangst trifft prinzipiell auf jeden Ausbildungsgang zu, der sich als wenig integriert in die realen Berufsbedingungen erweist, bei dem Theorie und Praxis weit auseinander liegen oder längere Pausen vor Arbeitsbeginn liegen. Diese Angst sollte sich legen, wenn die Anforderungen allmählich bekannt sind und die ersten Routinekenntnisse den Arbeitsablauf erleichtern. Dies ist meist nach den ersten Monaten der Fall.

Für die Denkfigur über Ärzte der Superlative, mit berufsbildbezogenen Ängsten, muss sich daraus folgern lassen können, dass Angstvermeidungsstrategien weitergehen, auch wenn die Anfängerphase überwunden sein müsste. Dass dies so ist, lässt sich meines Erachtens ganz gut am Beispiel der oben erwähnten «Organreduktion» in der Chirurgie belegen, die auf ein Weiterbestehen von Ängsten zeigt. Ebenfalls als Hinweis auf ein Fortbestehen der gemeinsam artikulierten Ängste kann auch die Vermeidungsanstrengung am Beispiel der Patientin mit dem inkurablen Krebs herangezogen werden.

«Vermeiden»

Es wurde in einem Interview von einem mittlerweile emeritierten Herzchirurgen berichtet[254], dass er es vermied, an das Bett von Operierten treten zu müssen, die eine (sicherlich sehr seltene) Komplikation erlitten hatten, wie zum Beispiel die Undichtigkeit eines angenähten Herzkranzgefäßes. Dies konnte er erreichen, indem er diese Patienten in den Bereich der Intensivstation bringen ließ, der für infektiöse Patienten gedacht war. In der Regel gehen Chirurgen, die anschließend operieren, nicht in diesen Bereich, um trotz der Waschungen und antiseptischen Maßnahmen nicht noch ein zusätzliches Infektionsrisiko für den anschließenden Eingriff zu bilden. So wird meist vom betreuenden Arzt der Intensivstation den visitierenden Vorgesetzten an der Schleuse über die Patienten berichtet und nicht ans Bett gegangen. Das vermutete «Fehlliegen» eines Patienten wurde in dieser Abteilung dann damit begründet, dass die Leckage einer angenähten Gefäßprothese immer Ausdruck einer, wenn auch kleinen und örtlich sehr begrenzten, Infektion sein müsse.

[254]Interview II.

«Dableiben»

Als weiteres Konfliktfeld kommt die Diskussion über die ärztliche Arbeitszeit hinzu. Der Beruf des Helfers, der von Tauschwerten teilweise befreit ist und damit relativ wenig entfremdet erscheint, trägt dazu bei, dass die narzisstische Befriedigung, welche der Beruf bietet, höher geschätzt wird als die Befriedigungsmöglichkeiten außerhalb der Berufstätigkeit. Damit «wird für gar nicht wenige Helfer ihre Arbeit zum Suchtmittel. Sie können gar nicht auf sie verzichten, erkranken im Urlaub an psychosomatischen Beschwerden oder Depressionen und vermeiden (was ihnen oft hohe Achtung einträgt) zwanghaft den Genuss ihrer Freizeit.»[255]

Diese Helfer gehen auf in ihrem Beruf und können sich damit auch reichlich überfordern, was zusätzlich eine nicht zu unterschätzende Gefährdung für den Patienten bedeuten kann. Damit wäre natürlich wieder ein Bogen zum Beispiel zu den ärztlich ausgelösten Schädigungen am Patienten zu schlagen (siehe Kapitel über die ärztliche Ideologie).

Aus der Anwesenheit auf der Station und vor allem dem längeren Verweilen dort wird häufig ein Gewinn an persönlichem und sozialem Prestige gezogen. Reformen dieser Arbeitsbedingungen, die eine Arbeitsteilung und Hinführung zu tariflichen Arbeitszeiten nach sich ziehen, womöglich Arbeitsabläufe effektiver gestalten würden, könnten dann als Behinderung der persönlichen Bedürfnisbefriedigung gewertet werden. Eine gute Ärztin, ein guter Arzt ist jederzeit für die Patienten da. Wird die Anwesenheit auf feste Arbeitszeiten beschränkt, müssen sie sich vorwerfen lassen, wie verantwortungslose Handwerker zu handeln. Auch wenn, wie in einem Beispiel, das System dahingehend pervertiert ist, dass während der eigentlichen Arbeitszeit Leerlaufphasen auftreten und der regelmäßige Arbeitsanfall in den Bereich unmittelbar vor bis weit nach Arbeitsende fällt, somit regelmäßige, nicht abgeltbare, Überstunden anfallen, wird dies als unumbrüchlicher Bestandteil ärztlichen Handelns betrachtet. Fast tabuhaft werden Diskussionen über Arbeitszeitgestaltung gemieden. Damit soll der Ruch umgangen werden, ein vermehrtes «Freizeitverhalten» an den Tag zu legen, sprich sich nicht ernsthaft und vor allem ausdauernd genug dem Beruf zu widmen. Auch wenn die Freizeit für so wichtige Bereiche wie zur fachlichen Weiterbildung und Aktualisierung der Kenntnisse genutzt werden könnte.

Es wurde bereits der historische ideologische Hintergrund besprochen. Dabei scheint sich ein selbst perpetuierendes Berufsbild als Resultat der historischen Entwicklung und des ärztlichen Dominanzstrebens über andere Heilkundler entwickelt zu haben. Darin eingebettet sitzt eine tief verwurzelte Angst vor dem

[255] Schmidtbauer in Kleiber et al. 1985 S. 15.

Patienten und der möglichen Bedrohung, durch dessen Krankheitsbild oder gar durch seine Gesamtpersönlichkeit vereinnahmt zu werden.[256] Die Bedrohung ergibt sich aus der Angst vor einem Übersehen widriger Entwicklungen, eines eigenen Fehlers und einem möglichen Versagen, die bei den hoch gesteckten eigenen und fremden Erwartungen als besonders unangenehm empfunden werden. Diese Ängste können offensichtlich durch verlängerte Anwesenheit in Patientennähe gemildert werden. Gemeint ist die Zeit, die über den erforderlichen Rahmen hinausgeht und wohl auch durch Verschleppen der regelmäßig anfallenden Tätigkeiten manchmal beabsichtigt oder meist unbeabsichtigt entstehen kann.

Der Beruf erfüllt damit auch soziale Bedürfnisse. Die Patientennähe scheint dabei offensichtlich nicht allzu groß sein, was die Beobachtungen ärztlichen Verhaltens im stationären Rahmen durch Bollinger[257] und Schmidbauer[258] bestätigen: Außer einer eng limitierten ärztlichen Visite und gelegenlichen Kontakten im Rahmen diagnostischer und therapeutischer Handlungen werden Patientenkontakte nur sehr reduziert aufgenommen. Also scheint im Rahmen vermehrter Anwesenheit auf Station auch eine Strategie vermehrter Patientenkontaktvermeidung stattzufinden.

In diesen Kontext lässt sich wahrscheinlich auch die Unfähigkeit vieler ärztlicher Kollegen einordnen, trotz erledigter Anforderungen die Anwesenheit auf der Station mit Dienstschluss zu beenden; wenngleich hier sicherlich auch andere Motive mitdiskutiert werden müssen, wie zum Beispiel der vorauseilende Gehorsam, die Dokumentation des Wichtigseins und Gebrauchtwerdens etc. Dennoch scheint da etwas von der Furcht mitzuschwingen, irgendetwas könnte doch noch im Bereich der eigenen Verantwortung passieren, dem der andere Dienst tuende Arzt nicht gewachsen sein könnte (natürlich sind die jeweiligen Ärzte immer die besten und die anderen nicht ausreichend vertrauenswürdig). Also kommt nach Dienstschluss erst einmal die Suche nach Übersehenem und Unerledigtem, statt der erholsamen Entkopplung. Die Angst lässt keine Vertrauensdelegation zu, die den Diensthabenden und die Pflegekräfte einbeziehen könnte. Auch deshalb der manchmal rituell erscheinende, weil nicht immer erforderliche Akt der Überstunden. Deshalb auch die fast schon selbstschädigende Weigerung, Überstunden und häufige Bereitschaftsdienste zu Gunsten der stellensuchenden Kollegen abzubauen. Die Züge des überhöhten Selbst- und Fremdanspruchs sind verinnerlicht. Sie sind der feste Bestandteil der ärztlichen Sozialisation und werden rationalisiert mit Begriffen wie Diensteifer und Ver-

[256] S.a.Interview Ärztin A., Schwester C.

[257] Et al. 1985.

[258] 1985.

antwortungsbewusstsein. Sie zwingen auch den Erfahreneren und Vorgesetzten, zur eigenen Angstabwehr Anwesenheit zu zeigen. Dies führt zu gelegentlich grotesken Formen. So lassen sich manche Chefs und Oberärzte beobachten, die Mittags das Klinikum verlassen, ihre Mittagszeit bis in den späten Nachmittag zu Hause verbringen, um dann gut gestärkt und erholt wieder Anwesenheit demonstrieren zu können. Während dieser Zeit sind die unteren Chargen mit ihrer Routinepflicht gut beschäftigt. Natürlich muss dann die notwendige Supervision außerhalb der Dienstzeit liegen.

Das Vermehren von Anwesenheitszeiten scheint auch einem internationalen Konsens zu unterliegen. Es wird von einer nordamerikanischen gefäßchirurgischen Klinik berichtet, dass dort die chirurgischen Anfänger reihum auf der Wachstation vier Wochen lang in einem fensterlosen Raum rund um die Uhr anwesend sein müssen. Neben nahezu feudalistischen Arbeitsplatzstrukturen weist dieses Ensemble ebenfalls auf einen rituellen Charakter hin, im Sinne eines Initiationsritus.[259]

[259] S. a. die von Mitscherlich unternommenen Überlegungen zum Präparationskurs in der Anatomie in der Umgang mit der Wahrheit.

«Approbation für alles»

Im Kapitel über die ärztliche Denkfigur wurde das Anwachsen des beruflichen Selbstanspruchs in der historischen Entwicklung dargelegt. Hierzu passt auch die im folgenden Beispiel genannte Sicherheit, mit der eine internistisch-geriatrische Chefärztin sich und alle anderen approbierten Mediziner wie selbstverständlich auch für psychodynamische und interaktionelle Konflikte kompetent hält.

> Besichtigung einer Rehabilitations-Station in einer großen Geriatrie in Berlin.
>
> Unter anderem wird dort eine Psychologin im Rahmen einer ABM-Stelle beschäftigt. Auf die Frage nach dem Konzept wird eine psychophysiologische Funktionsdiagnostik bei Apoplektikern sowie Demenz-Graduierung mitgeteilt. Auf die Frage nach Einbeziehung von interaktionellen Problemen mit Patienten und Mitarbeitern:
>
> Mit der Approbation sei der Arzt kompetent für alle Probleme. Wenn überhaupt, ist der Arbeitgeber zuständig für die Schaffung solcher Arbeits-Plätze, die Chefärztin halte das jedoch nicht für notwendig (s.o.). Darüber hinaus könne der Arzt sich ja privat einer Balintgruppe anschließen.[260]

Die Medizin ist ein interdisziplinäres Querschnittsfach, in dem sich ein breites Spektrum naturwissenschaftlicher und vereinzelt auch gesellschaftswissenschaftliche Disziplinen treffen. Das Wissen bis zur Approbation kann also jeweils nur an der Oberfläche dieser für die medizinischen Kenntnisse relevanten Bereiche bleiben. Eine spätere Spezialisierung grenzt den Bereich meist hochgradig ein. Die ärztliche Approbation entspricht im Bereich des Kenntnisstandes somit eher einem «Mut zur Lücke», einem mehr oder weniger engmaschig geknüpften Wissensnetz, in das sich verdichtend und erweiternd Wissenszuwachs und Berufserfahrung einflechten lassen. Es lässt sich also in obigem Beispiel ein Verkennen der beruflichen Beschränktheit annehmen, einhergehend mit dem Anspruch, auch in Nachbarbereiche zu expandieren. Diese Verdrängung scheint der Angstabwehr zu dienen. Sich die eigenen beruflichen Beschränkungen vor Augen zu halten scheint dem Bedürfnis entgegenzustehen, als Helfer den gesamten Menschen einzubeziehen, kompetent für alles zu sein, was ihn betrifft. In diesem Zusammenhang kann

---

[260] Tagebuch Arzt .

auch die Tatsache gesehen werden, dass derzeit nur die Ärzteschaft das Monopol der über Krankenkassen abrechenbaren Therapien haben, auch für den psychotherapeutischen Bereich. Erst durch ärztliche Delegation an klinische Psychologen können diese therapieren und abrechnen. Oft geht der Umgang mit anderen Helfern einher mit einem ausgeprägten Misstrauen, was oft ein vertrauensvolles Delegieren spezifischer Probleme an Spezialisten verhindert.

Treten Konflikte und Widersprüche zum eigenen Realitätssystem auf, müssen diese möglichst beseitigt werden. Dies kann erreicht werden, indem Widersprüche, die sich im täglichen Miteinander ergeben und eigentlich in den Strukturen des Berufs verankert sind, dann auf eine private, individuelle Ebene verlagert werden. Das soll dann dem interessierten Arzt bedeuten, dass jeder Einzelne so seine Probleme hat, und wenn er damit nicht zurechtkommt, muss er sich selbst Abhilfe schaffen, vor allem erstmal bei sich. Der an sich recht sinnvolle Vorschlag für die beteiligten Ärzte, sich in Balint-Gruppen[261] über sich und ihren Umgang mit den Patienten klarer zu werden, wird durch den Kontext der Problemindividualisierung erheblich relativiert. Die in den Strukturen liegenden Ursachen können damit nicht erkannt werden und bleiben unangetastet. So können sie natürlich unverändert wirksam bleiben.

[261] Unter psychotherapeutischer Supervision stattfindende Gesprächsgruppen, die psychische Bewegungsweisen im Umgang miteinander und mit Patienten thematisieren und durcharbeiten.

Umgang mit Personalknappheit

Mit einem ähnlichen Mechanismus arbeitet die «*Lateralisierung*» von Widersprüchen, die sich für das folgende Beispiel anwenden lässt.

> Seit dem gemeinsamen Gespräch[262] scheint die Zusammenarbeit mit dem Stationskollegen wesentlich entspannter. Sie war etwas getrübt wegen dessen Angst, alleine, während meines Urlaubs überfordert zu sein. Er hätte gerne gesehen, dass ich meinen Urlaub in zwei oder drei Teile zerlege und dazwischen Anfallendes erledige. Während des Gesprächs war er von einer abwartenden Haltung mehr zu unterstützenden Äußerungen übergegangen.

Auf einer Station mit über 30 Patienten arbeiten hier zwei Ärzte. Nach dem Bereitschaftsdienst, bei Urlaub und Krankheit eines Kollegen müssen die Anforderungen von einem Arzt bewältigt werden. Wenn der Routinebetrieb läuft und Arztbriefe oder Gutachten nicht dringend abgefasst werden müssen, geht das ohne weiteres. Da sich jedoch im Umgang mit kranken und schwerkranken Menschen eher häufiger unvorhersehbare Konstellationen entwickeln, sind diese Zeiten nur mit erhöhtem persönlichem und zeitlichem Aufwand zu bewältigen. Wie so oft im Krankenhaus ist der Personalschlüssel am unkomplizierten Regelfall orientiert, nicht an den häufigen, fast schon alltäglichen Besonderheiten. Diese Zeiten lösen schon im Vorfeld, je nach persönlicher Disposition, unterschiedlich ausgeprägte Befürchtungen aus. Diese Angst- und Überforderungsgefühle werden dann dem Kollegen, der zum Beispiel in seinen ungeteilten Jahresurlaub fahren will, angelastet. Dieser fährt mit dem schlechten Gewissen, den anderen in möglichen Überforderungssituationen zurückzulassen. Die Quelle dieser regelmäßig wieder auftauchenden Konstellationen gerät dabei völlig aus dem Blickfeld: Eine ökonomische Rechnung und deren Verursacher, die den Personalschlüssel so knapp bemessen, dass inhumane Arbeitsplatzverhältnisse entstehen. Ganz abgesehen von den Patienten, die wahrscheinlich von erholten und nicht zeitknappen Helfern besser versorgt werden könnten und eigentlich auch den berechtigten Anspruch auf die bestmögliche Betreuung haben.

---

[262] Tagebuch Arzt, siehe Kapitel Entwicklungs- und Veränderungsmöglichkeiten, d. Verf.

Beispiel einer Konfliktentwicklung und Lösungsansatz

Im Folgenden werde ich eine Konfliktkonstellation betrachten, die Entwicklungsmöglichkeiten in eine bestimmte Richtung aufzeigt. Wird der Umgang mit Kommunikationsstrukturen verändert, kann eine offenere Umgangsweise untereinander in Gang gesetzt werden.

Konflikt mit Kollegin:

Nach Ende der Samstagsvisite und nach Abschluss der üblichen anfallenden Tätigkeiten kommt noch eine neue Patientin. Nach der Primärversorgung Übergabe an die Diensthabende. Nach der Morgenbesprechung am Montag nach diesem Wochenende beklagt sich die Samstagsdiensthabende bei mir über die vermehrte Arbeit in ihrem Dienst. Die Patientin habe sich doch als recht aufwändig erwiesen, entgegen ihrer ersten Einschätzung.

Diensthabende: Man muss den Diensthabenden fragen, ob er den Patienten übernimmt.

Ich: Ich habe dich doch gefragt und dir dabei auch das Wesentliche mitgeteilt.

Diensthabende: Es war mir kein Widerspruch möglich, ich habe damit keine Alternative gehabt.

Ich: Du hättest Nein sagen können, auch wenn ich das ungerecht gefunden hätte, da ich als Diensthabender im umgekehrten Falle es ganz selbstverständlich bislang gemacht habe. Es scheint mir wohl eher dein besonderes Problem zu sein.

Diensthabende: Es ist nicht nur mein Problem, auch andere haben Angst vor einem Konflikt mit dir, weil du immer so argumentativ bist. Höre dich doch mal bei den anderen um.

Am nächsten Morgen, nach der Frühbesprechung, spreche ich den Konflikt an und frage die Versammelten, inklusive Chef, Oberärztin und Oberarzt nach ihrer Einschätzung:

Chef: Hatte bislang keine Gelegenheit, mich anzusprechen. Hat durchaus schon Kritik über mich zugetragen bekommen, konnte bislang nicht mit mir darüber reden. Ich würde andere in ihrem Tun kritisieren, z.T. das Handeln in Frage stellen. Die Kollegen getrauten sich nicht zu wehren aus Angst vor argumentativer Unterlegenheit.

Oberärztin: Sie hätte bisher jeden Konflikt vermieden, da sie sich unterlegen fühlte und habe auch jetzt das Gefühl, alle anderen würden von mir als unterlegen angesehen werden.

Andere: Es werden ältere, kleinere Konflikte angesprochen, die ich als längst ausgeräumt empfunden hatte, die offensichtlich immer noch im Raum stehen. Dabei wird auch die Projektion eigener Gefühle auf mich angesprochen.

Alle: Finden es sehr gut, dass das von mir so offen angesprochen worden ist; dass das für die Einschätzung als Team spricht und auch eine Fehleinschätzung über mich vorliegt. Damit sei und war auch die Möglichkeit gegeben, latente Konflikte, die auch zwischen anderen schwelten, anzusprechen.

Nach der Frühbesprechung, auf dem Weg vom Sekretariat zurück zur Station, sitzen die Kollegen, diesmal ohne Chef, noch im Besprechungsraum, in dem sich die Oberärztin emotionsgeladen offensichtlich über mich und meine Kritik beschwert. Als ich vorüber war, wird die Türe geschlossen und ich gehe zurück: «Es geht über mich, sagt das mir doch selbst.»

Vorwurf der Oberärztin: Ich hätte mich während eines Bereitschaftsdienstes vor etwa einem Jahr über ihr Therapieregime eines Patienten, zu dem ich gerufen worden war, der Schwester gegenüber kritisch geäußert, wo sie doch mit Bedacht vorgehe und ich womöglich nur nicht durchblicken würde, was sie vorhabe. Es war ein chirurgisches Nachsorgeproblem, für das ich mich, in einer internistischen Abteilung, mit vorheriger Chirurgie-Erfahrung, kompetent und verantwortlich fühlte. Ich hatte es damals anschließend mit ihr besprochen, und es war seither nicht mehr erwähnt worden. Ich erkläre erneut den Sachverhalt, meine auch selbst Feed-back zu benötigen, wenn was falsch gelaufen ist, bevor es das nächste Mal denselben Fehler gibt.

Es verschiebt sich die Anklagehaltung mir gegenüber in ein entspannteres Gespräch mit bislang unausgesprochenen Problemen und dem Ansprechen gegenseitiger Vorbehalte.

In einem etwas später auf Station verlaufenden Gespräch meint die Oberärztin: Ich hätte wohl eine ähnlich indirekte Struktur wie der Chef und könne mich nicht so direkt artikulieren (??).

Vierzehn Tage später:

Der Chefarzt kündigt im Haupthaus große Selbstdarstellung unserer Abteilung an. Spricht mich an, er habe gesehen, dass ich an diesem Tage Bereitschaftsdienst hätte. Da er mich unbedingt dabeihaben möchte, solle sich jemand anders während dieser Zeit um das Haus kümmern. Unisono mit der Oberärztin: Wir brauchen unbedingt deine rhetorischen und argumentativen Fähigkeiten, sonst sind wir nicht gut repräsentiert.[263]

Die Interpretation dieses Konfliktes muss von mehreren Seiten ansetzen. Da ist eine Oberflächenstruktur zu nennen, die mit der Arbeitsorganisation zusammenhängt. Es werden formal die neu kommenden Patienten an den Wochenenden von dem Arzt, der Visitendienst hat, aufgenommen. Zumeist geschieht dies zwischen acht und zwölf Uhr. Oft werden die Visitendienste am Ende oder am Anfang von den jeweiligen Bereitschaftsdiensten (ca. 24 Stunden an Wochenenden, 36 Stunden bei nachfolgenden Arbeitstagen) mitgemacht. An besagtem Wochenende hatte die Diensthabende keinen Visitendienst. Informell wurde nach Absprache mit dem jeweiligen Diensthabenden die vormittags kommenden Patienten vom neuen Diensthabenden (außer es war eine rasche Erstversorgung erforderlich) aufgenommen und versorgt. Dabei geht es im Wesentlichen nicht um das rasche Erfassen und Therapieren von Erkrankungen, was vermutlich jeder gerne macht, sondern um die eher ungeliebten Formalia, wie ausführliches Aufschreiben der weiteren Krankheitsgeschichte und Ausfüllen der Formblätter. Da jeder einmal in die Situation des neuen Diensthabenden kommt, war das in etwa ausgeglichen und kein Gegenstand von Diskussionen.

Es muss sich also etwas zu diesem informellen Ablauf gesellt haben, was nicht direkt angesprochen werden konnte und über das Pochen auf formelle Strukturen transportiert wurde. Was mag das gewesen sein?

---

[263]Tagebuch Arzt .

Es kann eine Fehleinschätzung der Erkrankungschwere der Patientin vorgelegen haben, diese durfte womöglich nicht eingestanden werden. Zur präventiven Abwehr würde dann eine Vorwurfshaltung dienen. Hier geht es nicht darum, im nachhinein eine internistisch-medizinische Begründung für eine angemessene oder unangemessene Beurteilung des Krankheitsbildes darzulegen. Vielmehr geht es darum, die Strukturen offen zu legen, die einen offenen und unkomplizierten Umgang und eine sachorientierte Diskussion miteinander behindern: Die Diensthabende wollte sich zunächst anderen Dingen widmen und kümmerte sich erst etwas später um die neue Patientin. Dies hatte keinen Behandlungsfehler und keine ungebührliche Behandlungsverzögerung bewirkt. Die Kollegin musste jedoch ihre Einschätzung der Erkrankungsschwere ändern. Das Gefühl, einen Fehler gemacht zu haben, sich womöglich vor dem Kollegen oder anderen zu blamieren, nicht mehr unantastbar dazustehen, ließ sich dann vermutlich nur über das Aufkündigen der inoffiziellen Regelung ausdrücken. Zu fragen wäre, ob die Kollegenstruktur solche Tendenzen fördert. Anscheinend besteht eine kollegiale Struktur, Kritisches und damit natürlich auch Selbstkritisches beiseite zu lassen. Sonst würden kritische Würdigungen eines Therapieregimes nicht gleich zu dem Gefühl von Ablehnung der gesamten Person mitsamt der fachlichen Kompetenz führen. Dies kann Ausdruck von konkurrierender Bewegungsweise sein, wie sie im Kapitel «Hierarchie» ausführlicher dargestellt wurde und zugeordnet werden kann.

Es tritt jedoch noch ein zusätzlicher Aspekt hinzu: Im Rahmen des Abschnitts über die Denkfigur wurden die Ängste der Ärztin vor ihrem Arbeitsantritt beschrieben. Sie wurde erst einmal schwanger, um einen Berufsanfang etwas hinauszuzögern. Als sie dann arbeitetete, benötigte sie ein drei viertel Jahr, um die Patienten in ihren Betten nicht mehr als eine Bedrohung, sondern als leidende Menschen, als Subjekte, zu erkennen. Die Struktur dieses Beispiels kann hier noch einmal beleuchtet werden. Es soll vermutlich nicht nur eine eigene Unfehlbarkeit vermittelt werden, diese Tendenz wird durch ein allgemeines Vorspiegeln scheinbarer Perfektion im Arbeitskontext unmittelbar unterstützt. Als durchweg positiv wird nämlich der Stationsarzt empfunden, der seinen Vorgesetzten in unumstößlicher Sicherheit auch nicht so ganz Gesichertes darbieten kann. Dies wird ihn im Ansehen und wahrscheinlich auch im Weiterkommen fördern. Glatte «Fall»-Darstellungen und fehlende Restzweifel entheben aber auch seine Vorgesetzten von der Verpflichtung, konstruktives und umfassendes Wissen und Berufserfahrung zu zeigen. Es gibt ja dann auch keine offenen Fragen mehr, zu denen sie Stellung beziehen oder neue Aspekte beitragen müssten. Die Chef- und Oberarztvisiten sind dann zu einem Schauplatz gegenseitiger Selbstdarstellung verkümmert, ein kollegialer Meinungsaustausch und eine offene Diskussion haben darin keinen Platz mehr. In den Visiten, natürlich auch in den Besprechungen, wird auch diese «selbstsichere» bis selbstunkritische Haltung gefördert. Diese Haltung wird auch durch die Patientenerwartung provoziert. Ein in allen Lebenslagen scheinbar sicher auftretender Arzt wird von den Patienten erheblich mehr akzeptiert als jemand, der seine Zweifel zeigt.

Tritt nun in diesen harmonischen Konsens scheinbarer Perfektion ein kritisches Hinterfragen, wird dies als Destruktionsversuch der erreichten Position im kollegialen Gefüge empfunden. Die Kritik wird dann als Ausdruck von Profilierungsbestrebungen und Abwertung der Kollegen aufgefasst. Im Beispiel sollte dieses «bei jedem einzeln sich umhören» auf alle, gemeinsam und öffentlich ausgedehnt werden. Damit ließ sich ein Fortsetzen der informellen Kommunikationsstruktur[264] verhindern und das sparte auch Zeit. Die Überlegung war, den Kollegen in der Gruppe, gestützt durch die anderen Beteiligten, die Ängstlichkeit und Befangenheit zu nehmen, Ressentiments, Probleme und Kritik auszusprechen. Dieses Angebot wurde offensichtlich gerne aufgenommen. Im Gespräch wurde klar, dass sich auch unter den Kollegen reichlich unausgesprochener Konfliktstoff angesammelt hatte. Was in dem Beispiel zunächst nicht klar war, war diese unerwartet positive Einschätzung des kollegialen Bemühens um offenes Umgehen mit Selbstzweifeln und Kritik. Die Intentionen und Beweggründe konnte der zitierte Arzt diesem Gespräch für die anderen verständlich und wohl auch akzeptierbar darlegen. Es wurde der Gesprächsversuch für alle als Entlastung empfunden. Insgesamt wurde auch im kollegialen Gespräch die kritische Haltung nicht mehr als persönliche Gesamtablehnung gedeutet und die Atmosphäre zunächst als positiv aufgenommen.

Es hat aber keine Revision der Grundkonstellation stattgefunden. Dazu hätte dieses Gespräch noch stärkere Barrieren überwinden müssen: Ein Leistungs-Perfektions-System mit der Tendenz zu scheinhafter Selbstdarstellung und Angstleugnung[265] verlangt das Freisein von Makel und Fehler. Deshalb geht die allgemeine, zunächst nicht persönlich mitgeteilte Vorwurfshaltung weiter, nach Beendigung des Plenums und zunächst nach Ausschluss des beunruhigenden, kritischen Hinterfragers. Konflikte, die untereinander aufgetaucht waren, auch hier ging es um kritisches Hinterfragen, scheinen mehrere Monate bis Jahre unausgeräumt bohrend und unausgesprochen sich festgesetzt zu haben, um sich bei dieser Gelegenheit wieder an der Oberfläche zu finden.

---

[264]Innerhalb von Gruppen fest verankerte Umgangsformen, die oft dazu dienen, Zugehörigkeit zu verstärken und sich nach außen abzugrenzen (s. a. Kapitel »Anpassung als Aspekt konkurrenzförmigen Verhaltens»).

[265]S.a. Interview II.

Eine weitere mögliche Variante sollte nicht undiskutiert bleiben: Es kann auch eine Internalisierung dieser ärztlichen Anforderungen von unumstößlicher Sicherheit und Fehlerlosigkeit bei dem Hinterfrager in obigem Beispiel angenommen werden. Dies hieße, dass hinter dem scheinbar offenen Umgehen mit Kritik und Selbstkritik ein Verhalten innerhalb des vorgegebenen Systems stattfinden kann, in dem durch offensives Kritisieren die möglichen eigenen Fehler zugedeckt werden sollen. Damit stellt er sich außerhalb der Kritik, kann den Gefragten in Rechtfertigungszwang setzen, und es entsteht das Gefühl von ungleicher Einschätzung, ja sogar Geringschätzung. Dies würde die Vorwurfshaltung im Gruppengespräch, aber auch die Erleichterung, die das oben genannte Gesprächsangebot bewirkte, erklären. Andererseits fördert der am Hinterfrager kritisierte Eindruck von Selbstsicherheit auch den Impuls, diese in Zweifel zu ziehen. Im Ausloten der persönlichen Toleranzgrenzen des anderen wird dann der Bereich gesucht, der die Empfindlichkeiten eines anscheinend Unempfindlichen kennzeichnet. Es kann ja auch hinter solchem selbstsicheren Verhalten das Gefühl erhöhter Verletzbarkeit und Unsicherheit stecken. Die demonstrierte Sicherheit kann dann zunächst zur Abschirmung der eigenen Verletzbarkeit und auch der Abwehr von möglichen Übergriffen dienen, die ihrerseits von solchen Armierungen herausgefordert werden können.

Schutzhaltungen und Wappnungen sollen Überforderung und die Entwicklung von Stressgefühlen vermeiden helfen. Zunächst ist es wichtig festzustellen, dass bei der Suche nach Lösungen von Konflikt und Stresskonstellation vor allem nach den entsprechenden Strukturen gefahndet werden muss. Diese sind der entscheidende Ansatzpunkt, um solche Probleme lösen zu können (s.a. Einleitung). Viel zu oft wurde Stressforschung und klinischer Umgang mit Konflikten dazu benutzt, das Opfer zu blamieren, indem das Hauptaugenmerk nur auf die individuellen Entscheidungen fiel. Eine sinnvolle Ursachenforschung muss sich selbstverständlich auch auf die institutionellen Gegebenheiten erstrecken, wie auch die kulturellen und sozialen Dimensionen beinhalten. So hätten auch nach Meinung von Cherniss[266] die bislang durchgeführten Studien über den Bereich psychischer Bewegungsweisen im Krankenhaus gezeigt, dass eine Änderung schwer zu bewerkstelligen ist, sich bereits einer exakten Analyse entzieht, da hier wesentlich komplexere Zusammenhänge zu finden sind als ursprünglich angenommen. Seine Analyse stammt aus der eingangs besprochenen Burn-out-Forschung. Wie bereits der Name auf einen industriesoziologischen Ansatz hinweist,[267] war mit den aus diesem Bereich kommenden Mitteln bislang keine hinreichende Abbildung und

[266] 1983.

[267] Ein Burn-out (Ausbrenner) passt eher zu einer verbrauchten Maschine und einem kerntechnischen Brennstab.

auch Lösung möglich, da für die sozialen Dienstleistungsberufe vermutlich andere Wirkungsprinzipien gelten. Aus dem Bereich der Industriesoziologie scheinen jedoch die gleichermaßen ineffektiven Grundlagen der Arbeitsorganisation zu stammen.

Es erscheint zunächst sinnvoll, das Transportmedium der Interaktion, die Sprache, auf seine Entwicklungs- und Veränderungsmöglichkeiten hin zu überprüfen.

Umgang mit Kommunikation und Sprache

Wichtig war in obigem Beispiel, das Kommunikationstabu zu durchbrechen. Es war in der Gruppe offenbar üblich, sich gegenseitig zu beklagen über die Verhaltensweisen der anderen, jedoch mit dem Betroffenen darüber kein offenes Wort zu sprechen. In diesem gemeinsamen Gespräch wurde dann klar, dass durch die vermeidende Haltung ungeklärten Konflikte zum Teil Jahre lang schwelten. Somit konnte unter den Kollegen nichts geklärt werden. Erst als die Schranken aufgehoben wurden, konnten die konfliktgeladenen Themen angesprochen werden. Damit bietet sich ein wesentlicher Aspekt der Konfliktvermeidung. Frühzeitig angesprochene Vorbehalte und Kritik, direkt an den Adressaten gerichtet, können bereits kurzfristig kollegiale Strukturen entspannen und verbessern helfen. Missverständnisse tauchen dann entweder nicht auf oder sind schnell korrigiert.

Warum sich der Chefarzt als vermittelnde Instanz entzogen hat, müsste noch erwogen werden. Von ihm wurde ja mitgeteilt, dass er Klagen zugetragen bekommen hatte, sich aber nicht an den Adressaten gewandt hatte oder wenden konnte. Dies würde ja einen Handlungsauftrag bedeuten, dem er sich entzogen hat. Es ließe sich zum einen eine Konfliktvermeidungsstrategie vermuten, mit der er sich aus kollegialen Problemen heraushält, in der Hoffnung, dass sich das irgendwann von selbst erledigt; also eine Strategie zwischen Durchhalten und Aussitzen. Da ließe sich zum anderen noch der Versuch der Herrschaftsausübung durch Informationsfluss in nur eine Richtung überlegen. Der Chef lässt sich die Beschwerden zutragen, um sie als ein Sammelbecken von Informationen zu verwenden, das sich bei entsprechender Gelegenheit wieder als Instrumentarium des Lenkens und Leitens einsetzen lässt. Über diese Informationsgewinnung hinter dem Rücken des Betroffenen kann sich dann auch ein altes Machtprinzip etablieren: «divide et impera».[268] Durch das Aufteilen der Assistenteninteressen, lässt sich die Assistentenschaft leichter auf die eigenen Interessen hin ausrichten. Solchen Interessen konträr muss dann das Gesprächsangebot im Beispiel gesehen werden. Widersprüche werden öffentlich diskutiert und können auch nicht mehr als Basis missbraucht werden, um sich gegenseitig ausspielen zu können. Womöglich auch absichtlich aufrechterhaltene Konfliktkonstellationen können so aufgelöst und gemeinsame Interessen formuliert werden.

---

268 »Teile und herrsche»: Je uneiniger die Untergebenen, umso leichter können sie beherrscht werden. Ein uraltes, jedoch für moderne Methoden des konstruktiven Miteinanderarbeitens, vor allem auf Dauer, höchst ineffektives Prinzip.

Wer sich verändern will, muss Widerstände offen aussprechen können, Probleme und Konflikte mitteilen, er muss aber auch seine eigene Betroffenheit formulieren und sich öffnen für eine eigene Beteiligung an dem Veränderungsprozess. Im medizinischen Bereich bestehen sprachliche Strategien, die der Verarbeitung von Konflikten und Problemen dienen sollen: etwa die «Verdinglichung qua Reduktion», also der Versuch, Problematisches im Umgang mit Menschen auf eine Sachebene zurückzustutzen und damit zu entschärfen.[269] Wird dies wieder zurückgeführt auf sein Wesen, das Subjekt, das sich im Gesundheitsgetriebe eingefunden hat, besteht die Chance, dass im Umgang miteinander das Subjektive aller Beteiligten erhalten bleibt.

Eine kollegiale Atmosphäre setzt voraus, dass die eigene Meinung und Widersprüchlichkeit durchsichtig gemacht und Kritik akzeptiert wird. Konstruktive Kritik bewegt sich auf dem Boden gegenseitiger Solidarität und darf keine Form der Herrschaftsausübung in der allgemeinen Konkurrenz darstellen. Dazu sollte man sich auch um das Transportmedium Sprache kümmern, das stets auch ein Ausdruck bestehender Strukturen ist. Mit der Sprache und entsprechender Sensibilität dafür lassen sich bestehende Strukturen zementieren oder durchbrechen.

Wo findet nun die Sprache außer in den Dienstgeschäften ihren Raum als wesentlicher Träger für Stimmung und Entwicklung: in den Pausen. Bollinger[270] stellte für den Pflegebereich fest, dass aus Arbeitsverteilung gewonnene Zeit selten Patienten zugute kommt, dagegen überwiegend zum Kaffeetrinken gebraucht wird. Dies muss nicht von vorneherein Schlechtes bedeuten, auch wenn dieser Umstand vielen Vorurteilen, die sich über das Krankenhausleben halten, reichlich Nahrung gibt. Über die dabei möglicherweise wirksam werdenden Ausdrucksformen widerständigen Verhaltens wurde bereits oben geschrieben.[271] Als möglicher Hintergrund lässt sich bei angenommener permanenter Überbelastung wegen zu knappen Personalschlüssels ein verstärktes Nachholbedürfnis für Pausen vorstellen. Es darf in diesem Zusammenhang auch nicht übersehen werden, dass so eine im Team erlebte Arbeitsunterbrechung als eine Möglichkeit der gemeinsamen Entlastung empfunden werden kann. Dem entgegengesetzt wird in dem oben mehrfach zitierten Tagebuch des Pflegers[272] festgestellt, dass in den Pausen oft nur Nebensächliches, eher Banales gesprochen wird. Die Chance, ein angenehmes Klima herzustellen, wird also häufig vertan. Es wird zwar oft gelacht, wobei nach Freud gemeinsames Lachen gestaute Energien freisetzen

[269] S. o., vgl. a. Bollinger 1981.

[270] 1981.

[271] S.d..

[272] S. Kap. Widerstand.

kann, in praxi herrschen aber Ironie und Zynismus vor.[273] Die kurzen Freiräume der Pause, in denen sich häufig genug die ärztlichen Kollegen mitbewegen, sollten von diesen aktiv mitgestaltet und zur kollegialen Kommunikation gepflegt werden. Denn die allseits geübte Form des sich über andere Lustigmachens anstatt Miteinanderlustigseins ist ausschließlich kontraproduktiv, sowohl für die Interaktion als auch den Arbeitsprozess. Sie verhindert ein vertrauensvolles Sich-Öffnen und ist nur geeignet, gegenseitige Gräben aufzureißen und offenzuhalten.

Eine selbstkritische Transparenz darf auch nicht Halt machen vor einer öffentlichen Reflexion medizinischen Handelns. Dies unterliegt bis heute zum Teil Tabus und wird gelegentlich auch sanktioniert. Bereits im Übergang zur Moderne bekam ein Arzt, der sich kritisch mit seiner Profession auseinandersetzte, durchaus kein Lob zu hören. Der praktische Arzt Smidowitsch, er nannte sich Weresajew[274], gab 1901 die Erinnerung an seine ersten ärztlichen Jahre heraus, die wegen ihrer schonungslosen Offenheit «einen Sturm der Entrüstung auslösten». Ihm wurde angelastet, er hätte wissen müssen, «dass ein starkes Misstrauen gegen die ärztliche Kunst und die Ärzte selber im Publikum herrsche». Seine, durchaus modern zu nennende Erwiderung war, dass «es lediglich um die Frage ging: Warum sollen die Laien von diesen Zweifeln keine Kenntnis erhalten? Wer hat jemanden das Recht verliehen, die Laien zu bevormunden?» Weresajew fügte damals hinzu: «Der Arzt, wenn er wirklich Arzt und nicht bloß ein ärztlicher Berater sein will, muss vor allem danach trachten, die Umstände zu beseitigen, die seine Tätigkeit sinn- und zwecklos machen. Er muss in der weitesten Bedeutung ein Förderer des Gemeinwohls sein».[275] Wie zuvor Rudolf Virchow hat er erkannt, dass der medizinische Beruf sich nicht in einer Abschottung nach außen produktiv entwickeln und in einer alles harmonisierenden Verniedlichung von Problemen stattfinden kann. Versäumnisse und Fehlentwicklungen müssen offen gelegt werden. Nur Fehler, die erkannt und bekannt werden, können zur Entwicklung beitragen, aus ihnen können wir lernen.

Die oben angesprochene Pflege der offenen Kommunikation, die unbedingte Voraussetzung für eine «gute» Kollegialität ist, verlangt natürlich auch Weiterungen: Auf Grund industriesoziologischer Untersuchungen vergangener Jahre wissen wir zum Beispiel, dass nicht die physische Belastung und auch nicht die Länge der Arbeitszeit entscheidend sind für Versagenszustände. Sopp hat in zahlreichen Untersuchungen nachgewiesen, dass der «Krankenstand das

---

[273] Vgl. Bollinger 1981.

[274] 1867-1945.

[275] Lüth (1986) S. 95 und S. 96.

Barometer des Betriebsklimas» ist.[276] Zum Betriebsklima gehört das Nachvollziehbarmachen von Entwicklungen und Entscheidungen im Umgang auf der Station und mit dem Patienten.»Je mehr man das Pflegepersonal an den Überlegungen teilhaben lässt, umso ausgeprägter kann sich eine Teamsituation auf der Station entwickeln. Diese Aussage trifft natürlich nicht nur für den Pflegebereich zu, deutet jedoch etwas von den zu überwindenden Kommunikationshemmnissen innerhalb der Krankenhaushierarchie an. Professionelle Entscheidung verträgt keine starre Hierarchie,[277] vor allem, wenn sich solche nicht aus Berufserfahrung und Sachwissen ergibt. Kompetenzgeleitete enthalten entlastende Momente. Da nicht jeder für alles gleichzeitig kompetent sein kann, ist es durchaus sinnvoll, Kompetenzen zu verteilen und diese als ordnende Elemente zu akzeptieren. Dann stellen Hierarchien auch keine Behinderungen im Arbeitskontext dar.[278] Nicht zu vergessen ist in diesem Zusammenhang das bereits erwähnte Funktionieren der sozialen Systeme als Angstabwehr.

[276]Sopp 1959 zit. von Uexküll in Mitscherlich et al. 1969.

[277]Rohde in Mitscherlich et al.1965.

[278]S.a. Kapitel »Hierarchie».

Zum Einfluss von Organisation und Ökonomie

Zunehmend rücken im Krankenhaus Wirtschaftlichkeitsrechnungen in den Vordergrund und wirken zufrieden stellenden Helfer-Patienten-Beziehungen entgegen. Als ein wesentliches Konfliktpotenzial für helfende Berufe können diese Rahmenbedingungen in der Betrachtung nicht ausgespart bleiben. Das Problem ist nicht neu, es haben sich jedoch die Relationen erheblich verschoben. Man kann Schwenninger[279] in folgender Aussage zustimmen:

> «Arzt sein kann einer nur aus Humanität. Die Fähigkeit Arzt sein zu können, schöpft sich nur aus der Humanität; aus dem Vorhandensein einer Menschlichkeit, die eine Fähigkeit vorstellt, Beziehungen anzubahnen zwischen den innersten Inhalten zweier Persönlichkeiten. Ob einer mit dieser Fähigkeit Handel treibt, seinen Lebensunterhalt erwirbt durch Hingabe von Teilen seiner Menschlichkeit gegen Entgeld, das ist nicht die entscheidende Frage. Hauptsache ist, dass die Menschlichkeit vorhanden ist.»[280]

Die Humanität im Umgang mit Menschen sollte eine berufliche Minimalforderung sein. Dies scheint jedoch auch zu Beginn unseres Jahrhunderts keine Selbstverständlichkeit gewesen zu sein, was der Nachdruck, mit dem dies gefordert wird, zu belegen scheint. Hier klingt auch das ambivalente Problem des Helfens als berufliche Einkommensquelle an, wie es Schmidbauer[281] im Untertitel seines Buches apostrophierte: «Die Ware Nächstenliebe». Aus diesem Problem, der ärztlichen Stellung und dem Vollzug des Gesundheitswesens nährt sich ein wesentlicher Teil der Kritik am und im Gesundheitsapparat.

Gerade der monetäre Bereich des Helfens steht immer wieder unter Kritik und ist zum Teil mit erheblichen Vorurteilen belastet. Der Ärzteschaft wird dabei ein übersteigertes Gewinnstreben zugerechnet, dessen tatsächliche Grenzen sich unter nüchterner Betrachtung sehr viel enger als gedacht darstellen. Mehr als die Hälfte der in ihrem Beruf tätigen Ärzte sind Angestellte, die allermeisten davon im Krankenhaus.[282] Sie verdienen mit mindestens durchschnittlich ca. 60 Stunden Wochenarbeitszeit (reguläre Wochenarbeitszeit und zusätzlich Bereitschaftsdienste), meist so viel wie

[279] 1906.

[280] Schwenninger 1906, in Schipperges 1978, S.98.

[281] 1985.

[282] S. »Autonomie».

andere angestellte Hochschulabgänger auch, also Lehrer, Universitätsangestellte und ähnliche, ca. 50-70 000 DM pro Jahr. Von der anderen knappen Hälfte der Ärzte, den freiberuflichen, mit durchaus unterschiedlicher Einkommensspanne, scheint zusammen mit den wenigen leitenden Klinikärzten so viel erwirtschaftet zu werden, dass rechnerisch für die Gesamtheit der Ärzte ein Jahreseinkommen von 150 000 DM zusammenkommt. Es scheint also hier, wie auch in anderen Metiers, Spitzenverdiener zu geben. Wobei vermutlich in einer Mischung aus Unkenntnis und Vorurteil noch 1994 der vorwiegend pädagogisch und juristisch beamtete Kreis der Bundestagsabgeordneten die meist erheblich arbeitsbelastete nächtliche Bereitschaftdienstzeit zwischen zwei verantwortlich auszuführenden Arbeitstagen als ausreichend erholsame Schlafenszeit einstufte.

Schwestern und Pfleger mit einem qualifizierten Beruf, mit erheblicher physischer Belastung, mit Schichtdienst und mit großer Verantwortung liegen in ihrer Entlohnung im europäischen Vergleich recht weit hinten.[283]

Zum Kostenfaktor führt Ivan Illich[284] aus: «Doch es wäre falsch, die medizinische Inflation der Habgier der Ärztezunft anzulasten. Ein viel größerer Teil der steigenden Kosten ernährt eine große Schar von Medizinbürokraten.» Die Verwaltungskosten können ein Viertel der bezahlten Rechnung verschlingen. Dazu kommen die als «legitim» umschriebenen Verwaltungskosten der Krankenversicherungsbranche, die durchaus 70% der geleisteten Prämienzahlungen ausmachen können.[285] «Betrachtet man die Kostenentwicklung der USA in ihrer Dynamik, so haben sich die Verwaltungskosten seit 1964 versiebenfacht, die Laborkosten stiegen um das Fünffache, die Arztgehälter nur auf das Doppelte.»[286] Weiterhin sind in den USA 4,5 Millionen Menschen in 200 Berufen des Gesundheitssystems beschäftigt, davon 8% sind Ärzte, deren Nettogehalt 15% der Gesamtkosten und 1973 ca. 50 000 Dollar pro Jahr ausmachen.[287] Für die Bundesrepublik Deutschland lassen sich ähnliche Zahlen ermitteln.[288]

Die Kostenentwicklung war in der Bundesrepublik schon mehrfach Gegenstand heftigster Diskussion und Anlass von meist wenig effektiven Sparmaßnahmen. Waren Einsparungen möglich, wurden sie zumeist den

[283]S. a. zum Beispiel Tagesspiegel, Berlin im Oktober 1988, mehrere Artikel anlässlich der Tarifauseinandersetzungen.

[284] 1977.

[285]Zit n. Bruce Balfe u. a. 1971 in Illich 1977, S. 60.

[286]Knowles 1973, zit. in Illich a.a.O.

[287]Stevens 1973, zit. in Illich a.a.O.

[288]Euler 1970, zit. in Illich 1977, S. 277.

Versicherten zugemutet, nicht dem sich erweiternden Verwaltungsapparat und den Versicherungsträgern selbst. Ein großer Teil der Gelder werden im Krankenhauswesen verbraucht, wobei stets der Hinweis daran geknüpft wird, dass bis zu 70% die Rentner die Kosten verursachen; also Menschen, die nach einem langen Berufsleben nicht mehr auf der Seite der Einzahlenden stehen. Dies sagt wohl mehr aus über die Mentalität der politischen und ökonomischen Einschätzungen als über eine humanitäre Grundhaltung der Entscheidungsträger. Gerne übersehen wird der von Ferber mit «Kurwanderungen» umschriebene Anteil von 4 Millionen Leistungsempfänger pro Jahr, für deren Krankheitsprophylaxe in den Kurbädern bislang keine konsistente theoretische Begründung existiert.[289] Dazu erwähnt werden muss, dass bei dem Verbrauch der Kurmittelgelder, die eine überproportionale Entwicklung genommen haben und sich mit den Ausgaben im Krankenhausbereich durchaus messen können, ein nicht unerheblicher Teil in die Einrichtungen der Versicherungs-Leistungsträger selbst fließt, die die schnelle Überführung eines Patienten in eine Anschluss-Heil-Behandlung propagieren, zuweilen schon wenige Tage nach Aufnahme mit schwerer Erkrankung. Eine Problementschärfung könnte über ein Loslösen von den Standards profitorientierter Wirtschaftlichkeitsrechnung erfolgen. Wir sollten es uns leisten können, ein teueres Gesundheitssystem zu finanzieren, solange dieses herhalten muss für Versäumnisse im Bereich der psychosozialen Prophylaxe, der Betreuung und Unterbringung unserer alten Mitbürger und der oftmals bewusst rücksichtslosen, gesundheitsgefährdenden Umwelt- und Lebensbedingungen als Gesamtes.

Der eingeschlagene Weg der Profitorientierung, in den USA vorgedacht, wird vermutlich in eine Sackgasse führen. In der Zeitschrift der Ärztegewerkschaft («Marburger Bund») vom Dezember 1989 wurde die erste Aktienausgabe einer deutschen Herzklinik bekannt gegeben. Die Gesundheitsfürsorge wird dabei in das Wechselspiel der Börse gebracht. Zusätzlich erfährt man, dass diese Klinik einen Jahresüberschuss von 5,1 Millionen DM erwirtschaftet hat; was den Leser schon sehr Wunder nehmen muss, wenn man bedenkt, dass das Geld von einem Pauschalsatz der Krankenversicherungsträger kommt, mit dem die entstandenen Kosten abgedeckt werden sollen. Des Weiteren lässt sich fragen, wie ein Unternehmen, das in die Gesundheitsversorgung eingebettet ist, also einen gesellschaftlichen Auftrag ausführt, damit Gewinne produzieren kann? Dies sind durchaus keine rein ökonomischen Überlegungen, wie bereits oben erwähnter ärztlicher Loyalitätskonflikt zwischen Arbeitgeber und Patienten gezeigt hat. Denkt man

---

289 Kisker 1975, S.3.

diese Entwicklung weiter, werden sich die bevorzugt privat geführten Kliniken um die profitablen, meist sehr eingeschränkten, diagnostischen und therapeutischen Territorien drängen, während in den öffentlichen Krankenhäusern vermehrt die aufwändigen Untersuchungen und Therapien stattfinden und die Betten für alle Eventualitäten vorgehalten werden müssen, was selbstverständlich Verluste bedeutet und keinen Profit erwirtschaften kann. Das ganze «Zwischen» von Arzt und Patient findet sich dann innerhalb eng gesetzter Knebel der Wirtschaftlichkeitsrechnung. Welche Stilblüten solch profitorientierter Wettlauf um die Aktiengelder hervorbringt, lässt sich an dem Rummel um die erste Einpflanzung eines Kunstherzen durch einen renommierten Operateur in einem Krankenhaus einer privaten Krankenhauskette Nordamerikas aufzeigen. Eine Pressekonferenz wurde an diesem Tag einberufen. Den Pressevertretern wurden wesentliche Teile des Operationsablaufes per Video in Lifeübertragung demonstriert, um eigentlich weniger über diese Operation zu berichten, als vielmehr für die Leistungsfähigkeit der Krankenhausträger zu werben. Der Operateur war kurz zuvor von einer Universitätsklinik in diese Krankenhauskette gewechselt und ließ sich, vielleicht auch unbeabsichtigt, offensichtlich als Marketingzugpferd einspannen. Ein Ablösen von solcher Art von Profitdenken kann die Situation für die helfenden Berufe wesentlich verbessern. Eine profitunabhängige Gesundheitsrechnung könnte eine Reihe von Problemen beseitigen, die derzeit den ärztlichen Helfer belasten. So könnte ein aktualisierter Personalschlüssel die überholten Zahlen von 1968 ablösen und die Helfer wieder in genügender Zahl ihren Beruf mit Freude ausüben lassen. Freude kommt nicht auf, wenn knappe Personalzahlen die Arbeit zu einem «Katastrophenverhinderungsdienst» werden lassen, statt zur angewandten und optimierten Hilfe.

Aspekte der Gesundheitspolitik

> «Das Martinshorn eines Ambulanzwagens kann die Bereitschaft zur Samariter-Hilfe in einem ganzen chilenischen Stadtviertel zerstören».

Illich[290] nennt diesen Vorgang, der sich nicht auf Chile beschränkt, «Medikalisierung des Lebens». In das Gesundheitssystem wird die Eigenverantwortlichkeit für den Nächsten abgeschoben, und es resultiert nicht nur eine Minderung der Selbsthilfefähigkeit der Familie,[291] sondern auch ein Verlust der Verantwortung für die eigene Gesundheit. Nach Illich ersetzt eine unkontrollierte Gesundheitsversorgung einem selbstverantwortlichen «ich gesunde».[292] In Anspielung auf die Strafe der griechischen Götter für menschliche Anmaßung nennt er sein Buch die «Nemesis der Medizin».[293] Er wirft der Medizin vor, einen absoluten Glauben in ihre Möglichkeiten vorgespiegelt und genährt zu haben, der den einzelnen Menschen dazu führe, sich weniger um seine eigene Physis zu kümmern, sich selbst zu vernachlässigen, um im Gegenzug ein umso höheres Anspruchsdenken an den medizinischen Apparat zu entwickeln. Dieser Apparat muss dann eintreten für alles Versäumte. Für Illich ist das «Wunder der Medizin» Teufelstrug. Es besteht darin, dass nicht nur Individuen, sondern ganze Bevölkerungsgruppen dazu gebracht werden, auf einer inhuman niedrigen Stufe der persönlichen Gesundheit zu überleben».[294] Die Teilnahme und Verantwortung der Medizin an den globalen Veränderungsprozessen[295] findet in ihren täglichen Handlungen statt. Mit dem erfolgreichen Aufbau eines immer perfekter funktionierenden Gesundheitsapparates kann mit unreflektiertem Gebrauch zunehmend das soziale Bewusstsein verschwinden.

Jedoch kann das nicht einseitig auf die Erbauer und Unterhalter dieses Systems abgewälzt werden: «Wollte man die Ärzte zu bequemen Sündenböcken machen, so würde dies den naiven Patienten von jeder Verantwortung für sein nimmersattes Therapiebedürfnis freisprechen.»[296] So wird von Haun ein Arzt zitiert mit: «Wir sind die Deppen der Gesellschaft.» Allzu viele

[290] 1977, S. 14.

[291] Rohde, in Mitscherlich (1969), S.350.

[292] 1979, S. 28.

[293] Derselbe S. 4.

[294] Derselbe 1977, S. 311.

[295] Friedrich Nietzsche, zit. in Schipperges 1981, S. 235.

[296] Illich 1977, S. 283.

Folgeerscheinungen und gesellschaftliche Strukturmängel werden unter dem Sammelpaket «Krankheit» einfach dem medizinischen Versorgungsapparat eingespeist».[297] Das Fazit seiner pointiert vorgetragenen Kritik lautet: Das gesundheitliche Niveau wird dort am höchsten sein, wo die Umwelt die Menschen zu persönlicher, autonomer, verantwortlicher Lebensbewältigung befähigt. Das gesundheitliche Niveau sinkt nur dort, wo das Überleben übermäßig von fremdbestimmten Regelungen abhängig gemacht wird. Für Illich ist die institutionelle Gesundheitsfürsorge gleich bleibend mit «systematischer Verweigerung von Gesundheit».[298]

Ein wichtiger Schritt zur Vermeidung von unnötigen und auch gesundheitsgefährdenden Konfliktkonstellationen (nicht nur die professionellen Helfer sind davon betroffen, sondern alle, die die Institution des Gesundheitswesens benötigen) ist die Rückbesinnung auf die Loyalität dem Patienten gegenüber, mit einer therapeutischen Partnerschaft und einem Loslösen von den entmenschlichenden Bedingungen einer profitorientierten Gesundheitspolitik.

[297]Haun 1982, S.14f.

[298]Nemesis, S.13.

Was Ärztinnen und Ärzte tun können

Für den ärztlichen Bereich wurde in den aufgeführten Konfliktkonstellationen ein Dominieren von Angst und Vermeidungsverhalten festgestellt. Im Kapitel über die historischen Bedingungen ärztlicher Ideologie und über die «Denkfigur» des Arztes wurde auf die verbreitete Haltung hingewiesen, für alles kompetent zu sein. Einen großen Bereich der Anfordernisse stellen zum Beispiel die psychosomatischen Beschwerden dar sowie die im Vorfeld eines eigentlichen Krankheitsbildes zu findenden Befindlichkeitsstörungen. Ohne für solche Zusammenhänge ausgebildet zu sein, ist der Arzt hier zumeist auf sein Alltagswissen zurückgeworfen. Die Form der Intervention ist dabei häufig «Ermahnung, Belehrung, Drohung - typisch paternalistische Verhaltensweisen»,[299] weil diese meist in der eigenen Entwicklung erfahrene Ausdrucksformen der Verhaltensmoderation und -modifikation sind und sich auch den Weg bahnen in den erwachsenen kollegialen Umgang.

Eine Form der Lösung solcher Diskrepanz zwischen Anspruch und Möglichkeiten wäre ein Sich-Beschränken auf die eigentlichen Kompetenzbereiche. Dies könnte eine wesentliche Entlastung im Hinblick auf die eigene Handlungsfähigkeit bieten. Hilfreicher, wahrscheinlich auch mit nachhaltigerem Erfolg, wäre die von Schmidtbauer[300] empfohlene Einführung von ausbildungs- und berufsbegleitender Selbsterfahrung und der Aufbau von konfliktzentrierten ärztlichen Selbsthilfegruppen. Der Besuch solcher Gruppen sollte für den ärztlich Tätigen dieselbe Bedeutung haben wie die Verpflichtung zur fachbezogenen kontinuierlichen Weiterbildung. Zum einen fände eine notwendige Kompetenzerweiterung statt, zum anderen wären diese Gruppen das notwendige Forum für eigene und strukturelle Entwicklungen.

Wie spätestens seit den Untersuchungen über Versagenszustände helfender Berufe bekannt ist, neigen ärztliche Berufe zu einer besonderen Form der Konfliktverarbeitung. Beim Arzt wird dieses beschrieben als ein mehr «abgegrenztes Phänomen, das tragischerweise eher zu einer optimalen medizinischen Versorgung als zu körperlicher, emotionaler und sonstiger Erschöpfung führt».[301] Zu fragen wäre, ob inadäquates Verarbeiten von Konflikten in Form vermehrter «Arbeit» tatsächlich zu «optimaler»

[299]Im Org. unterstrichen, Bollinger 1981.

[300]In Kleiber et al. 1985.

[301]Mawardi in Farber, Barry 1983.

Patientenversorgung führt, oder ob solche «hilflosen Helfer» nicht doch zu sehr mit ihrem eigenen energetischen Gleichgewicht beschäftigt sind, um eine erfolg- und umfangreiche Hilfestellung zu gewähren. Die vorgeschlagenen Selbsthilfegruppen könnten neben dem Bewusstmachen konfliktgenerierender Bedingungen einen Anstoß zu erfolgreicher Konfliktbewältigung liefern.

Das Entwickeln von und das Umgehen mit psychomentalen Verarbeitungsmechanismen scheint dringend erforderlich zu sein. Das zeigt die von Rippere & Williams[302] mitgeteilte Häufung von Depressionen von «mental health workers». Es wird von den Autoren eine hohe Auftretensrate von Depression und Suiziden bei Ärzten mitgeteilt, neben einer um das Dreifache erhöhten Suchtgefährdung. Dieses Problem wird vor allem der ärztlichen Tätigkeit selbst zugerechnet, über die Grenzen der aktuellen Anfordernisse hinweg, wie eine medizingeschichtliche Mitteilung zeigt. Vor über 100 Jahren hat Sir James Paget den weiteren Werdegang von 1000 seiner Schüler nachverfolgt. Er fand heraus, dass 120 davon eine «Melancholie» entwickelten, wie es damals genannt wurde. Nach seiner Einschätzung war dies eine auffällige Häufung, ohne auf weitere epidemiologische Daten einzugehen. Verschiedene neuere Studien zeigen weiterhin eine hohe Rate an Suiziden als Todesursache bei Ärzten. In einer großen amerikanischen Studie war die Suizidrate 33 von 100 000 für die Ärzte, mit im Vergleich 11 zu 100 000 für die Gesamtheit der Bevölkerung. Für die ärztlichen Autoren gibt es «wenig Zweifel, dass wir eine sehr inadäquat behandelte Gruppe darstellen, besonders im Bereich der Gemütserkrankungen». Der Rat lautet daher, «früher zu einem kompetenten Kollegen zu gehen» – was mit Nachdruck auch auf nichtärztliche Kollegen erweitert werden muss.[303] Ein ärztlicher Patient aus oben genannter Studie sah seine durchgemachte Depression als Konsequenz seiner Arbeit. Er arbeitete nach seiner Problembewältigung ohne Patienten im öffentlichen Gesundheitswesen und bedauerte, seine Erfahrungen nicht im Umgang mit den Patienten nutzen zu können. Um dabei an das Kapitel der ärztlichen Denkfigur zu erinnern, war möglicherweise der Umgang mit den Patienten selbst uneingestandenerweise die eigentliche Ursache für seine Probleme, da er jetzt, ohne Patienten, seit Jahren frei von Depressionen ist. War dieser Arzt womöglich ein Opfer der überhöhten ärztlichen Anspruchshaltung? Vielleicht ließe sich in dem vorgeschlagenen professionellen Selbsterfahrungskontext der Bezug und die Ursache solcher Anspruchshaltungen aufdecken und der Beruf von komplizierenden Überfrachtungen befreien. (Hierzu siehe auch das Kapitel «Formen der Anpassung».)

---

[302]1985.

[303]Zum Beispiel psychologische Psychotherapeuten, s.a. »Denkfigur», hier die fehlende Vertrauensdelegation, Mawardi in Farber, Barry 1983.

Wichtig ist auch eine Interaktion mit dem Patienten, die in einer therapeutischen Partnerschaftlichkeit stattfinden kann: In der Arzt-Patienten-Beziehung herrscht eine außergewöhnlich stark ausgeprägte Machtasymmetrie.[304] Von den allermeisten Ärzten wird diese asymmetrisch-autokratische Beziehung zwischen Arzt und Patient für sinnvoll und notwendig gehalten[305], da sie die Führung durch Diagnostik und Therapie erleichtern kann. Der Patient dagegen begibt sich in einen großen Grad der Abhängigkeit. Bedrohliche Formen kann diese Beziehung annehmen, wenn sich darüber hinaus «der Durchschnittsarzt» selbst den beschränkenden Bedingungen einer nur technischen Medizin unreflektiert ausliefert.[306] Dann kann sich aus dieser unheilvollen Konstellation für den Patienten ein hoher Grad anonymen Ausgeliefertsein ergeben. Eine Interaktion findet dann hinter den Fesseln der Technik statt,[307] dabei kann jeder Ansatz von zwischenmenschlicher Wärme in der therapeutischen Beziehung unterkühlt werden.»Das Spezialistenteam tritt an die Stelle der ärztlichen Persönlichkeit, ohne in der Lage zu sein, diese zu ersetzen.»[308] Dem so entwickelten «Nur-Arzt», also technologiegebundenen Spezialisten, bescheinigt Lüth[309] ein «Sichverzehren» für seine Patienten, besser gesagt deren Krankheitsbilder, wobei er an Ansehen gewinnt, dennoch wird ihm Wesentliches fehlen. Ausgerüstet scheint solch ein Arzt – in Analogie mit der Aussage von Schmidtbauer über den Psychologiestudenten – mit einem Wissen, das eher den Bedürfnissen seiner Ausbilder, mehr der zentralen Prüfungseinrichtung als seinem künftigen Beruf dient.[310] Die vermittelten medizinischen Studienkenntnisse zum Beispiel werden primär auf eine computergestützte Überprüfbarkeit zurechtgeschnitten, vermutlich weniger nach den Erfordernissen des Berufs. Zu beklagen ist daher nicht ohne Grund «die Blindheit der medizinischen Wissenschaft der Rolle der Emotion gegenüber»,[311] da sich Normbereiche und Differenzialdiagnosen im Antwortauswahlverfahren wesentlich leichter abfragen lassen als psychosoziale Kompetenz im Umgang mit dem Patienten. Für Haun[312] sind die Mediziner und medizinkonformen Therapeuten für die unvoreingenommene Begegnung von

[304]Freidson 1975, zit. in Haun 1982, S.49.

[305]Scheele, S. 296.

[306]Vgl. Schaefer 1985.

[307]Gespräche finden nur noch über den Rand der Krankenkurve, im abgedunkelten Setting einer Ultraschalluntersuchung oder sonstigen Maßnahme statt.

[308]Regau 1960, S.52f.

[309]1986, S. 343.

[310]Vgl. Schmidtbauer 1985, S. 169f.

[311]Schaefer 1985, S.373.

[312]1982, S.26.

Person zu Person, wozu auch das Wissen um die eigenen Handicaps gehört, einfach nicht professionell genug ausgerüstet.

Die in lebensgefährlichen Umständen technisch effektive Medizin erweist sich als häufig unbefriedigend, zum Teil hilflos gegenüber den Alltagssituationen. Klagsamkeit des Patienten irritiert zumeist den Arzt, wobei er häufig verkennt, dass neurotische Verhaltensweisen tatsächliche Beschwerden reflektieren können. Er hält Ausschau nach «schweren» Krankheiten, aber es treten einfache Störungen, Misshelligkeiten, Missempfindungen, Unlustgefühle in Erscheinung,[313] mit denen er nicht umgehen kann. Auch die Integration der medizinischen Psychologie und Soziologie hatte keinen wesentlichen Stimmungsumschwung oder gar eine Sensibilisierung bewirken können, eher das oben beschriebene Übergreifen in die Nachbardisziplinen und das Gefühl verstärkt, ohne eigentlich kompetent zu werden, auch dafür ausgebildet zu sein. Es wird selten gesehen, dass Störungen der Befindlichkeit mit Krankheitswert durch psychosoziale Faktoren ausgelöst und damit therapiepflichtig werden können.

> «Man wird krank, um sich dem Konflikt zu entziehen, der krank machend wirkt, und man bleibt krank, um diesem Konflikt nicht erneut ausgesetzt zu werden.»[314]

> (Vergleiche auch hierzu das Kapitel «Formen des Widerstands» im 1. Teil «Pflegerischer Bereich»)

Wie in dem Interview mit dem angehenden Chirurgen zu lesen war, besteht neben dem Anstreben einer hohen Spezialisierung und technischen Effizienz, zusammen mit dem Akzeptieren entsprechender Strukturen, ein scheinbar widersprüchlicher Ganzheitsanspruch, der sich eher im Bereich eigener Imagination bewegt und selten konkret wird. Trotz aller Entlastungmöglichkeiten durch fachliche Spezialisierung und organbezogene Medizin stellte auch Bollinger[315] fest, dass viele Ärzte, auch bei bestehender Machtasymmetrie, entgegen des ihnen «oft zugeschriebenen Reduktionismus[316] einen ganzheitlichen Bezug besitzen».[317] Um diesem Anspruch zu genügen, wird jedoch von den meisten mehr verlangt, als sie in ihrer Ausbildung gelernt haben. Die engagierten Helfer pflegen Umgang mit ihnen unbekannten

---

[313] Lüth 1986, S.47f.

[314] Kohlhausen, in Schipperges (1978) S. 213.

[315] 1981.

[316] S.a. »Denkfigur».

[317] Im Org. unterstrichen.

Problemen, für deren Lösung sie nicht trainiert sind.[318] Das oben vorgeschlagene Kompetentwerden für eigene und soziale Möglichkeiten und Beschränkungen sowie deren Erweiterung könnte die Basis für ein zufriedeneres Arbeiten und für ein entspannteres Verhältnis zum Patienten werden.

Erhebliche Frustration bereitet es immer wieder, dass der Arzt keinen Einfluss auf die Lebensweise seiner Patienten habe und diese oft in medizinischer Hinsicht unvernünftig seien. Für Cherniss[319] ist diese Hilflosigkeit, nicht nur bei Ärzten, ein Hauptverursacher von Stress in den sozialen Berufen. Zum Teil wird auch der Umgang mit den Krankheitsbildern selbst als ein Belastungsmoment empfunden.[320] Kisker[321] sieht einen Ansatz der Verbesserung und Entlastung in der engen Arzt-Patienten-Beziehungen. Dafür bezieht er sich auf das «Zwischen» von Arzt und Patient in der Modifikation Martin Bubers. Er plädiert «für das legitime Anrecht von Patient und Arzt auf (...) Geheimnis-Nischen. In ihnen wird kein herrschaftsfreier Diskurs geübt, sondern ein Dialog in wechselseitiger relativer Ohnmacht. Beide – Arzt wie Patient – sollten dabei indessen sehen, dass ihre Nische kein Raum außerhalb der Gesellschaft ist.» Darin könnte sich ein wesentlicher Aspekt der therapeutischen Gemeinschaft zeigen: Die direkte und loyale Zuwendung zum Patienten. Gerade die Loyalität dem Patienten gegenüber geht oftmals verloren, wenn es wichtiger wird, die Haushaltsdiskussionen der Krankenkassenverwalter zu hören und das Gesundheitsfürsorgesystem ihre zahlenden Mitglieder nur noch als kostenproduzierende, teilabrechenbare Organsysteme sehen. Wenn die unbedingte Hinwendung zum Patienten noch dazu dienen kann, über die gegenseitigen Befangenheiten hinwegzukommen und sich über strukturelle Begrenzungen klar zu werden, wäre das viel. Damit könnte eine stressarme intersubjektive Beziehung aufgebaut werden, die ein «Verstecken» hinter Strukturen und Fassaden unnötig macht. (Siehe hierzu auch im 1. Teil «Pflegerischer Bereich» die Kapitel «Formen des Widerstandes», «Reduzierte Kommunikation» und «Kontrolle»).

---

[318] Cherniss 1983.

[319] 1985.

[320] Büssing in Kleiber et al. 1985.

[321] 1975, 1967.

Was tun, wenn eine der Konfliktparteien keine friedliche Einigung will?

Mobbing als fester Bestandteil der Berufsplanung des Konfliktgegners

In den besprochenen Konfliktkonstellationen und den dargestellten Lösungsstrategien wurde implizit von einem konfliktgenerierenden Geschehen ausgegangen, dem eine prinzipielle Friedlichkeit der Konfliktparteien zu Grunde liegt. Die Lösungsansätze versuchten somit auch die persönlichen Anteile der konfliktgenerierenden Bewegungsweisen herauszuarbeiten und in den Strategien zur Bewältigung der blockierenden Energien einen kompromissuchenden, die gleichwertige Partnerschaftlichkeit betonenden, Weg aufzuzeigen.

Ich muss zugeben, dass nach weiteren Jahren Berufserfahrung, die zwischen der ersten und der zweiten Auflage dieses Buches liegen, mir eine Reihe von Entwicklungen und Konfliktgenerierungen bekannt wurden, die auf einer, seltener auf beiden der Konfliktseiten jegliche Bemühung um gütliche Einigung haben vermissen lassen. Die Konflikte waren sowohl selbst erlebt als auch aus einer Vielzahl von Gesprächen und Briefwechseln vermittelt worden, die nicht zuletzt nach der Lektüre dieses Buches zu Stande kamen. Die Abläufe solcher Auseinandersetzungen haben mir die Erkenntnis vermittelt, dass es manchmal durchaus nicht ausreicht, gutwillig den Kompromiss und die Beilegung des Konflikts anzustreben.

Immer dann, wenn eine der beteiligten Konfliktparteien mit den konfliktgenerierenden Verhaltensweisen versucht, ein Ziel zu erreichen, das mit der Erniedrigung, Verdrängung oder Beseitigung in und aus einer Position einhergeht, wird jeder Ansatz auf gütliche Lösung in einem Versagen dieser Strategie und einem Nicht-Erreichen des Einigungserfolges enden. Im Ergebnis wird der Konfliktgegner, der im Wege steht, damit beschäftigt sein, auf unlautere Methoden einen einigermaßen adäquaten Weg zu finden, der die eigene Person, den Selbstwert und den Stolz nicht beschädigt. Dieser Konfliktkonstellation liegt der Begriff «Mobbing» zu Grunde, dessen Erscheinungsformen im Krankenhaus vielfältig sind. In einem Leitartikel des «Deutschen Ärzteblattes» vom März 2001[322] wurde in einer kurzen Übersicht

[322] Mobbing im Krankenhaus: DÄ, 2001: 628.

vermerkt, dass das Problem des Mobbings häufiger angetroffen wird als früher. Ein zitierter Krankenhausarzt geht davon aus, dass es zwar schon früher interpersonelle Konflikte gab, die sich in den Begriff Mobbing einordnen lassen, dass es sich aber damals eher um isolierte Randerscheinungen handelte, die sich innerhalb der solidarischen Umgangsweise der Krankenhauskollegen nicht durchsetzen konnten. Die Blockade an Niederlassungsmöglichkeiten heute und die zunehmend unattraktiven Bedingungen einer Niederlassung mit Überwiegen administrativer und merkantiler Überlebensstrategien lassen den begrenzten beruflichen Einsatzbereich des Krankenhauses zunehmend zu einer gesamten Lebensplanung werden und öffnen die Schleußen für konkurrenzielles, auch unfaires Verhalten. Verschärfend kommen hier die Interessenslagen an Universitätskliniken hinzu, wo eine Verdichtung von ambitioniertem und konkurrenziellem Verhalten angenommen werden kann.

Der Existenz von Mobbing innerhalb eines Krankenhausbereichs liegen ausnahmslos Managementfehler des oder eines zuständigen Vorgesetzten zu Grunde. In einem wesentlichen Teil des Beteiligtseins hält er sich vermeintlich aus den Querelen heraus. Häufig ist ihm nicht klar, dass er damit bereits aktiv Stellung zur Konfliktunterhaltung bezogen hat, weil er weder seine Vorgesetztenpflicht des Schutzes seiner Untergebenen nachkommt, noch die Richtlinienkompetenz dem agierenden Part gegenüber wahrnimmt. Weit häufiger ist jedoch der Vorgesetze aktiver Gestalter dieses Konflikts. Zumeist hat er es in seiner Persönlichkeitsvariante nicht gelernt, sich in Konflikten offen und partnerschaftlich erfolgreich zu entwickeln. In der oben zitierten Übersicht wird das Gros der «Gemobbten» neben jüngeren Assistenten aus der Gruppe älterer Mitarbeiter und Oberärzte rekrutiert. Wie in dem zitierten Artikel dargestellt, kommt dem Mobbenden gelegentlich der Bereich der Verwaltung zur Hilfe, um zum Beispiel einen altgedienten Mitarbeiter ohne größere Ablöse-Unkosten loszuwerden.

Was noch vor zehn Jahren als bloßes Schlagwort durch die Medien strich, wurde inzwischen als erhebliches Problem erkannt. Im Gefolge solcher Querelen sind nicht nur nachhaltige Störung des Betriebsfriedens mit den üblichen Auswirkungen auf den Krankenstand und die Verfügbarkeit entsprechender Fachkräfte zu erwarten. Mobbende und Gemobbte sind in ihren kreativen Energien zudem so erheblich gebunden, dass darunter auch die Qualität der Krankenversorgung leiden kann. Auswirkungen auf die Ökonomie einer Abteilung und damit auch für die Krankenhauseinrichtung lassen sich schwer abschätzen: Neben den direkten Ausfällen durch gehäuften Krankenstand muss hier auch die negative Außenwirkung durch querelenbedingten Imageverlust und damit abnehmende Zuweisung und Patientenakzeptanz gerechnet werden.

Aus dem Artikel der Deutschen Ärztezeitung möchte ich ein Beispiel eines Betroffenen wiedergeben:

> Ein mittlerweile niedergelassener Arzt für Innere Medizin berichtet über seine Leidenszeit im Krankenhaus:
>
> «Was war geschehen? Um Medizin studieren zu können, verpflichtete ich mich bei der Bundeswehr; als ich aus dieser ausschied, war ich 35 Jahre alt, hatte einen attraktiven Teil einer internistischen Weiterbildung und wollte Karriere machen.»
>
> «Ich könnte auch sagen, ich wollte Anerkennung, Ansehen und Erfolg im Beruf haben. Und natürlich Sicherheit hinsichtlich eines angemessenen Einkommens. Also rackerte ich und wurde erpressbar. Normaler Assistenzarzt sein – nein danke. Durch meinen Ehrgeiz gewann ich zunehmend mehr Spezialkenntnisse und fühlte mich zunehmend für die Belange und Pfründe der Oberen benutzt. Es gab keine anerkennenden Worte des Chefs oder Oberarztes, die Messlatte wurde von ihnen – aber auch von mir – nur noch höher gelegt. Irgendwann war ich Internist; ein Teilgebiet musste noch her – lesen Sie die Stellenanzeigen, und Sie wissen warum. Ich bekam so eine Stelle auch, Gastroenterologe sollte ich also werden, warum auch nicht.»
>
> „Ich wollte alles.»
>
> «Nach kurzer Phase des rosaroten Blickes kamen die Probleme: Es war nicht die Trennung von der Familie (wer zieht schon mit Familie für zwei Jahre an einen anderen Ort, verkauft sein Haus und gibt den Freundeskreis auf?). Es war auch nicht die Arbeitszeitbelastung; ich wollte es ja so. Ich wollte alles: endoskopische Ausbildung, Notarztdienst – der brachte ja Geld –, guter Stationsarzt auf einer onkologischen Station sein, die geforderten Studien durchführen, Studenten anleiten, die Routineendoskopie miterledigen. Es wurde ein Debakel. Nicht wegen der vielen Arbeit, sondern wegen der Umgangsweisen von Chef und Oberärzten mir gegenüber. Ich war der Anfänger. Ich stellte Fragen und bat um Hilfe bei schwierigen Therapieentscheidungen. Das hätte ich nicht tun sollen. Der Chef war für medizinische Probleme nicht ansprechbar – er atmete immer nur hörbar tief ein, dass ich dachte, er fiele gleich um. So ließ ich dies dann. Aber auch mein Oberarzt kam in den ersten sechs Monaten nur

zwei Mal auf Station. Er wollte nichts von medizinischen Problemen wissen und keine Entscheidungen treffen. Ich fragte die anderen Assistenten – ja, das wäre halt so. Da muss man durch. Ich wurde hart, holte mir die Informationen auf anderen Wegen und wurde fit. Damit ging das Problem aber erst richtig los; ich ließ mir dann auch nichts mehr von Schwestern sagen, wie ich was zu machen hatte. Die Intrigen begannen, denn das waren sie nicht gewohnt. Bei Abwesenheit oder in der Nacht war ich der Oberarzt. Aber spätestens bei der Morgenbesprechung wurde ich vor versammelter Mannschaft wegen eines überlesenen Rechtschreibfehlers vom Chef vorgeführt.»

«Die Chef-Visiten mutierten zu einem Spektakel: Aussprüche wie „Sie machen den Patienten mit Ihrer Therapie nur krank» wurden vor Patienten geäußert. Sarkasmus und Ironie bestimmten das Klima, und bei mir trat Angst auf, denn ich wurde plötzlich auf eine andere Station versetzt – angeblich im normalen Rhythmus. Und um als fertiger Facharzt und angehender Gastroenterologe zu lernen, wie man Arztbriefe schreibt und EKGs befundet. Ich landete auf dem Abstellgleis. Der Chef sagte zu mir, aber auch vor Kollegen und Schwestern, dass er nicht verstehen könne, wie jemand wie ich Internist werden könnte. Mein Selbstwertgefühl sank, psychosomatische Beschwerden stellten sich ein, meine Gedanken drehten sich zunehmend um die Frage, wie ich dieser Situation entfliehen konnte. Ich fragte Assistenzarzt-Kollegen. Die gaben mir gute Ratschläge wie, dass ich den Mund halten solle oder den Chef umgarnen oder vielleicht besser gehen solle. Viel Kommunikation gab es allerdings nicht. Ich war bereits isoliert. Ich sprach meinen Oberarzt an: Das hätten sie doch alle erlebt, ich solle mich damit abfinden und mich anpassen. Ich fragte die anderen Oberärzte, die wollten nichts davon wissen, der Chef sei halt schwierig.»

«Nach einem Jahr Leiden ging ich zur Mitarbeitervertretung und fand Unterstützung und Verständnis. Gespräche mit dem Chef wurden nur noch in deren Beisein geführt; der offene Krieg war ausgebrochen. Versuche, die Weiterbildung an einem anderen Krankenhaus oder in der Praxis zu beenden, schlugen fehl. Wer kurz vor Ende aus einem Krankenhaus rausgeht, hat einen Makel. Selbst psychotherapeutische Hilfe suchte ich auf eigene Kosten. Ich wusste ja, wer gemobbt wird, hat auch einen Eigenanteil daran. Die Therapie half einerseits, andererseits bekam ich zunehmend das Gefühl, dass ich selber schuld war, denn ich arrangierte es mir ja selber. Ähnliches hatte ich in abgemilderter Form in anderen Häusern erlebt. Ich war überzeugt, eine Macke zu haben. Mit dieser Erkenntnis wurde es für mich dann besser. Ich genoss die Außenseiterposition. Damit war aber auch eine Veränderung verbunden, die ich den inneren Abschied nenne: Der Abschied von der Vorstellung, im Krankenhaus weiterzuarbeiten. Es war klar, eine Oberarztstelle war nicht mehr drin – jede Rückfrage beim Chef hatte mich entlarvt. Somit wechselte ich die Rollen: Täter werden, war jetzt die Devise. Ich forderte ein Zwischenzeugnis als Standortbestimmung. Sechs Monate vor Schluss fehlten nur noch einige Ultraschalluntersuchungen. Mit dieser Sicherheit begann ich, jede Schweinerei mir gegenüber lauthals aufzudecken. Die Mitarbeitervertretung wurde wiederholt informiert, abteilungsübergreifend schilderte ich jedem, der es hören wollte – oder auch nicht –, wie in der Inneren Abteilung der Chef und die Oberärzte mit mir umgingen. Aber etwas wirkte noch besser; ich begann selber auf subtile Weise zu manipulieren. Nun bekamen die Oberärzte und der Chefarzt Angst. Sie begriffen, dass ich lauthals zu schreien anfing, wenn sie mich nicht in Ruhe ließen. Zugegeben, ich wurde damit selber kriminell, zum Erpresser unter Missbrauchern. Ich wurde in Ruhe gelassen. Etwas beschäftigte mich lange Zeit: Warum hat mich das in dieser Zeit so erwischt, warum habe ich das mit mir machen lassen? Herkömmliche Mobbingberichte beschreiben oft nur die Täterschaft der Vorgesetzten. Ich glaube aber kaum, dass sich das Krankenhausklima ändern wird, wenn wir nur auf die Täter sehen. Natürlich müssen diese bestraft werden. Aus meiner heutigen Sicht hätte ich die Ärztekammer einschalten sollen. Auch würde ich heute einen Anwalt zur Hilfe holen. Geholfen hat ja letztlich das rigorose Aufdecken der Missstände. Dies ist eine ganz wesentliche Strategie gegen den missbräuchlichen Täter. Hätte ich es gekonnt, hätte es sofort mit Beginn des Mobbens einsetzen müssen Dies kann aber kaum ein Opfer.»

„Ablehnung meiner selbst.»

«Missbrauchsforschung beschreibt aber nicht nur Voraussetzungen beim Täter, so dass dieser zum Täter werden kann. So werden innere Voraussetzungen und äußere (zum Beispiel die wegsehende Menge) benannt. Missbrauchsforschung – und Mobbing ist eine Form von Missbrauch – fragt auch, welche Eigenschaften/Fertigkeiten den Opfern fehlen, um sich adäquat zu schützen beziehungsweise sich wehren zu können. Was stand mir an Fähigkeiten nicht zur Verfügung, wo lag nun mein Fehler (nicht meine Schuld)? Ich wollte Lob und Anerkennung, wollte über die Arbeit mein Selbstwertgefühl

> definieren. Ich suchte die gute Mutter, die mich ein Stück füttert. Heute weiß ich, dass dieser Haken, wenn man ihn einmal geschluckt hat, sehr tief sitzt. Man wird ihn nur unter Schmerzen und mit Verletzung los. Der Schmerz besteht in der Erkenntnis und im Verzicht. Ich verabschiedete mich von meiner Krankenhauskarriere, aber auch von der Vorstellung, ein guter Internist/Gastroenterologe zu sein. Grandiosität wich Normalität, und dies tat weh.»
>
> «Wenn ich diese Zeilen lese, frage ich mich, was da eigentlich geschehen ist. Ich merke aber auch, dass mit Worten die Situation kaum beschreibbar ist. Beim Lesen scheint meine Geschichte vielleicht lustig zu sein, vielleicht ist gar nicht so viel Schlimmes passiert. Vielleicht glauben einige, ich war der Mobber. Ich merke, es sind auch nicht die Worte, die mich verletzten. Es war die Ablehnung meiner selbst sowie ich nun einmal bin, die ich spürte. Leider ist es nur so, wer dieses System verstanden hat, sucht sich schleunigst eine andere Stellung. Die Guten gehen, die anderen bleiben. Zu Beginn des Briefes waren meine Hände und Füße eiskalt, ich spürte eine Wut auf das Krankenhaus, den Chef und den Oberarzt. Aber auch auf mich, wieder dieses Schuldgefühl. Jetzt, am Ende des Briefes ist mir wieder warm, und ich bin ruhig. Ich weiß, dass ich nicht schuld bin, ich konnte damals nicht anders, und die Täter waren wirklich kriminell.»[323]

Konflikte beschränken sich selten auf die Konfliktparteien. Mobber suchen für die Unterstreichung ihres Bedeutungsgefühls ein Publikum, Bündnispartner oder zumindest Vertraute. Gemobbte dagegen scheuen sich, zumindest anfangs einen Konflikt einzugestehen. Es überwiegt zunächst der Versuch, die Ursache der schwelenden Auseinandersetzung bei sich selbst zu suchen und damit nicht in die Öffentlichkeit zu gehen. Allenfalls aus dem unmittelbaren Arbeitskontext werden Mitarbeiter angesprochen, die den zunehmenden Filter des eigenen Argwohns überstanden haben und denen noch ein vertrauensvolles Wort zugetraut wird. Hier soll zumindest initial keine öffentliche Auseinandersetzung stattfinden, sondern eine Entlastung der betroffenen und gekränkten Seele.

Für eine Konfliktlösung sind dies denkbar ungünstige Voraussetzungen: Der Betroffene hat keine Chance einer objektiven/objektivierenden Hilfestellung,

323 Anonymus. DÄ 2001: 628 (»DerVerfasser hat die DÄ-Redaktion befugt, seinen Namen zu veröffentlichen – wir verzichten dennoch darauf»).

die ein Gegengewicht zur etablierten Kräfteverteilung darstellen könnte. Sobald sich herausstellt, dass der Umgangston der Erniedrigung im Arbeitskontext unumstößlicher Alltag ist, ohne wesentliche Aussicht auf Änderung, liegt hier das Plädoyer auf einem frühzeitigen Einbeziehen einer unterstützenden Öffentlichkeit, zum Beispiel der Personalvertretung. Deren Unterstützung in obigen Beispiel auch als verständnisvoll und entlastend empfunden wurde. Wird die Personalvertretung vom Betroffenen dazu beauftragt, muss zum Beispiel jeder personalrelevante Vorgang unter Einbeziehen der Personalvertretung erfolgen. Somit lassen sich stellenrelevante Überraschungsaktionen verhindern. Im Vorfeld können Konfliktmoderationen eine für Mobber unangenehme, abteilungsübergreifende und objektivierende Öffentlichkeit herstellen, jedoch auch für prinzipiell kompromissfähige und -willige Parteien ein neutrales Podium für eine tragfähigen Neubeginn darstellen.

Der bislang im Arbeitsrecht nicht gut greifbare Tatbestand des Mobbings findet zunehmend Eingang in Arbeits- und Dienstvereinbarungen. Damit wird eine Reihe von eskalationsfähigen Maßnahmen angeboten, die von der Konfliktanalyse und Moderation bis zur disziplanarrelevanten Bestrafung des Mobbers reichen. Hier wird dem Schutz des gemobbten Mitarbeiters Rechnung getragen, der bereits frühzeitig Beistand erwarten kann.

Im Beispiel hat der gemobbte Arzt psychotherapeutischen Beistand gesucht und seinen Anteil an der Konfliktentwicklung konstatiert. Er sah in seiner Entwicklung ähnliche Verhaltensweisen auch in anderen Abteilungen und betont selbstkritisch den eigenen Anteil. Dies hilft nur dann, wenn von einer gutwilligen Konfliktgemeinschaft auszugehen ist. Die geschilderten Vorgehensweisen der Konfliktgegner lassen aber solch eine Folgerung nicht zu. Sobald die Konfliktgegner sich notorisch «ad personam» im Ton vergreifen, und um dem Ganzen noch Wirkung verleihen, dies vor Kollegen und Patienten inszenieren, dürfen, ja müssen solche Überlegungen außen vor bleiben, weil sie dem eigenen Handeln zu viele Blockaden zufügen können und nicht der Konfliktentwicklung dienen.

Für Ärzte ist die im Beispiel angesprochene Einbeziehung der Ärztekammern wichtig, die nach Kenntnis über einen Verstoß des berufständischen Rechts aktiv werden müssen. Hierzu gehört sicher der öffentlich unwürdige Umgang mit ärztlichen Kollegen. Auch sollte bei fehlender Effizienz der eingeleiteten Maßnahmen, den Mobber zu stoppen, und beim Versagen vorgeschlagener Kompromisse frühzeitig ein arbeitsrechtlich erfahrener Rechtsanwalt einbezogen werden. Hiermit kann zum einen mobberassoziierter rufschädigender Außenwirkung begegnet werden, Zurückhalten und den weiteren Berufsweg schädigendes Abfassen von Zeugnissen abgewehrt, aber auch das eigene Handeln im Bereich des Rechtlichen gehalten werden, ohne sich ungewollt Stolpersteine in den eigenen

Weg zu platzieren. Bereits die Interaktion mit einem Kontrahenten, die darauf gerichtet ist, zumindest ein neutrales Zusammenarbeiten oder aber Schadensbegrenzung mit solchen Akteuren zu betreiben, also weit im Vorfeld von gerichtsrelevanten Aktionen liegen, macht es sinnvoll, sich der Unterstützung juristisch versierter Helfer zu versichern. Es gibt vielfältige Hilfe über gewerkschaftliche Vereinigungen, die nicht selten pragmatische Ratschläge vermitteln, die aber auch zum Beispiel fachjuristische Hilfe vermitteln können und über Gruppenversicherung auch finanziell abdecken. Es lohnt sich, auch wenn man noch nicht in einer entsprechenden Gruppierung ist, den konkreten Rat zu holen und dies mit einem Eintritt zu verbinden.

Gelegentlich erhellt es den eigenen Konflikt, wenn man sich als Opfer an frühere Weggefährten wendet oder in früheren Arbeitsbereichen nach ähnlichem Verhalten des Mobbers fragt, wie einem weiteren Beispiel zu entnehmen ist:

> «Ich wechselte als Oberarzt in eine Abteilung einer anderen Universität. Dort geriet ich bereits nach kurzer Zeit in Konflikt mit einer Fachärztin meiner Abteilung. Schon in den ersten Gesprächen schlug mir unverhüllte Ablehnung entgegen. Als ich in meiner Aufsichtsfunktion nachfragte wegen mir unklarer (dem Anschein nach inadäquater) Diagnosegänge und Therapieregimes der Ärztin, wurde von ihr prinzipiell geleugnet, die Verantwortlichkeit auf andere, inklusive der PJ-Studenten geschoben, im Weiteren das Hinterfragen als inkriminierend dargestellt und recht bald auch schriftlich als beleidigend deklariert. Neben dem Vertuschen von angesprochenen Fehlern (bis zum Beseitigen von Teilen der Patientenakte) oder auch Abwenden von Maßnahmen oder Anordnungen zur Transparentmachung von Therapieregimes oder anderer Qualitätssicherung erreichte sie durch Stimulation des übergeordneten Bereichsleiters, unter Vermeidung eines direkten Kontaktes mir als ihrem direkt vorgesetzten Oberarzt, ihre Vorstellungen eingeschränkter Akkuratesse und Qualitätskontrolle und Abschieben der Verantwortlichkeit fortzuführen. Mit entsprechenden Änderungsvorschlägen wendete ich mich, später auch wegen unangemessenen Verhaltens den Schwestern und Assistenten, dann auch mir selbst gegenüber, an den Bereichsleiter, der mir zwar jedes Mal Recht gab, jedoch auch der Assistenzärztin offenbar keine Verhaltensänderung auferlegen wollte. Lieber entschuldigte er sich für seine Stationsärztin und ihr rüdes und ungepflegtes Verhalten, bei den Studenten im Praktikum und anderen Gästen der Abteilung sowie den Rotanten, als hier organisatorische Veränderungen zuzulassen

oder einzuleiten. Aus recht allgemein gehaltenen Dienstanweisungen konnte für einen Außenstehenden nicht erkannt werden, dass ein Fehlverhalten der Fachärztin die Ursache war. Im Weiteren musste sich die Verursacherin dann aber nicht an die Richtlinien halten, kontrollierte jedoch ihre Mitassistenten daraufhin und schwärzte sie an.

Konflikte von ärztlichen Kollegen und Schwestern wegen mangelnder Kollegialität und rüder Umgangsweise der Assistentin führten bereits vor meinem Arbeitsbeginn in der Abteilung zu Konfliktgesprächen, an denen auch einmal der Klinikdirektor beteiligt war, die jedoch außer zu Ermahnungen keine Veränderungen der Verursacherin bewirkten. Im weiteren Verlauf mussten und haben mehrere Mitarbeiter des Assistenzpersonals den Bereich verlassen, ein Assistenzarzt keine Vertragsverlängerung mehr erhalten, nachdem er sich über die Ärztin beschwert hatte. Eine Ärztin im Praktikum kündigte zur Hälfte ihrer Weiterbildungszeit wegen der Inkollegialität und fehlender Anleitung durch die Sationsärztin, nachdem sie zuvor schon deshalb beim Bereichsleiter intervenierte, eine andere Ärztin im Praktikum lehnte das Angebot der Weiterbeschäftigung in der Abteilung ab und wechselte in eine kommunale Klinik einer anderen Stadt.

Der Bereichsleiter war für die Klinik nur sehr eingeschränkt verfügbar. Er verbrachte viel Zeit damit, für die Kollegin Publikationen zu formulieren, die nahezu ein Jahrzehnt an einer Universität publikatorisch stumm war. Zudem wurden mit ihr täglich ausführlich alle, auch weniger relevanten, Entscheidungen durchgesprochen, vor der Visite mit dem Klinikumschef zusätzlich auch noch kritische Verläufe «wasserdicht» zu gestalten. Dafür blieben fertige Publikationen anderer Mitarbeiter auf dem Tisch dieses Bereichsleiters liegen, weil er weder Zeit fand sie anzusehen noch sich überhaupt bereit fand, mit anderen Mitarbeitern des Bereichs zu kommunizieren. Genauso wie wichtige administrative Entscheidungen (die er unter Ausschluss der Öffentlichkeit verwahrte), wenn nicht ganz verschleppt, dann zumindest wesentlich zu spät erfolgten und somit zum Beispiel für konfliktunbeteiligte (und in ihrer weiteren Präsenz gewünschte) Mitarbeiter plötzlich die Stelle auslief, ohne dass für eine Fortführung gesorgt war. Dringend erforderliche Forschungsgelder flossen wegen fehlender Beachtung von Terminen und Regularien ungenutzt ab.

Es wurde zunehmend evident, dass der Bereichsleiter ein über den üblichen Arbeitskontext hinausgehende Beziehung zu der Fachärztin eingegangen war und zudem aktiv in die konfliktgenerierenden Handlungen gegen mehrere Mitarbeiter eingriff. Ins Zentrum rückte jedoch zunehmend ich. Meine Präsenz wurde offensichtlich unbequem, wegen des Aufdeckens von Unregelmäßigkeiten und auch zum Teil gravierender inhaltlicher Fehler sowie Anmahnens von Redlichkeit im Umgang mit dem Team.

Es folgten weitere, durch mich zum Teil verhinderte, Vertuschungsaktionen von Fehlern, die offenbar gemeinsam von dem Bereichsleiter und der Fachärztin entschieden und begangen wurden. Nachdem erste Aussprachen mit der Stationsärztin wegen zum Teil gravierender Fehler durch sie abgeleugnet wurden, formulierte ich die Supervionsergebnisse und Lösungsstrategien schriftlich. Obwohl ich dies nur an die Stationsärztin gerichtet habe, wurde ich dann vom Bereichsleiter aufgefordert, die Stationsärztin fortan aus der Kritik zu nehmen. Ich stellte mich zudem vor die anderen Mitarbeiter meiner Abteilung, mit den Versuchen, gerechte arbeitsorganisatorische Entscheidungen herbeizuführen, Arbeitsqualität bei allen, also auch bei der Assistentin, durchzusetzen und beim Achten auf Einhalten arbeitszeitrechtlicher Vorraussetzungen (die Mitarbeiterin war z. B. ohne weitere Begründung mindestens einen Tag in der Woche, zusätzlich zu den offiziellen Urlaubs- und Dienstreisetagen, abwesend). Dabei geriet ich zunehmend in das Kreuzfeuer des Bereichsleiters, der nun seinerseits eine reichhaltige Palette mobbenden Verhaltens an den Tag legte: Rufschädigende Gerüchte in die Welt setzen, Überladen mit multiplen Aufgaben, Zuteilen von Pflichten die eigentlich Obliegenheit der Assistentin wären, Abziehen von Personal des Teilbereichs ohne Ersatz, Blockieren – auch hintertreiben – des Wissenschaftsoutputs durch Zurückhalten von Publikationen und Forschungsanträgen.

Was zunächst als Entscheidung aus dem Hintergrund wirkte, entwickelte sich zunehmend zu öffentlichem Verhalten mit ehrenrührigem Missklang, dann mit Anbrüllen vor Patienten und Mitarbeitern. Der Bereichsleiter inszenierte tribunalähnliche «Abteilungssitzungen», die einmal nur mit der Fachärztin, ihm selbst und zu meinem Erstaunen einem bis dahin mit der Stationsärztin unzufriedenen Assistenzarzt besetzt war. Dieser diente dazu, entgegen seiner früherer Äußerungen, die «überaus gute Zusammenarbeit» mit der Fachärztin zu attestieren. Später gab er zu, instrumentalisiert worden zu sein, wohl im Zusammenhang mit seiner Vertragsverlängerung. Einer weiteren Assistenzärztin, die bis zu einer späteren «Abteilungssitzung» in meinem Bereich harmonisch zusammenarbeitete, formulierte – mich überraschende und nicht nachvollziehbare – Vorwürfe der übertriebenen Kontrolle durch mich. Sie musste befürchten, dass eine Arbeitszeitverschiebung, die ihrem in eine entfernte Stadt verlegten privaten Wochenendmittelpunkt entgegenkam, plötzlich durch den Bereichsleiter aufgekündigt würde.

Verschärft hatte sich die Auseinandersetzung, als ich von meinem Bereichsleiter zudem Verfahrensänderungen forderte, die den Umgang mit Forschungsgeldern aus der Industrie auf eine rechtliche Ebene zurückführen sollte und die in den kritischen Bereich der Vorteilsnahme hinausgehenden Transaktionen mit der Industrie beenden sollten, um Schaden von der Klinik und damit von der gesamten Universität abzuwenden. Ich hatte ihm geraten, dies mit Hilfe der Rechtsabteilung zu organisieren, was in einem kleinen Teil dann auch unter Missfallensäußerungen geschah.

Zur Konfliktmoderation habe ich mich nach der Eskalation der Verbalinjurien zunächst an den übergeordneten Klinikleiter gewendet. Dies führte zu keiner wesentlichen Veränderung im folgenden Jahr, trotz beteuerten Besserungswillens des Bereichsleiters (der doch etwas Respekt zeigte vor solch einem Gespräch und es verhinderte, indem er zeitgleich – erstmalig – zu einem längeren Gespräch bereit war, um danach dem Klinikleiter schriftlich mitzuteilen, dass bei gutem Einvernehmen doch kein Konfliktgespräch mehr notwendig sei). Im Anschluss waren die Aktionen zunächst zwar moderater, zuletzt überwog jedoch wieder die offensivere Auseinandersetzung. Ich hatte bereits umfangreiche Berufserfahrung gesammelt, bevor ich gekommen war und war auch mit schwierigen und anspruchsvollen Vorgesetzten sehr gut zurechtgekommen. Wechselseitiger Respekt und Anerkennung lassen die freundliche, auch weit über die gemeinsame Zusammenarbeit hinausreichende, Interaktion auch noch nach meinem Weggang recht lebendig bestehen. Solch eine konfliktschwelende Arbeitssituation hatte ich noch nie zuvor erlebt und war entsetzt über die fehlende Reife und Integrität des Bereichsleiters. Jetzt wendete ich mich zusätzlich an die Personalvertretung, die mir sehr hilfreich eine mehrstufige Konfliktmoderation und Unterstützung anbot. Die zusätzliche Beratung bei einer Gewerkschaft von Krankenhausärzten bestärkte meine Optionen auf rechtlichen Beistand und die Nutzung juristischer

Angebote. Hier kam auch der Rat, sich nach dem Verhalten des Bereichsleiters in den früheren Arbeitseinsätzen zu erkundigen, woraus sich sowohl mögliches Konfliktpotenzial als auch eine Aussicht auf Kompromissbereitschaft extrapolieren ließe:

Über eine nahezu gleiche, mobbende Handschrift des späteren Bereichsleiters berichteten ärztliche Mitarbeiter seiner ehemaligen Abteilung einer anderen Universität, über inszenierte Auseinandersetzungen, die zu fehlender Vertragsverlängerung und somit in einem Fall zu einem vorzeitigen Beenden der Facharztweiterbildung führten. In einem zweiten Fall dieser Universitätsabteilung wurde einem Mitassistenten nach anfänglich abmahnendem Gespräch durch den späteren Bereichsleiter (damals Oberarzt) besondere Vergünstigung der Arbeitspräsenz angeboten, wenn er entlassungsrelevante Mitteilungen gegen einen anderen Assistenten beibringen könnte. Dieser andere Assistent hatte nach gerichtlicher Auseinandersetzung (die dann nicht primär durch den späteren Bereichsleiter, sondern einen «geimpften Rotationschef» geführt wurde – diese negative Vorinformation durch seine Abteilung habe sogar mit Namensnennung Eingang in das gerichtliche Protokoll gefunden) zwar den Prozess gewonnen, musste dennoch die Klinik verlassen und an anderer Stelle seinen Weg fortsetzen. Der weitere Berufseinsatz dieses «Weichenden» war noch mehrere Jahre nach der Auseinandersetzung begleitet, von Anrufen an die neuen Arbeitgeber aus dem Kreis der alten Abteilung und des späteren Bereichsleiters, mit entsprechend warnenden Mitteilungen vor einem «Querulanten» und «medizinischen Dilettanten». Ein weiterer Mitarbeiter des späteren Bereichsleiters konnte zwar nach mehreren entnervenden, auch gerichtlichen, Auseinandersetzungen, mit der im zweiten Anlauf erfolgreichen Habilitation eine Chefposition wahrnehmen, die er aber wieder nach kurzer Zeit verlassen musste, nach für ihn nicht nachzuvollziehenden Umständen. Ohne die genauen Gründe recherchiert zu haben, geht auch er von einem über den unmittelbaren Konflikt hinausreichenden Handeln aus, das aus seiner alten Abteilung gekommen war. Eine ehemalige Doktorandin des Bereichsleiters berichtete über ein Scheitern ihres Vorhabens, als sie sich weigerte dem Werben des späteren Bereichsleiters nachzugeben. Die Versuchstiere konnten an einem Wochenende ausnahmsweise nicht durch die Doktorandin betreut werden. Trotz des Versprechens des späteren Bereichsleiters, sich darum zu kümmern, das er vor den Umwerbungen abgegeben hatte, waren die Tiere dann doch unversorgt verstorben. Die betroffen reagierende Doktorandin, deren

Langzeitversuch gescheitert war, konnte trotz Präsenz in der Abteilung den Verursacher eine Woche lang nicht erreichen, weil er sich verleugnen ließ, die Türe nicht öffnete und das Telefon nicht abhob. Sie brach daraufhin das Vorhaben ab, um sich einen anderen «Doktorvater» zu suchen und ihre nächste Arbeit dort erfolgreich abzuschließen.

Mit Verlassen der alten Abteilung des späteren Bereichsleiters kam es zu einem unüberbrückbaren Zerwürfnis mit einem ehemaligen und sehr einfallsreichen Mitstreiter dieser mehrfach erfolgreichen «Personalverdrängungsaktionen». Dieses wurde lange andauernd halb-öffentlich, jedoch auch auf Tagungen und Kongressen ausgetragen und führte zu einer Ansehensbeschädigung des Mitstreiters, der sich trotz bester Unterstützung durch seinen alten Chef, mehrfach vergeblich um entsprechende Positionen beworben hat.» [324]

In obigem Beispiel gehört Mobbing zum Planungskonzept der Karriere des Bereichsleiters. Mögliche Mitbewerber um die Verlängerung der Assistentenstelle, um Drittmittel und später um begehrte Positionen werden frühzeitig «ausgeschaltet». Für das Planungsziel sind Mitstreiter willkommen und werden umworben und passen am besten in das Konzept, wenn sie ähnlich agieren. Sind dann wesentliche Ziele erreicht, geht es auch hier wieder darum lästige Mitbewerber, auch Mitwisser, nachhaltig beruflich, manchmal zusätzlich auch sozial, zu vernichten. Das Ausweichen in andere Kliniken wird durch Platzieren rufschädigender Mitteilungen solange torpediert, bis als letzte ökologische Nische die Niederlassung in die eigene Arztpraxis erfolgt. Auch hier kann jedoch noch, zum Beispiel über den Mechanismus der Zu- bzw. Aberkennung von Weiterbildungsermächtigungen oder über die Anerkennung von abrechenbaren Fachkenntnissen, das Leben erschwert werden. Denn auch in Anerkennungsausschüssen sitzen Fachkollegen, die möglicherweise mit den gestreuten Gerüchten konfrontiert wurden und ohne die Möglichkeit der eigenen Überprüfung verantwortlich entscheiden müssen.

Die Erinyen-artige[325] «Fürsorge» eines Konfliktkontrahenten kann das Opfer lange verfolgen: Ein habilitierter Chirurg musste erst mehrere Chef- und Leitende Oberarztstellen auf Grund solcher Nachrede verlassen, bis in seiner jetzigen Position der Verwaltungschef den Anruf des Konfliktkontrahenten

[324] Interview mit einem Oberarzt, der sich noch aktuell in der Konfliktsituation befindet und um eine vernünftige Lösung ringt.

[325] Erinyen sind die Rachegöttinnen der Antike.

(längst seinerseits in Chefposition eines anderen Bundeslandes) stoppte, mit der Aufforderung die Vorwürfe schriftlich mitzuteilen, um damit rechtlich relevante Schritte einleiten zu können. Diese konnte oder wollte der Kolporteur dann doch nicht ausführen, da es mit dem Risiko persönlicher juristischer Konsequenzen einherging.[326] Hinter den Auseinandersetzungen lassen sich zwar auch sachlich-inhaltlich begründende Fakten vermuten, den Stil der Auseinandersetzung können sie auf keinen Fall rechtfertigen.

Zur narzisstischen Persönlichkeitsvariante als anderem Konfliktgenerator gehört das rasche Gekränktsein, auch bei ausschließlich sachlicher Kritik. Hier wird die Perönlichkeit sofort mit in die Waagschale geworfen und fühlt sich lädiert. Dies kann jedoch schon früher stattfinden: Wenn nicht unbedingte Bewunderung und vorbehaltslose Gefolgschaft herrschen, dann fühlt sich solch eine Persönlichkeitsvariante bereits angegriffen. Freundliche Neutralität ist dann bereits Feindschaft. Wenn zum Beispiel solch eine Prädisposition auf mögliche Konfliktfelder stößt, kann die Persönlichkeit keine souveräne Konfliktbearbeitung mit «offenem Visier» bearbeiten, sondern muss auf verdeckte Strategien, Hinterhalte und entsprechende Bundesgenossen zurückgreifen. Zu solcher Persönlichkeitsvariante gehört auch das «Sich-Bemächtigen». Die Stellenverlängerung wird zum Instrument der Machtausübung, zur «motivierenden» Kraft der «Produktivität». Ein «Sich-bemächtigen-Lassen» der Anvertrauten und Untergebenen wird durch «besondere Zuwendung» belohnt: Schutz vor berechtigter Kritik, Gewährung von Vorteilen, Verfassen von Texten und Verteilen von extrem guten, durch die Arbeit nicht immer gerechtfertigten, Bewertungen. Weder der «Bemächtiger» noch der/die «Sich-bemächtigen-Lassende» zeugen von durchschnittlich ausgeprägtem Selbstwertgefühl. Beide vertrauen nicht auf ihre Begabungen und Fähigkeiten, sondern meinen darauf angewiesen zu sein, wesentlich Weiteres in die Waagschale zu werfen, um sich anerkannt fühlen zu können. Hierzu kommt eine wesentliche Diskrepanz zwischen der Selbsteinschätzung, die nicht selten eine Selbstüberschätzung darstellt, und dem Selbstwertgefühl. Hier haben dann Eigenschaften wie Bescheidenheit und Rationalität keinen Platz mehr: Kleinere Erfolge werden bereits als Meilensteine der Entwicklung dargeboten, mit dem Ergebnis der Wertschrumpfung bei genauerem Hinsehen, was wieder an der Persönlichkeit nagt. Fehlende Ergebnisse müssen dann auch herbeigeredet werden, erneut mit dem Risiko, eigentlich der hohen Wahrscheinlichkeit, des Aufgedecktwerdens. Die Bemühungen sich einen bestimmten Nimbus aufrechtzuerhalten, binden Energien, die der psychomentalen Homöostase nicht mehr zur Verfügung stehen. In solchen Konstellationen wird alles als Bedrohung wahrgenommen, was das eigene System nicht uneingeschränkt

[326] Fußnote: persönliche Mitteilung des Chirurgen.

unterstützt. Schon das «Sich-nicht-bemächtigen-Lassen» des Oberarztes, die vorgetragene Kritik, sind dazu geeignet, das vorhandene Repertoire an Konfliktbewältigung hervorzuholen. Dieses Repertoire hat sich nach dem Bericht des Oberarztes bewährt, zumindest hat es den Bereichsleiter an seine Ziele gebracht. Auch wenn man aus der objektivierenden Sicht von Außen verwundert ist, dass dieses Vorgehen nicht gerichtliche Nachspiele hatte und zumindest die Ehrengerichtsbarkeit der Ärztekammern einschritt, muss man diesen Handlungsweisen eine komplette Verarmung an Mitteln der produktiven Konfliktnutzung zubilligen. Die lange Reihe sich ähnelnder Verfahrensweisen, die vereinfachend unter dem Sammelbegriff «Mobben» zusammengefasst werden, weisen auf eine betonte Einseitigkeit der Kompromissbemühungen hin: Entweder das Opfer unterstützt die Machenschaften des Mobbers oder besser treibt dies in seinem Sinne voran, oder es wird endgültig aus einem möglichen beruflichen Kontext des Mobbers verdängt.

Die langfristige Reihe der geschilderten Konfliktvarianten lässt jede Aussicht auf freundlichen, gar harmonischen, Kompromiss vermissen. Der «Mobber» hat seine Strategie jahrelang erfolgreich und, was dabei wesentlich ist, ungestraft verwendet. Keine der mitgeteilten Verläufe lassen von einem freundlichen Ende des Konflikts ausgehen. Hier heißt es sich wappnen, alle Fakten gerichtsverwertbar zu sammeln und wenn vielleicht eine Bestrafung des Mobbers nicht möglich ist, zumindest den eigenen zukünftigen Weg durch entsprechende Verträge oder Unterlassungsverfügungen zu sichern. Rücksichtnahme, wiederholte gütliche Einigungsversuche, dürften nach solcher «Mobber-Vita» eine falsche Richtung weisen. Den Platz verlassen, um sich dann womöglich ungeschützt der Verfolgung des Mobbers an neuer Stelle auszusetzen, der sich erst zufrieden zeigen wird, wenn sein Kontrahent am Boden zerstört ist, scheint mir in dieser Konstellation auch nicht erfolgreich zu sein: Der weitere Weg muss erhobenen Hauptes gangbar sein, und dafür sind in der Regel juristisch einklagbare Abkommen erforderlich. Man verlasse sich in dieser Situation auch nicht auf seine Alltagkenntnis. Ohne juristisch versierte Assistenz wird ein zufrieden stellendes Aushandeln des Konflikts nicht erfolgreich sein und weitere Probleme vorprogrammiert sein.

Wie in dem Beispiel des inzwischen niedergelassenen Internisten zu erkennen ist, folgt häufig nach dem Einschalten der relevanten Öffentlichkeit eine Steigerung der Auseinandersetzung. Mit der relevanten Öffentlichkeit sind alle Institutionen und Repräsentanten von Ämtern gemeint, die sowohl Beistand als auch Moderation bieten können. Auch wenn weitere Auseinandersetzungen folgen können, hilft dies, inadäquates Verhalten und auch konkrete negative Konsequenzen für den Arbeitsplatz einzudämmen, zumindest auf einen rechtlichen Boden zu führen. Nach dem Motto «lieber ein Ende mit Schrecken, als ein Schrecken ohne Ende», sollte man sich seine weiteren Schritte genau überlegen und auch aktiv gestalten, als das Schicksal, das einen in den Wirkungsbereich des Mobbers geführt hat, über sich walten zu lassen und darunter still zu leiden.

Schlussbemerkung

Abschließend möchten die Autoren betonen, dass es kein «Handbuch für Konfliktlösungsstrategien im Krankenhaus» geben kann. Mit den von uns aufgezeigten Konflikten kann nur ein kleiner Teil der Krankenhauswirklichkeit abgebildet werden. Exemplarisch kann aber mit dem Bearbeiten der Konfliktkonstellationen der Blick für das Detail, für den vermeidbaren Beginn von Fehlentwicklungen, geschärft werden. Mit unserer Kritik möchten wir uns keinesfalls über unsere Kollegen stellen. Ganz im Gegenteil haben uns die sehr offenen und ehrlichen Ausführungen unserer interviewten Mitforscher für unseren weiteren Alltag so manche bemerkenswerte Situation erkennen und entschlüsseln helfen und weit über den Untersuchungszeitraum hinaus eine Sensibilität für konfliktgenerierende Konstellationen entwickeln lassen. Wenn wir uns jeweils als subjektiv Mithandelnde eines Konfliktes begreifen, kann das Beschäftigen damit zu einem Moderieren und Weiterführen der eigenen Handlungsweisen führen. Eine gemeinsam erarbeitete Lösung, wobei die Ausführungen zum pflegerischen und ärztlichen Bereich jeweils auch für den anderen Teil gültig genommen werden können, hat alleine die Chance, für alle Beteiligten auch befriedigend und konstruktiv zu sein und damit auch dauernde Stabilität zu gewinnen.

Auch wenn manche Emotion kocht und die Wallung der Gefühle sich vor einen klaren Blick stellen kann: Ganz zum Schluss möchten wir daran erinnern, dass jede Auseinandersetzung mit den Kollegen in solidarischer Achtung der Persönlichkeit des anderen erfolgen sollte, wie auch in jeder Kritik der Arbeitsbedingungen die Liebe zum Beruf nicht vergessen werden sollte.

Literatur

Ader R.: Psychoneuroimmunology. New York,Acad. Press, 1981.

Anonymus. Mobbing im Krankenhaus. Deutsches Ärzteblatt. Jg. 98, Heft 12, 23. März 2001: 628

Baader G. und Keil G. (Hrsg.): Medizin im mittelalterlichen Abendland. (Wege der Forschung, 363 Abendland). Darmstadt, Wissenschaftliche Buchgesellschaft, 1982.

Bäcker G.: Arbeitsbedingungen in der Krankenpflege. Projektgruppe Humanisierung der Arbeit, Arbeitspapier Nr. 12, Düsseldorf, Wissenschaftliche Verlagsunion, 1987.

Balint M.: Der Arzt und sein Patient und die Krankheit. Stuttgart, Klett-Cotta, 1988

Bartholomeyczik S.: Arbeitsbedingungen und Gesundheitsstörungen bei Krankenschwestern. In: Deutsche Krankenpflegezeitschrift, Beilage: Pflegeforschung 1987; 1: 2-9.

Bausinger-Arkomanis, S.: Das Berufsbild der Krankenpflegerin - ein Teil Geschichte der weiblichen Arbeit, in: Das öffentliche Gesundheitswesen 1988; 50, Sonderheft 1: 22-28.

Beck, J. Bericht über das Praktikum in der Abteilung für Personalausbildung des Industrieunternehmens BBC.- Unveröffentlichtes Manuskript, Berlin, Psychologisches Institut 1987.

Berkeley Planning Associates (Eds.): Project management and worker burnout; final report (Evaluation of Child Abuse and Neglect Demonstrations Projects, 1974-1977), Springfield VA, U. S. Departments of Commerce, 1977.

Bollinger H. und Hohl J.: Sozialarbeiterinnen im Krankenhaus. Frankfurt/New York, Campus Verlag, 1981.

Bly R.: Die kindliche Gesellschaft - Über die Weigerung, erwachsen zu werden. Kindler-Verlag, 1996

Bollinger H. und Hohl J.: Sozialarbeiterinnen im Krankenhaus. Frankfurt/New York, Campus Verlag, 1981.

Bossle L.(Hrsg.): Heimat und Frömmigkeit. Würzburg, Festschrift für A.M. Miller, 1981. (darin Heberger, Anton: Von schreibenden Ärzten), nach König C., 1987.

Burisch M.: Das Burnout-Syndrom. In: Deutsche Krankenpflegezeitschrift, Beilage: Pflegepraxis 1987; 10: 2-19.

Cherniss C.: Staff Burnout. Job Stress in the Human Service. Bevery Hills, London, Sage Publications, 1983.

Cope D.E.: Organisation Development and Action Research in Hospitals. Gower House Aldershot Haut, Gower PCL, 1980.

Dahrendorf R.: Homo Sociologicus. Ein Versuch zur Geschichte, Bedeutung und Kritik der Kategorie der Rolle, 15. Köln und Opladen, Westdeutscher Verlag, 1977.

De Boor C. und Künzler E.: Die Psychosomatische Klinik und ihre Patienten. Stuttgart, Ernst Klett Verlag, 1963.

Dehler J. und Wetzel K. (Hrsg.): Zum Verhältnis von Theorie und Praxis in der Psychologie. Bericht von der 4. Internationalen Ferienuniversität Kritische Psychologie 5.-10.10.1987 in Fulda. Marburg, FKP, 1988.

Deppe H.-U. et al.(Hrsg.): Das Krankenhaus: Kosten, Technik oder humane Versorgung. Frankfurt a. M., Campus Verlag, 1989.

Deweller, M.: Vernachlässigung von Arbeitssicherheitsmaßnahmen durch Beschäftigte in Krankenhäusern. Versuch der Gewinnung von Ansatzpunkten für eine effektivere Unfallverhütung.- Unveröffentlichtes und unkorrigiertes Manuskript einer Diplomarbeit, Berlin, Psychologisches Institut der Freie Universität 1988.

Diepgen, P.: Geschichte der Medizin. Die historische Entwicklung der Heilkunde und des ärztlichen Lebens, Ausgabe in zwei Bänden; Berlin, Walter de Gruyter; I. Band 1949, II. Band, 1. Halbband 1959, II. Band, 2. Halbband 1965.

Domsch, M: Qualitätszirkel - Baustein einer mitarbeiterorientierten Führung und Zusammenarbeit. In: Schmalenbachs Zeitschrift für betriebswirtschaftliche Forschung, 37. Jg., 1985; 5: 428-441.

Dreier, O.: Familiäres Sein und familiäres Bewußtsein, Frankfurt/M., Campus, 1980.

Duell, W. und Baitsch, Ch.: Arbeitsgestaltung als Lernchance. In: Fischer, H. und Horney H.-C. (Hrsg.): Anwendungsbezogene Forschung und theoretisch fundierte Praxis in der Arbeits- und Betriebspsychologie. Duisburg, Sektion Arbeits- und Betriebspsychologie im Berufsverband Deutscher Psychologen, 1982.

Enzmann D. und Kleiber D.: Helfer-Leiden. Heidelberg, RAV, 1989.

Farber B.A.: Stress and burnout in the human service professions. New York, Pergamon Press, 1983.

Finzen A.: Arzt, Patient und Gesellschaft. Die Orientierung der ärztlichen Berufsrolle an der sozialen Wirklichkeit. Stuttgart, Gustav Fischer Verlag, 1969.

Fischer, H. J.: Absentismus beim Personal eines Krankenhauses. Eine Analyse von Entfremdungsprozessen. Frankfurt/M., Bern, Verlag Peter Lang, 1987.

Freidson E.: Der Ärztestand. Berufs- und wissenssoziologische Durchleuchtung einer Profession. Stuttgart, Enke Verlag 1979.

Freud, S.: Ges. Werke, IV. Auflage, XI, 72. S. Frankfurt/M., Fischer Verlag, 1966.

Freud, S.: Vorlesungen zur Einführung in die Psychoanalyse. Frankfurt/M., Fischer TB-Verlag, 1977.

Freud, S.: »Selbstdarstellung«. Schriften zur Geschichte der Psychoanalyse. Frankfurt/M. Fischer TB-Verlag, 1971

Freud, S.: Schriften zur Behandlungstechnik. Frankfurt/M., Fischer TB-Verlag, 1982

Freudenberger H.: Staff burnout. Journal of Social Issues 1974; 30,1:159-165.

Fuchs J., Himmel W., Wilhelm J.: Arbeitsbelastung in der Krankenpflege und ihre Auswirkungen. In: Deutsche Krankenpflegezeitschrift 1987; 1: 50-54.

Fuchs W.: Biographische Forschung. Eine Einführung in Praxis und Methoden. Opladen, Westdeutscher Verlag, 1984.

Gebert, D.: Organisationsentwicklung. Kritische Bestandaufnahme und zukünftige Entwicklung. in: Schuler H. und Stehle W. (Hrsg.): Organisationspsychologie und Unternehmerpraxis: Perspektiven der Kooperation. Stuttgart, Verlag für Angewandte Psychologie, 1985.

Gillespie, D.F.: Understanding and combatting burnout (Public Administration Series: Bibliogaphy P-1235). Monticello Ill., Vance Bibliographies, 1983.

Girstenbrey, Wilhelm: Ein Mythos bröckelt. start, 3 1988: 14-20.

Girtler, R.: Methoden der qualitativen Sozialforschung Anleitung zur Feldarbeit. Wien, Graz, Köln, Böhlau Verlag, 1984.

Glaser, B.G. und Strauss A.L.: Die Entdeckung gegenstandsbezogener Theorie. Eine Grundstrategie der Sozialforschung. In: Hopf, C. u. Weingarten, E. (Hrsg.): Qualitative Sozialforschung. Stuttgart, Klett-Cotta, 1979.

Gogoll W.D.: Organisationsentwicklung. Ein Praxisbericht. In: Schuler, H und Stehle, W. (Hrsg.): Organisationspsychologie und Unternehmerpraxis. Stuttgart, Verlag für Angewandte Psychologie, 1985.

Grahmann R.: Konfliktkonstellationen und psychische Bewegungsweisen im Krankenhaus, Beispiel: ärztlicher Bereich. Unveröffentlichtes und unkorrigiertes Manuskript einer Diplomarbeit aus dem Psychologischen Institut. Berlin Fachbereich Philosophie und Sozialwissenschaften I, Freie Universität, 1990.

Grote L. R.: Der Arzt im Angesicht von Leben, Krankheit und Tod. Stuttgart, Hippokrates Verlag, 1961.

Gruen, Arno: Der Verrat des Selbst. Die Angst vor Autonomie bei Mann und Frau. München, dtv, 1986

Gutwetter A.: Psychische Bewältiggungsweisen institutioneller Bedingungen in der Krankenpflege. Unveröffentlichtes und unkorrigiertes Manuskript einer Diplomarbeit aus dem Psychologischen Institut. Berlin Fachbereich Philosophie und Sozialwissenschaften I, Freie Universität, 1990.

Häfner-Ranabauer W.: Autorität - ihre Bestimmung und Funktion im Krankenhaus. In: Pinding M.Hrsg.: Krankenpflege in unserer Gesellschaft. Stuttgart, Enke, 1972.

Haun R.: Der befreite Patient. Kösel-Verlag, München, 1982.

Hege M.: Sie steinerne Fee. Weinheim, Basel, Huber Verlag, 1985.

Helling I.: Methodische Überlegungen zum Einsatz von Fallanalysen am Beispiel Arbeitserfahrung und Berufspositionsfolge, in Voges W. (Hrsg.): Methoden der Biographie- und Lebenslaufforschung, Leske und Budrich, Opladen 1987.

Höflich, J. R.:Kommunikation im Krankenhaus. Aspekte zwischenmenschlicher Beziehungen im pflegerischen Bereich. Augsburg, Maro, 1984.

Holzkamp K.: Grundlegung der Psychologie (GdP). Frankfurt/M., New Yorck, Campus Verlag, 1983.

Holzkamp K.: Kritische Psychologie. Frankfurt/M., Fischer TB, 1972.

Illich I.: Die Nemesis der Medizin. Reinbeck, Hamburg, Rowohlt, 1977.

Illich I.: Entmündigung durch Experten. Reinbeck, Hamburg, Rowohlt, 1979.

Jaspers K.: Der Arzt im technischen Zeitalter. (Sammelband), daraus: Die Idee des Arztes 1953, Arzt und Patient 1953, Der Arzt im technischen Zeitalter 1958. München, Piper Verlag, 1986.

Jores A.: Die Medizin in der Krise unserer Zeit. 3. A.. Bern und Stuttgart, Verlag Hans Huber, 1966.

Jürgens-Becker A.: Die Situation der Krankenschwester. In: Deutsche Krankenpflegezeitschrift, Beilage: Pflegeforschung 1987; 11: 2-25.

Kahn J.: The cry for help. Pergamon Press, Oxford, 1982.

Kappeler M., Holzkamp K, Holzkamp-Osterkamp U.: Psychologische Therapie und politisches Handeln. Frankfurt, Campus Verlag, 1977.

Karger H.J.: Burnout as alienation. Social Service Review 1981; 55: 270-283.

Keupp H.: Helferkrisen, Helfer in der Krise, in Kleiber D., Keupp H., Scholten B.: Im Schatten der Wende. München, Steinbauer und Rau, 1985.

Kisker K.P.: Mediziner in der Kritik. Stuttgart, F. Encke Verlag, 1971.

Kleiber D., Keupp H. Scholten B.: Im Schatten der Wende. München, Steinbauer und Rau, 1985.

Koch J.-J.: Der Einfluß von Kommunikation, Hierarchie und sozialem Abstand auf die Krankenpflege und den Genesungsprozeß. In: Pinding M. (Hrsg.): Krankenpflege in unserer Gesellschaft. Stuttgart, Enke Verlag, 1972.

König C.: Die Entmythologisierung des Arztes. Würzburg, Creator-Verlag, 1987.

Koos E.L.: Metropolis- Was Stadtbewohner von ihrem Gesundheitswesen halten, in Mitscherlich A., Brocher T., von Mering O., Horn K.: Der Kranke in der modernen Gesellschaft. Köln, Berlin, Kiepenheuer und Witsch, 1969.

Kuczynski, J.: Das Entstehen der Arbeiterklasse. München, Kindler Verlag, 1967.

Lichtenthaeler C.: Geschichte der Medizin. Die Reihenfolge ihrer Epochenbilder und die treibenden Kräfte ihrer Entwicklung. Deutscher Ärzte-Verlag, Köln-Lövenich, 1982.

Liedloff, Jean: Auf der Suche nach dem verlorenen Glück. Gegen die Zerstörung unserer Glücksfähigkeit in der frühen Kindheit. München, Beck, 1982.

Löser, J.: Aufstand der Pflege. Dr. med. Mabuse, Zeitschrift im Gesundheitswesen, in Nr. 62, Okt./Nov. 1989: 33.

Lorenz-Krause R.: Zur Konzeption praxisbezogener Pflegeforschung. In: Deutsche Krankenpflegezeitschrift, 1989; 5: 290-296.

Luban-Plozza B.und Knaak L.: Der Arzt als Arznei. Das therapeutische Bündnis mit dem Patienten. 3. A.. Köln-Lövenich, Deutscher Ärzte-Verlag, 1985.

Lüth P. : Medizin in unserer Gesellschaft. Voraussetzungen, Änderungen, Ziele. Weinheim,VCH Verlagsgesellschaft, 1986.

Lüth P. : Sprechende und stumme Medizin. Über das Patienten-Arzt Verhältnis. Frankfurt, New York, Herder Verlag, 1974.

Lüth P.: Das Ende der Medizin? Stuttgart Deutsche Verlags-Anstalt, 1986.

Macharzina, K: Informationsverhalten in Organisationen. In: Schuler, H. und Stehle, W. (Hrsg.): Organisationspsychologie und Unternehmenspraxis. Stuttgart, Verlag für Angewandte Psychologie, 1985.

Martini A. (Hrsg.): Medizin und Gesellschaft. Ethische Verantwortung und ärztliches Handeln. Umwelt und Medizin. Stuttgart, Verlagsgesellschaft mbH, 1982.

Maslach C. und Jackson S.E.: Burnout in organizational settings. In Oscamp S: (Ed.): Applied Social Annual 1984; 5: 133-153.

Mechanic D.: Medical Sociology, zit. n. Siegrist J.: Lehrbuch der medizinischen Soziologie, 3. A.. München-Wien-Baltimore, Urban und Schwarzenberg. 1977.

Mitscherlich A.: Der Psychoanalytiker und das Irrationale. In: Duerr H.P.(Hrsg.): Der Wissenschaftler und das Irrationale. Bd. 2. Frankfurt/M., Syndikat (Autoren- und Verlagsgesellschaft), 1981.

Mitscherlich A.: Krankheit als Konflikt. Frankfurt/M., Suhrkamp Verlag, 1969.

Mitscherlich A., Brocher T., von Mering O., Horn K.: Der Kranke in der modernen Gesellschaft. Köln, Berlin, Kiepenheuer und Witsch, 1969.

Moeller M.L.: Anders Helfen. Stuttgart, Klett-Cotta, 1981.

Müller R. und Behrens J.: Krankenhausarbeit als Gegenstand von Medinzinsoziologie und Arbeitswissenschaft. In: Deppe H.-U. et al. (Hrsg.): Das Krankenhaus: Kosten, Technik oder humane Versorgung. Frankfurt/M., Campus, 1989.

Neander K.-D. und Birkenfeld R.: Der Einfluß verschiedener Lagerungshilfen zur Dekubitusprophylaxe auf den Auflagedruck und den perkutanen Sauerstoffdruck. In: Pflege, 1/1988: 57-66.

Neuberger, O.: Arbeit. Stuttgart, Enke, 1985.

Noetzel M.: Gesundbeten und Krankpflegen. Ein Krankenhaustagebuch. Berlin/Bonn, J.H.W. Dietz Nachf., 1988.

Oepen I. (Hrsg.): An den Grenzen der Schulmedizin. Köln-Lövenich, Deutscher Ärzte-Verlag 1985.

Ortega y Gasset J.: Der Aufstand der Massen. 262-264. Tsd., Reinbeck, Rowohlt Taschenbuch Verlag, 1986.

Ostner I., Beck-Gernsheim E: Menschlichkeit als Beruf. Eine Analyse des Alltags in der Krankenpflege. Frankfurt/New Yorck, Campus Verlag, 1979.

Parsons T.: Struktur und Funktion der modernen Medizin, in König R. und Tönnesmann M. (Hrsg.): Probleme der Medizin-Soziologie. Sonderband 3 der Kölner Zeitschrift für Soziologie und Sozialpsychologie. 4. Auflage. Köln und Opladen, Westdeutscher Verlag, 1970.

Peitz R.: Die «Decem questiones de medicorum statu». Ein spätmittelalterlicher Dekalog zur ärztlichen Standeskunde (Würzburger Medizinhistorische Forschungen, 11), Pattensen, Horst Wellen Verlag 1978, zit. n. König, C.

Pinding M. (Hrsg.): Krankenpflege in unserer Gesellschaft. Stuttgart, Enke, 1972

Pines A., Kafry D:, Etzion D.: Job stress from a cross cultural perspective. In Reid K.E. und Quinlain R.A. (Eds.): Burnout in the Helping Profession. Kalamazoo, Michigan, Western Michigan University, 1989.

Probst C.: Das Hospitalwesen im hohen und späten Mittelalter und die geistliche und gesellschaftliche Stellung des Kranken, in: Baader, G., und Keil, G. (Hrsg.): Medizin im mittelalterlichen Abendland (Wege der Forschung, 363). Darmstadt, Wissenschaftliche Buchgesellschaft, 1982.

Pröll, U. und Streich, W.: Arbeitszeit und Arbeitsbedingungen im Krankenhaus. Dortmund Bundesanstalt für Arbeitsschutz, 1984.

Regau T.: Medizin auf Abwegen. Der Einbruch der Technik in die Heilkunst. München, Kösel Verlag, 1960.

Reiners H.: Die stationäre Versorgung im Zeichen der einnahmeorientierten Ausgabenpolitik der Gesetzlichen Krankenversicherung - Zum Verhältnis von Krankenhaus und Krankenkasse. In: Deppe U. (Hrsg.): Das Krankenhaus. Frankfurt/M., Campus Verlag, 1989.

Renfordt H: Behinderung der psychischen Entwicklung in frühester Kindheit als Folge mangelnder Befriedigung der produktiven Bedürfnisse. Berlin, Freie Universität Berlin, Fachbereich Philosophie und Sozialwissenschaften I, Dissertation, 1985.

Rippere V., Williams R.: Wounded Healers. Chichester, John Wiley & Sons, 1985.

Rohde J. J.: Die Selbsteinschätzung des Arztes und seine Einschätzung in der modernen Gesellschaft. In: Kaupen-Haas H. (Hrsg.): Soziologische Probleme medizinischer Berufe. Köln und Opladen, Westdeutscher Verlag 15, 1968.

Rohde J. J.: Probleme des Arztberufs im Krankenhaus. In Mitscherlich A., Brocher T., von Mering O., Horn K.: Der Kranke in der modernen Gesellschaft. Köln, Berlin, Kiepenheuer und Witsch, 1969.

Rohde, J.: Soziologie des Krankenhauses. Stuttgart, Enke Verlag, 1974.

Rosenstil L. v., Molt W., Rüttinger B.: Organisationspsychologie. Stuttgart, Kohlhammer, 1995.

Schaefer H.: Plädoyer für eine neue Medizin. 2. Auflage. München, Serie Piper, 1981.

Schaefer H.: Was heißt heilen? In Oepen I. (Hrsg.): An den Grenzen der Schulmedizin. Köln-Lövenich, Deutscher Ärzte-Verlag, 1985.

Schipperges H.: Der Arzt von morgen. Heidelberg, Severin und Siedler, 1981.

Schipperges H.: Medizin und Umwelt. Heidelberg, Dr. Alfred Hüthig Verlag GmbH, 1978.

Schipperges H.: Medizinische Dienste im Wandel. Baden-Baden, Brüssel, Verlag Gerhard Witzstrock, 1975.

Schmidbauer W.: Nachgedanken zum Helfersyndrom. In: Kleiber D., Keupp H., Scholten B.: Im Schatten der Wende. Tübingen, Deutsche Gesellschaft für Verhaltenstherapie, 1985.

Schmidbauer W.: Helfen als Beruf. Die Ware Nächstenliebe. Hamburg, Rowohlt, 1983.

Schneider G.: Interaktion auf der Intensivstation. Berlin, Verlag Michael Ernst-Pörksen, 1987.

Schneider H.-D.: Kommunikation in Organisationen. In: Schuler, H. und Stehle, W. (Hrsg.): Organisationspsychologie und Unternehmerpraxis: Perspektiven der Kooperation. Stuttgart, Verlag für Angewandte Psychologie, 1985.

Schulten H.: Der Arzt. Stuttgart, Thieme Verlag, 1960.

Schütze F.: Biographie-Forschung und narratives Interview Neue Praxis 1983; 13: 283-293.

Seidler E.: Zur historischen Entwicklung der modernen Krankenpflege. In: Pinding M. (Hrsg.): Krankenpflege in unserer Gesellschaft. Stuttgart, Enke, 1972.

von Siebenthal W.: Krankheit als Folge der Sünde. 2. Hannover, Heilkunde und Geisteswelt, 1950.

Siegrist J.: Arbeit und Interaktion im Krankenhaus. Stuttgart, Enke, 1978.

Siegrist J.: Lehrbuch der medizinischen Soziologie, 3. A.. München-Wien-Baltimore, Urban und Schwarzenberg, 1977.

Stehr B.: Der Arzt im «Spiegel». Köln, Kölner medizinhistorische Beiträge, 1984.

Stief P.: Anthroposophische Krankenpflege. Ein Praxisbericht. Berlin, Tiergarten, Schwesternhelferinnen-Fortbildung im Malteser-Hilfsdienst, 1990.

Stucke, W.: Die Arzt-Patienten-Beziehung im Krankenhaus. Stuttgart, Gustav Fischer Verlag, 1987.

SUFKI (Projekt Subjektentwicklung in der frühen Kindheit): Theoretische Grundlage und methodische Entwicklung der Projektarbeit. Berlin, Forum Kritische Psychologie (FKP) 14. Berlin, Argument Verlag, 1984.

Voges W.: Methoden der Biographie- und Lebenslaufforschung. Opladen, Leske und Budrich, 1987

von Uexküll T. und Wesiack W.: Theorie der Humanmedizin. München, Urban und Schwarzenberg, 1988.

von Uexküll Th.: Die Berufstätigkeit der Frau in psychosomatischer Sicht In Mitscherlich A., Brocher T., von Mering O., Horn K.: Der Kranke in der modernen Gesellschaft. Köln, Berlin, Kiepenheuer und Witsch, 1969.

Wanek V.: Die Machtverteilung im Gesundheitswesen. In: Deppe U. (Hrsg.): Das Krankenhaus. Kosten, Technik oder humane Versorgung. Frankfurt/M., Campus Verlag, 1989.

Wunderli J. und Weisshaupt K. (Hrsg): Medizin im Widerspruch. Olten und Freiburg i. Br., Walter-Verlag, 1977.

Ziegler J.A.: Morbismus. Zürich, Schweizer Spiegel Verlag, 1979.

Autoren- und Sachverzeichnis

Autorenverzeichnis

Sachverzeichnis

Anzeigen